PUISSANCE ET DÉCADENCE

Du même auteur

Dans la collection « Bouquins »

La Danse des simulacres. Une philosophie du goût, 2019
Vies philosophiques, 2021
« Avec Michel Onfray, à bâtons rompus »,
préface à Lucrèce, *La Naissance des choses*,
Bernard Combeaud (éd.), 2022

Aux éditions Robert Laffont

Le Deuil de la mélancolie, 2016
Théorie de la dictature, 2019
Le Temps de l'étoile Polaire. Journal hédoniste, 2019
La Vengeance du pangolin, 2020
Vies parallèles. De Gaulle et Mitterrand, 2020
Aux éditions Bouquins
La Nef des fous I et *II*, 2021, 2022
L'Art d'être français, 2021
La Conversion. Vivre selon Lucrèce, 2021
La Gauche réfractaire, avec Éric Naulleau, 2022

MICHEL ONFRAY

PUISSANCE ET DÉCADENCE

Une politique de civilisation

BOUQUINS

essai

92, avenue de France 75013 Paris
ISBN : 978-2-38292-252-1
Dépôt légal : septembre 2022

À Stéphane Simon

PRÉFACE
Un temps de Titanic

1

L'un des signes de la décadence, c'est sa négation par les décadents... Ceux qui s'évertuent à proclamer que tout va non pas *bien*, mais *mieux*, c'est dire leur aveuglement, le font à partir de critères purement quantitatifs : ils sortent des chiffres.

Ne vit-on pas plus longtemps ? L'augmentation de la moyenne d'âge n'est-elle pas une preuve ? Que la quantité prime sur la qualité, oui. Car, qu'est-ce qu'une vie de nonagénaire ou de centenaire s'il s'agit d'une existence entre couches et bave, entre hébétude de la maladie d'Alzheimer ou tremblements parkinsoniens ? Faut-il penser comme un progrès les mouroirs managés en usines à bénéfices dans lesquels le temps ne s'écoule pas entre eau tiède bue dans des gobelets en plastique, biscottes avec café lyophilisé à 4 heures, somnolence devant des télévisions hurlantes, éternel retour de journées grises susceptibles de figurer dans un nouvel *Enfer* de Dante ?

Le baccalauréat n'est-il pas un diplôme que de plus en plus de jeunes obtiennent, disent-ils ? Oui, mais *quid* de la qualité des âmes et des intelligences, sinon de la culture des récipiendaires d'un diplôme dont il faut aujourd'hui faire la demande expresse de ne l'avoir pas pour s'en trouver privé ? La découverte d'un carton plein de cahiers d'écoliers des années cinquante du siècle dernier sur l'étal d'un vide-greniers m'a stupéfié : entre ce qui s'enseignait et s'apprenait alors et la bouillie du politiquement correct ingurgitée aujourd'hui dès les classes primaires où la priorité n'est pas l'apprentissage de la grammaire ou de l'orthographe mais celle du catéchisme wokiste qui, par exemple, invite les enfants à changer de sexe selon leur « choix » – qu'est-ce qu'un choix quand on a huit ans, si ce n'est le psittacisme de l'entourage lui-même désaxé ? – ou à trier leurs poubelles au nom d'un changement climatique comme il en existe depuis des millions d'années sur la planète, la comparaison est-elle possible ?

Le statut des femmes ne s'est-il pas amélioré ? Oui, bien sûr, elles peuvent désormais acheter des enfants à des pauvresses qui, dans tel ou tel endroit de la planète, vendent des ovocytes, louent leur utérus. Elles peuvent désormais choisir des enfants sur catalogue et, me croira-t-on, elles peuvent même profiter des soldes pour acquérir un nourrisson à prix cassé comme lors du Black Friday de la clinique ukrainienne Bio TexCom en 2021. Ces mères-acheteuses ou pères-acheteurs pourront ensuite mettre ces enfants transformés par leur volonté patricidaire ou matricidaire – qu'on me permette ces néologismes pour qualifier ces orphelins de naissance – en nourrice tôt le matin et les récupérer tard le soir en déléguant leur affection, comme on la délègue avec ses vieux parents à des professionnels de l'exploitation de l'« or gris » est-il dit désormais pour nommer le *business* de la fin de vie des cheveux blancs.

Le racisme n'est-il pas désormais combattu ? Certes, au point même qu'on doit désormais s'excuser d'être blanc sous prétexte que, par sa couleur de peau, on serait coupable d'une « férocité blanche » inscrite dans les gènes des « leucodermes » comme disent les Gobineau du jour qui souscrivent à un *Essai sur l'inégalité des races humaines 2.0.* Cette France raciste, qui va jusqu'à nommer un ministre de l'Éducation nationale ouvertement wokiste à qui l'on confie le soin d'accélérer le mouvement nihiliste dans les écoles du pays, ne démontre-t-elle pas tous les progrès antiracistes faits par notre civilisation depuis un demi-siècle ? Sans craindre la contradiction ou le paralogisme, on nous apprend qu'il n'y a plus de races, c'est fort bien, mais qu'il reste quand même du racisme. Plus de sexe, mais que le sexisme demeure. Plus de pères, mais que le patriarcat fait la loi. Plus d'homosexualité diluée dans le combat LGBTQ+, mais que l'homophobie tue.

Le progrès dans l'intelligence n'est-il pas suffisamment notable qu'on ait besoin d'entretenir de ces 9 % de Français qui croient la Terre plate, on les nomme « platistes » (sondage IFOP de 2018), ou cette incroyable quantité de gens qui, à la faveur de l'épidémie de Covid, estiment que les vaccins tuent et que Pasteur était un incroyable imposteur après avoir figuré de façon iconique sur des billets de banque français de cinq francs entre 1966 et 1972 – ceux de mon enfance ? Sinon des millions d'éveillés qui, inspirés par le Coran ou la Bible des protestants américains, croient dur comme fer que Darwin a tort et que Dieu a créé l'homme à partir d'une poignée de terre et la femme avec une côte d'Adam ?

L'avancée des Lumières n'a-t-elle pas atteint un point culminant qui fait qu'on condamne désormais unanimement la haine des homosexuels, l'inégalité entre les hommes et les femmes, l'invitation à persécuter sinon à tuer les Juifs, sauf si misogynie, phallocratie, homophobie, inégalitarisme et antisémitisme se pratiquent au nom de l'islam politique qui irrigue de son sang noir l'islamo-gauchisme qui n'existe pas, nous disent les islamo-gauchistes, comme les tenants de la théorie du genre affirment que cette théorie n'existe pas, la preuve, c'est qu'on l'enseigne dans l'Éducation nationale ?

La tolérance n'est-elle pas devenue la religion d'une époque sans religion au point qu'on ne tolère plus rien en dehors de cette tolérance pour ceux qui pensent comme l'y invite le comité central du parti unique maastrichien ? La pensée unique wokiste se trouve inculquée par l'Éducation nationale, par la presse de milliardaires financée avec l'argent du contribuable, par l'université qui présente son militantisme comme scientifique, par la recherche dite « scientifique » qui subventionne de semblables petits soldats idéologisés, par l'industrie de la culture de masse, par les médias du service public, par le monde de la publicité et du cinéma, par l'univers des écrans. Cependant, au nom de la tolérance, quiconque échappe à cette idéologie dominante passe pour un homme de droite, donc d'extrême droite, donc un fasciste, donc, pour un nazi qui fait le jeu de la famille Le Pen !

Oui, décidément, pour ne prendre que ces quelques exemples, les centenaires au cerveau liquéfié comme du yaourt ironiquement exploités pour générer les bénéfices des actionnaires de fonds de pension, les bacheliers qui affirment que Louis XVI a inventé l'imprimerie, les acheteurs d'enfants calibrés sur catalogue livrés en promotion, les créolisés qui rêvent d'esclavagiser les Blancs, les défenseurs de médecines dites « douces » et prétendues parallèles qui aspirent à remplacer les chimiothérapies par l'ingestion de jus de patate douce les jours de Lune décroissante, les athées qui ne supportent le prie-Dieu que s'il se trouve orienté dans le sens de La Mecque, les tolérants qui brûlent des livres, interdisent des manifestations culturelles, censurent les chefs-d'œuvre de la littérature ou du cinéma, France Culture, temple du wokisme qui, sans craindre le ridicule, a pour slogan orwellien : « l'esprit d'ouverture », tout cela montre en effet que le progrès triomphe et qu'il faut être taré pour ne pas s'en apercevoir.

2

J'ai pour habitude de recourir à l'image du *Titanic* pour expliquer la situation : le bateau avance à une allure qui ne peut empêcher la collision avec l'iceberg. La percussion est inévitable. Le capitaine ne saurait faire quoi que ce soit pour entraver le destin de son navire : couper les moteurs, faire machine arrière, virer le plus possible à bâbord ou à tribord, rien n'y ferait, le *Titanic* va de toute façon éperonner la montagne de glace qui dérive dans la mer gelée. C'est inéluctable.

Notre civilisation va mêmement vers son destin qui est le naufrage.

Il y a plusieurs façons de réagir : la panique, les cris, les pleurs, les larmes, l'affolement, les hurlements, les coups, la nature humaine qui prend le dessus, l'homme qui montre que, sous un fragile vernis, il est bel et bien un loup pour son semblable. Ce qui semblait civilité et politesse, morale et courtoisie ne tient pas plus de cinq minutes devant la catastrophe.

On voit également monter du vortex de panique de faux prophètes vociférant qu'il faut se calmer : ils ont la solution, ils sont la solution. Ce sont les hommes providentiels : il faut les écouter et tout ira bien. Il y a des chaloupes, allons dans l'ordre, pourvu qu'on leur obéisse, ils vont sauver tout le monde, ils vont sauver le monde. À mon commandement, etc.

Une voix lucide fait remarquer qu'il y a vingt chaloupes de dix et deux mille passagers, elles ne suffiront donc pas... L'homme providentiel crie qu'il ne faut pas écouter les oiseaux de mauvais augure, que les Cassandre sont à jeter en priorité par-dessus bord, que cette voix est la bouche d'un complot, qu'on ne l'aime pas, que c'est un coup des Juifs ou des immigrés, des communistes ou des capitalistes cachés sur le transatlantique, on connaît la musique. On jette toujours à l'eau le sage qui se contente de dire la réalité.

Quid *alors de la puissance en temps de décadence ?*

Elle *suppose d'abord la lucidité.* Il faut savoir ce qu'il en est véritablement. L'état des lieux est condition de possibilité de la lucidité. Si d'aventure il y avait une seule chance pour se sauver du naufrage, il faudrait la courir. Or, il n'y en a pas. D'où la nécessité d'une leçon de choses pour obtenir quelques certitudes.

Nous allons couler parce que nous avons abandonné notre souveraineté. Une civilisation ne meurt pas à cause de ceux qui en prennent possession, car les conquérants entrent dans une zone déjà morte, intellectuellement corrompue, spirituellement pourrie, culturellement grouillante de vers, moralement décomposée. Personne ne conquiert jamais que des ruines.

Nous allons couler parce que nous, Français, nous ne nous aimons plus et que nous ne chérissons que ce qui nous salit, nous souille, nous corrompt, nous humilie, nous détruit. La pulsion de mort a tué la pulsion de vie. Nous fêtons les barbares qui veulent nous exterminer, nous tressons des couronnes de lauriers à ceux qui nous promettent l'agenouillement et l'humiliation, nous disons merci à ceux qui nous conchient et nous compissent, nous leur en demandons encore et toujours plus. Nous embrassons le cobra sur la bouche ; il va fatalement nous mordre.

Elle *exige ensuite la méfiance.* Méfions-nous de ces nœuds de serpents : le journalisme de la presse subventionnée, le prétendu service public au seul office d'une poignée d'idéologues européistes, l'école qui endoctrine dès le plus jeune âge et qui déculture en enseignant le nihilisme, l'université qui conditionne, la recherche qui ne trouve rien mais se pare des plumes de la science pour faire œuvre de gardien de la vraie foi, moteur de l'Inquisition, la justice décalquant le modèle du Tribunal révolutionnaire de 1793 qui interdit la défense à tout coupable tombant sous le coup de la loi des Suspects – est suspect quiconque est désigné comme tel par cela.

Il nous faut également *nous prémunir contre la ruse.* La logique du cheval de Troie permet aux acteurs de la décadence d'avancer sous couvert de bons sentiments. L'écologie urbaine, qui ignore tout de la nature et de ses liens avec le cosmos, s'avère le bras armé du capitalisme vert qui, à coups de promotion de l'hybridité en tout, y compris sexuelle, d'économie durable et responsable, de métissage et de cosmopolitisme, dissout dans son acide ce qui restait de communauté républicaine au profit d'une juxtaposition d'individualités narcissiques, égotistes, incultes mais, c'est ce qui importe, consuméristes à mort.

On doit donc également *se préserver du chant des sirènes d'une fausse gauche.* Il ne vient pas à l'idée de ces écologistes punitifs acoquinés aux dévots de la gauche wokiste fédérée par un robespierriste impénitent converti à l'islamo-gauchisme qu'ils font cause commune avec le patronat qui, comme eux, ne voit que par l'abolition des frontières, la dévotion à l'Empire maastrichien qui, impérialiste, travaille au gouvernement planétaire ouvertement appelé de ses vœux par Jacques Attali, que par la promotion de l'immigration de masse, la haine du souverainisme, le mépris du peuple, le dédain des processus démocratiques traditionnels... Ce qui devrait pourtant interroger quiconque aurait envie de penser. Même un peu...

La lucidité, le discernement, la méfiance, le soupçon, l'incrédulité, me direz-vous, ne permettent pas de bâtir grand-chose. C'est vrai...

Pour bâtir autre chose, il faut faire son deuil des grands châteaux – souvent construits en Espagne... Dans un temps d'effondrement des civilisations, l'heure n'est jamais à la reconstruction *illico* d'un nouveau bateau à même de permettre de continuer sur une autre embarcation après transbordement. Le prochain transatlantique sera celui du transhumanisme. Nous sommes entre deux : le *Titanic* coule, le prochain navire est un point sur l'horizon.

Reste, en attendant, l'action girondine qui est construction de résistances aux métastases du nihilisme. Commencer par *faire de telle sorte que la décadence ne passe pas par nous*, c'est déjà beaucoup… La Boétie nous l'a enseigné, notre servitude est volontaire; ne plus vouloir servir abîmerait vraiment le nihilisme.

Pester contre les publicités wokistes ne suffit pas : décider, par exemple, de ne plus acheter ces voitures électriques, puis, et surtout, le faire savoir par de véritables campagnes de boycott, voilà ce que craint le capital : que nous ne consommions plus ses produits. Ne plus acheter de véhicules hybrides vendus par les écologistes parce qu'ils fonctionnent *in fine* au nucléaire qu'ils refusent est une action qu'entendrait bien le capitalisme.

J'ai déjà décrit dans un livre intitulé *Le post-anarchisme expliqué à ma grand-mère* (2012) la puissance des lilliputiens qui viennent à bout du géant Gulliver en multipliant les petits liens qui finissent, s'ils sont assez nombreux, par donner de solides câbles avec lesquels les petits entravent les puissants. J'avais nommé cette technique empruntée à Swift : *le principe de Gulliver*. Je crois à sa redoutable efficacité girondine.

Dans cet ordre d'idées, et selon ce principe, il faut également *réactiver l'anarchie positive de Proudhon* qui n'attend pas les solutions du sommet, celle de l'homme providentiel, mais qui sait qu'elles ne proviendront que de la base, *mises en œuvre par un peuple providentiel.* Créer des écoles alternatives, des commerces coopératifs, des maisons de retraite autogérées, des maisons d'édition, de communication, d'information associatives, *idem* avec des films, des galeries mutualistes, etc. Réinventer la vie en dehors du schéma jacobin, urbain, parisien, mondain.

Ne pas attendre le salut d'un navire qui aborderait le bateau qui coule, mais faire, agir, construire ici et maintenant, avec la même désinvolture à l'endroit de la catastrophe que ceux qui, sur le pont du *Titanic*, buvaient du champagne et regardaient la nuit étoilée en sachant que, bientôt, le pont du navire serait sous l'eau, à plusieurs dizaines de mètres de fond.

Le *Titanic* va couler. Il ne nous reste que l'élégance de la fin. Ça ne suffira pas pour construire une civilisation. Mais c'est assez pour opposer une résistance romantique à l'inéluctable.

Le combat est perdu ; voilà pourquoi il faut le mener[1].

Caen
18 juin 2022

1. Les pages qui suivent sont parues dans la revue *Front populaire* depuis 2020.

1

RECOUVRER LA SOUVERAINETÉ

1

D'UN FRONT QUI SERAIT POPULAIRE
Une machine de guerre pour la plèbe

Pour ce qu'on peut en dire, et qui reste sociologiquement et historiquement repérable, la France est coupée en deux et ces deux parties sont elles-mêmes fendues en deux : ce qui veut dire que quatre morceaux français surnagent dans un archipel de débris sociologiques constitués par les abstentionnistes, les votants pour le bien-être des poissons rouges, les radicaux en tout – pourvu qu'il s'agisse de radicalités –, les dévots du vote blanc ou nul.

Les deux coupures majeures séparent droite et gauche qui, quoi qu'en disent d'aucuns, reste une ligne de fracture significative. L'histoire de la droite existe, celle de la gauche également, même si elles sont recouvertes sous une croûte idéologique qu'il conviendrait de faire sauter au marteau…

Ce n'est ni le lieu ni l'heure d'effectuer ce travail[1], mais il permettrait d'en finir avec les mythologies qui font dire à certains, de gauche bien sûr, que

1. Je l'ai pour ma part effectué dans un livre intitulé *L'Impensé de la gauche*, Galilée, 2019.

leur camp a toujours raison, donc la droite toujours tort, pendant que d'autres à droite estiment que la gauche a toujours tort parce qu'il s'agit de la gauche. Nous souhaitons en finir avec cette façon de croire que la vérité serait de droite ou de gauche : quand elle est de droite, elle est de droite, quand elle est de gauche, elle est de gauche. Mais de façon accidentelle, par hasard et sans nécessité.

Revenons à un moment historique, sinon hystérique, intéressant, qui permettait à Sartre et Beauvoir de créer puis d'incarner ce logiciel hémiplégique d'une gauche qui fit écrire à Beauvoir dans *La Pensée de droite, aujourd'hui* : « La vérité est une : l'erreur multiple. Ce n'est pas un hasard si la droite professe le pluralisme. » Nous disposons là de toute la perversion intellectuelle mondaine et parisienne qui permet, sous une belle formule d'avril-mai 1954, fausse au demeurant, mais arrogante comme sait l'être la gauche assertorique[1], de justifier le refus du pluralisme, donc de légitimer la dictature d'une pensée unique sans en avoir l'air. La formule de Beauvoir était taillée sur mesure dans le marbre de l'Histoire pour Lénine, Staline, Mao, Castro, Kim Il-sung, Pol Pot, certes, mais leur était-il venu à l'esprit qu'elle l'était tout autant pour Mussolini, Hitler, Franco et Pinochet ? Je n'en suis pas bien sûr…

1. En fait « gauche assertorique » ressemble à s'y méprendre à un pléonasme, car *assertorique* signifie : « Proposition affirmative ou négative donnée pour vraie » et la gauche ne s'embarrasse pas beaucoup de démonstrations : elle assène la plupart du temps.

Je préfère Albert Camus qui écrit le 30 juin 1952 à Jean-Paul Sartre, alors directeur des *Temps modernes*, une revue qui n'a pas accepté qu'on puisse, à gauche, dénoncer le totalitarisme soviétique, donc le Goulag : « Si, enfin, la vérité me paraissait à droite, s'y serais » – Sartre estimait en effet que *L'Homme révolté* était un mauvais livre, un livre faux et condamnable, car il plaisait à la droite ! Or, cette formule dit une chose simple, évidente, banale, qui devrait être partagée par tous : peu importent la droite et la gauche quant il s'agit de vérité ! Qu'un homme de gauche ne puisse accepter une vérité de droite témoigne qu'il est une personne fondamentalement malhonnête, et rien d'autre. Je dirais de même avec une personne de droite qui n'accepterait pas une vérité de gauche sous prétexte qu'elle viendrait de la gauche !

Droite et gauche passent après la vérité qui, ensuite, sera ce qu'elle voudra : de droite ou de gauche… Et j'appelle vérité ce qu'il faut voir dans le réel.

Essayons de nous entendre sur le découpage entre droite et gauche : sans entrer dans le détail qui justifierait l'histoire et l'évolution de chaque mouvement, on trouve à gauche et à droite les partis que chacun sait peu ou prou répartir sur une ligne. Nul ne disconviendra que, traditionnellement, on range à droite : le Rassemblement national, Debout la France, Les Républicains, l'Union des démocrates et indépendants pendant qu'on classe à gauche le Nouveau Parti anticapitaliste, Lutte ouvrière, La France insoumise, le Parti communiste français, le Parti socialiste, Europe Écologie-Les Verts.

Ces deux blocs disposent de leurs extrêmes et de leur centre : mais, médiatiquement, *le bord droit de la droite* est présenté par les médias dominants comme d'extrême droite, alors que *le bord gauche de la gauche* n'est pas présenté comme étant d'extrême gauche. Ce bord de droite de la droite a beau ne pas célébrer Brasillach ou Drieu la Rochelle, Franco ou Pétain, Salazar ou Pinochet, ce qui les classerait *illico* dans le camp de l'extrême droite[1], il est tout de même placé sur le banc d'infamie et assimilé au nazisme, au vichysme, à l'antisémitisme, à la haine de la république et de la démocratie. Pendant ce temps, le bord gauche de la gauche peut faire des gorges chaudes avec Robespierre, Lénine, Staline, Trotski, Mao, Castro et continuer malgré tout à faire partie du camp des gens respectables ! Or, il n'y a aucune respectabilité, à mes yeux, à célébrer Robespierre ou Brasillach, Lénine ou Drieu la Rochelle, Staline ou Franco, Pétain ou Trotski, Salazar ou Mao, Pinochet ou Castro, qui se valent sur l'échelle de l'indignité.

Mais cette façon d'estimer qu'il existe un bon fascisme, un fascisme de gauche, réel celui-là, avec son racisme, son antisémitisme, sa misogynie, sa

1. Comme Jean-Marie Le Pen dont les deux tomes de *Mémoires* montrent qu'il fait effectivement partie de ce camp-là.

phallocratie, son bellicisme, son homophobie active, pourvu que ce soit au nom de l'islam, et un mauvais fascisme, le fascisme de droite, la plupart du temps fantasmé, car on cherche le nombre de morts causés par ce fascisme-là en France alors qu'on peut, hélas, donner la liste et le nom de ceux qui sont tombés en France sous les coups du fascisme islamo-gauchiste.

Cette façon d'imposer massivement cette lecture de l'Histoire avec l'aide de la totalité des médias officiels, dont ceux du service public bien sûr, procède bien évidemment d'une idéologie : c'est celle qui, nonobstant d'apparentes différences entre droite et gauche, montre la liaison viscérale entre la droite libérale et la gauche libérale contre un candidat qui ne serait pas libéral – qu'il soit issu de La France insoumise ou du Rassemblement national important peu. Cette fascisation de la droite de la droite – qui se contente de défendre les idées du Georges Marchais et du Chirac des années 1970 sur l'immigration… – relève d'une stratégie électoraliste qui porte ses fruits depuis des années. La preuve : elle a permis au moins la réélection de Mitterrand le 8 mai 1988, la réélection de Chirac le 5 mai 2002, l'élection d'Emmanuel Macron le 7 mai 2017 et sa réélection en 2022, autrement dit : plus d'une trentaine d'années d'une même idéologie à la tête de l'État français – celle de Maastricht.

Cette stratégie des maastrichiens s'avère électoralement payante et politiquement gagnante : depuis

1983, en constituant ce programme commun européiste, droite et gauche libérales se partagent le pouvoir en laissant croire que les querelles de personnes seraient idéologiques ! Or, il n'y a que des querelles de style, jamais aucune qui relèverait de la doctrine : depuis mars 1983, selon le vœu de Mitterrand, et jusqu'à Macron, nous vivons sous un régime giscardien ! C'est celui de l'argent, du libéralisme, du mépris de la France, du pays et de la nation, le tout doublé d'une célébration de ce qui dilue la France dans un ensemble économique, l'Europe maastrichienne, dont le but est l'État universel avec un gouvernement planétaire qui, sur un principe saint-simonien, mettrait de prétendus techniciens au pouvoir – en fait les hommes liges du capital. Ce programme politique, Jacques Attali n'a pas caché qu'il était celui pour lequel il s'activait depuis des décennies dans *Demain, qui gouvernera le monde*[1] ? On comprend que, comme Mitterrand ou Macron, il ne tienne pas à ce que ce soient les peuples…

Cette machine de guerre maastrichienne[2] fonctionne à merveille : l'État maastrichien, qui a prétention à l'impérialisme, peut, *et lui seul*, revendiquer un drapeau, un hymne, une monnaie, une Constitution, des frontières, un droit, une devise, une banque, un Parlement, une étrange commission aux pleins pouvoirs sans élus mais avec des

1. Fayard, 2011.
2. J'en ai proposé un démontage dans *Théorie de la dictature. Orwell et l'Empire maastrichien*, Robert Laffont, 2019.

personnages nommés dans des bureaux fermés, le tout sans craindre l'insulte de *nationalisme* : l'idéologie maastrichienne a fait passer cette idée que le nationalisme, c'était la guerre sans que ces idéologues puissent imaginer une seule seconde que, s'ils ont raison, l'État maastrichien, c'est aussi la guerre !

Cette machine de guerre maastrichienne est populicide. Il suffit de voir comment elle a travaillé pendant des années à évincer les peuples : idéologiquement, médiatiquement, avec un usage massif des médias d'État qui assimilent la défense de la nation au pire – vichysme, fascisme, nationalisme, antisémitisme, extrême droite –, mais également avec d'autres moyens, ceux de l'État profond sans se refuser aucune ignominie.

La campagne en faveur du traité de Maastricht en 1992 n'a reculé devant aucune bassesse afin que le débat démocratique n'ait pas lieu et qu'il soit remplacé par un référendum en faveur de l'intelligence, des diplômés qui savent contre les ploucs qui ignorent : c'étaient les enjeux du fameux « Oui à Maastricht ». Pendant tout ce temps, ceux qui défendaient la souveraineté du pays passaient pour des abrutis, des dégénérés, des provinciaux, – déjà ! –, des incultes, des sous-diplômés, des gens qui ne comprenaient rien au sens de l'Histoire ou au Progrès. Mitterrand utilisa son cancer pour peser dans un débat contre un Philippe Seguin qui défendait le camp du Non et qui, touché par ce qu'on lui avait fait entr'apercevoir de la mise en scène d'un président de la République assisté médicalement dans les coulisses, a retenu ses coups. Tout avait été fait pour que le vote se fasse ce soir-là, à la télévision : la production s'est moins adressée à l'intelligence du peuple qu'elle n'a sollicité la pitié pour un homme qui n'en eut jamais pour rien ni pour personne. Le Oui a petitement emporté les suffrages dans ces conditions-là. Ce fut un genre de Oui volé.

Quand un autre vote, celui de 2005, eut lieu sur le Traité constitutionnel européen, le peuple a massivement refusé ce qu'il avait fini par comprendre : cette Europe qu'on lui avait vendue comme la panacée n'apportait pas l'amitié et la paix entre les peuples, le plein emploi et la prospérité généralisée, la construction d'une civilisation nouvelle et de grands travaux dont les pays auraient pu être fiers.

En revanche, elle apportait bien plus sûrement l'insécurité sociale, l'immigration de masse, la montée de l'islam politique, le racisme et la xénophobie à cause du *dumping* social, l'effondrement des services publics – fermeture des commissariats, des gendarmeries, des hôpitaux, des casernes, des écoles, des postes, des lignes de chemin de fer… La gauche ne voyait plus que par les privatisations, l'argent roi et la religion de l'entreprise. Dans le journal créé par Sartre, *Libération*, Bernard Tapie était devenu le héros de la gauche mitterrandienne et du Parti socialiste tout entier.

Le peuple a donc dit non à cette Europe qui détruisait les solidarités nationales mais n'en construisait aucune à la place et à sa dimension.

Tout était égalisé par le bas, rien de ce qui faisait la grandeur d'une nation ne contribuait à celle de l'Europe. L'argent faisait la loi partout : l'Europe était devenue ce que Jean Monnet voulut qu'elle fût, et Mitterrand avec lui, à savoir : une machine à ingérer et digérer les peuples afin de produire d'immenses bénéfices. Cette Europe fabriquait de la paupérisation – des riches très riches et peu nombreux, des pauvres très pauvres et en quantité.

Quand le peuple a dit non à ce Traité en 2005, que s'est-il passé ? Le pot aux roses fut découvert : la machine de guerre maastrichienne a été obligée de sortir à l'air libre et l'on a vu la droite libérale, celle de Chirac et de Sarkozy, et la gauche libérale, celle de Jospin et de Hollande, contraintes d'avouer leur complicité au grand jour : en effet, depuis des années, cette opposition entre droite libérale et gauche libérale était faite pour la galerie ! Il s'agissait d'amuser les médias qui faisaient semblant d'organiser de faux débats électoraux : car, au bout du compte, tout ce petit monde médiatico-politique se débrouillait pour que le peuple vote bien en l'abrutissant massivement avec une idéologie d'État, et quand, malgré tout, il ne se laissait pas subjuguer et circonscrire, on lui annonçait qu'on jetterait son vote à la poubelle. Une fois mis ce vote négatif aux ordures par le gouvernement, le Sénat et l'Assemblée nationale se sont empressés d'imposer au peuple ce qu'il avait refusé par référendum ! *Cela se nomme tout simplement un coup d'État.* Le traité de Lisbonne a donc été voté au Congrès en 2009 par ceux qui représentaient le peuple et qui ont de ce fait voté contre lui. La machine apparaissait à nu telle qu'elle était : c'était l'un des dispositifs du *Front populicide.*

Mes amis et moi, avec Stéphane Simon en premier compagnon de cordée, souhaitons opposer un *Front populaire* à ce Front populicide. On trouve le mot « populicide » chez Gracchus Babeuf, qui, selon Littré, caractérise ce qui « cause la mort, la ruine du peuple ». On voit bien comment, de la *propagande médiatique éhontée* pour empêcher le débat et réduire la consultation à un choix entre le bien progressiste et le mal souverainiste, au refus de *considérer le résultat d'un référendum* en faisant *revoter les pays qui auraient voté contre,* en passant par *une mobilisation de la classe politique pour qu'elle vote contre le peuple* qu'elle est censée représenter, tout se trouve mis en branle par l'État maastrichien, comme avec l'*essai d'empêchement du Brexit,* pour que la légitimité populaire soit contestée. Le Front populicide n'a pas manqué de jouer le capitalisme contre le peuple pendant plus d'un quart de siècle !

Notre *Front populaire,* bien sûr, est une référence à ce qui est connu comme tel dans l'Histoire. « 1936 » est un chrononyme, autrement dit une date qui exprime plus qu'elle : elle dit en effet ce sur quoi nous ne nous étendrons pas, ce mook n'est pas, bien sûr, une revue d'histoire consacrée au Front populaire, mais une revue qui propose de *construire une machine de guerre populiste* – nous revendiquons le mot et la chose... – susceptible d'être opposée à la machine de guerre populicide.

Le Front populaire est un moment social dans l'histoire de France qui, pour faire avancer la cause du peuple, n'a pas eu besoin de guillotine, de tribunal révolutionnaire, de lois sur les suspects ou de colonnes militaires génocidaires envoyées contre le peuple sous prétexte qu'il avait tort de refuser ce que ses assassins souhaitaient lui imposer prétendument pour son bien.

Pour constituer un Front populaire contemporain, il faut regarder ce qu'Emmanuel Macron a obtenu avec son élection à la présidence de la République : il est parvenu à cristalliser toutes les forces du Front populicide sous son seul nom. Bravo l'artiste ! mais la chose n'a pas fait longtemps illusion : tout le monde a très vite compris combien ce roi fragile et naïf, immature et narcissique, était nu et que son idéal politique était aussi vieux que Mitterrand en 1983 ! Il faut espérer que la crise du coronavirus aura convaincu les derniers naïfs de l'étendue de l'imposture du phénomène Macron qui est le prête-nom de l'État maastrichien dans lequel la France s'avère une quantité négligeable. Le pays de Louis XIV s'effondre de ne pouvoir produire des masques et les distribuer au peuple pour le protéger d'une épidémie !

La solution politique ne passe ni par le retour des maastrichiens de droite et de gauche, on s'en doute, ni par celui des olibrius qui se présentent comme des choix possibles et qui, tels Jean-Luc Mélenchon, grand thuriféraire de l'État maastrichien pendant les décennies où il fut sénateur socialiste, ou Marine Le Pen, qui a hérité de l'absence de colonne vertébrale de son père en matière d'options essentielles – libéralisme ou protectionnisme, européisme ou euroscepticisme, monnaie unique ou monnaie commune, quand ce n'est pas confusion avec l'écu… –, montrent qu'il en va moins chez eux d'un souci de la France et des Français, autrement dit : du peuple, que de leurs petites carrières politiques.

Notre proposition n'est pas de rouler pour les porteurs des solutions jacobines incarnées par les maastrichiens ou par ceux qui s'y opposent avec le même schéma centralisateur, étatique et parisien – tous les candidats des dernières présidentielles étaient jacobins, tous[1]. Tout le monde se découvre aujourd'hui souverainiste : nous n'oublierons pas qui a insulté les souverainistes depuis un quart de siècle… Ils ne seront pas crédibles sous cette nouvelle panoplie.

Notre Front populaire ne vise pas l'union de la France d'en haut des politiciens antilibéraux contre les politiciens libéraux, mais la construction, faite par la France d'en bas elle-même, d'une proposition populaire, girondine, proudhonienne,

1. J'avais publié un *Décoloniser les provinces* (2018), aux éditions de L'Observatoire, pour faire une proposition girondine aux dernières présidentielles. Faut-il préciser qu'il ne fut question nulle part de ce livre – donc de cette proposition ?

mutuelliste, fédéraliste, étatiste au sens expliqué par Proudhon dans sa *Théorie de la propriété*.

La façon qu'a eue la France macronienne de montrer son incapacité à protéger le peuple français pendant la crise du coronavirus et, au contraire, son ardeur à l'exposer, voire à le sacrifier, mais également l'impéritie partagée par la classe politique officielle de droite et de gauche libérale ou antilibérale, inaudible et incapable de proposer quoi que ce soit qui protège un tant soit peu le peuple français, voilà qui démontre que la politique doit devenir l'affaire du peuple – ce que souhaitaient déjà les Gilets jaunes spoliés de leur énergie par, *déjà*, la clique politique politicienne de droite et de gauche.

Notre Front populaire offre rien de moins que d'être le laboratoire de cette autre proposition politique. Notre revue ne porte aucune candidature cachée ; elle souhaite travailler à un programme susceptible de faire émerger le jour venu le nom de qui pourrait porter la cause du peuple contre les populicides qui travaillent à sa mort depuis trop longtemps déjà.

Je prends dès à présent l'engagement que je ne serai pas l'homme de ce combat politicien, mais mes amis et moi aspirons à une *restauration de la République*. C'est notre ligne d'horizon avec ceux de droite et ceux de gauche qui, croyant dans le dieu judéo-chrétien ou n'y croyant pas, estiment que la France mérite qu'on se batte pour elle.

2

NOUS AUTRES CIVILISATIONS...

Réunir les souverainistes des deux bords ? Voilà une vieille idée qui a toujours échoué s'entend-on dire depuis que nous avons fait connaître notre projet ! Ce n'est pas faux, mais essayer de comprendre pourquoi permet d'envisager qu'on ne commette pas les mêmes erreurs qui ont fait qu'effectivement ce projet n'a jamais abouti.

D'abord convenons que c'est une vieille idée et qu'elle a brillé au moment inaugural d'une Europe qui se construisait au prix de la destruction des États, donc des nations. C'était le temps d'une Europe de mots et de papier, d'idées et de concepts promus par des publicitaires payés par des politiciens giscardiens et mitterrandiens appuyés par des journalistes ravis d'en être. Le réel n'avait rien à dire. Le capital vendait alors sur plan un château en Espagne qui n'avait que des avantages.

Le projet réel ne fut pas clamé sur tous les toits : avec l'accord et le soutien des Américains, il s'agissait de transformer la vieille Europe de Goethe et de Dante, de Descartes et de Cervantès, de Shakespeare et de Pessoa en un continent où le marché ferait la loi – l'objectif était d'en finir avec les cathédrales et les bibliothèques au profit des supermarchés et des MacDrive. Ce continent se faisait le rouage d'une plus grande machine qui est l'État universel pensé et voulu comme un État global. C'est pour cela que l'Europe de Maastricht, conçue comme un État avec son drapeau, sa devise, ses frontières, sa monnaie, son Parlement qui entérine ce que sa commission non élue décide, devait abolir les autres États présentés comme des ferments de nationalisme, donc de guerre.

Cet État maastrichien entrait dans un projet impérial, donc impérialiste : après la fausse prophétie de Francis Fukuyama selon laquelle, après la chute du mur de Berlin, le capitalisme avait triomphé et pouvait désormais s'installer partout sur la planète sans aucun problème, les tenants de l'État total bombaient le torse – c'était compter sans les annonces faites par Samuel Huntington dans *Le Choc des civilisations* (1996) dont la plupart se sont réalisées depuis.

Pour ce penseur américain, les civilisations, portées par des spiritualités hétérogènes, ne pouvaient souscrire aux hypothèses de *La Fin de l'histoire et le dernier homme* (1992) de Fukuyama. La Chine confucéenne ou les pays musulmans agrégés dans l'oumma, mais aussi l'Inde hindouiste ou l'Afrique animiste – sinon œcuménique… – n'avaient aucune raison d'approuver ce schéma occidental de *la fin de l'histoire* concocté par les Occidentaux pour les Occidentaux à partir de l'Occident.

La fin des États européens, sacrifiés comme des victimes expiatoires sur l'autel de la construction de l'État maastrichien, validait le premier temps de l'Empire maastrichien dont le modèle orwellien consiste à évincer les peuples, à soumettre les individus, à éradiquer la conscience critique, à travailler à la propagation de l'illettrisme qui favorise le travail de la propagande, en un mot : à détruire la civilisation judéo-chrétienne. Tout ce qui permet de la ravager est célébré par les sicaires de l'État maastrichien.

Il n'a donc pas été dit clairement que ce que visait l'Europe de Monnet, de Giscard et de Mitterrand – *c'est la même* –, c'était la réalisation de cet État universel sur le principe saint-simonien qu'il faut laisser le gouvernement et le pouvoir aux techniciens, aux ingénieurs, aux industriels, aux entrepreneurs, aux banquiers, aux juristes, aux fiscalistes, et aux intellectuels ralliés à la mangeoire…

Il est bien évident que ces gouvernants ne sont rien de moins que les acteurs du capital et du capitalisme ! Au nom du savoir, ils s'arrogent le droit de gouverner avec les peuples tant qu'ils parviennent à les enfumer à l'aide de force propagandes, mais sans les peuples quand ces derniers commencent à y voir un peu plus clair dans ce projet politique du capital et qu'ils rechignent, renâclent ou refusent. Qu'ils grognent, écrivent et disent les journalistes, qui assimilent ainsi les peuples aux chiens ou à des bêtes hargneuses.

On a vu comment « le cercle de la raison » – pour reprendre la formule satisfaite et suffisante d'Alain Minc, l'un des porteurs d'eau de ce projet –

réagit quand le peuple refuse par référendum le Traité constitutionnel européen (2005) parce qu'il commence à comprendre ce qui se trame avec cette Europe-là. Pendant treize ans, l'application du traité de Maastricht (1992) a permis de voir que l'Europe libérale n'a pas accouché de l'amitié entre les peuples, du plein emploi, de la fin des guerres, comme il fût amplement matraqué pendant des années, et encore aujourd'hui, par la presse aux ordres de ce projet (une presse dont on ne s'étonnera pas qu'elle soit abondamment subventionnée bien qu'ennemie jurée de tout protectionnisme…), pendant treize ans, donc, le peuple a pu se faire plus qu'une idée de ce qu'est vraiment l'Europe maastrichienne.

Sans qu'il puisse y avoir contestation, ce référendum écarte ce Traité. Le fameux cercle de la raison, constitué par la gauche libérale et la droite libérale, unies comme les doigts de la main, passe par-dessus la tête du peuple et sollicite le Congrès pour voter contre lui. Voilà qui constitue une variation inédite sur le thème du coup d'État !

Jadis, quand la Constitution de la Ve République faisait la loi en France et qu'elle n'était pas ce chiffon de papier postnational, il était stipulé dans le Titre premier, article 2, que le principe de la république est le « gouvernement du peuple, par le peuple et pour le peuple ». Dans l'article 3, on pouvait lire ceci : « La souveraineté nationale appartient au peuple qui l'exerce par ses représentants et par la voie du référendum. » Qui pouvait imaginer que des représentants du peuple puissent être convoqués par le pouvoir pour *voter contre le peuple* s'il s'est déjà exprimé dans un référendum ? Des populicides...

Treize années d'Europe maastrichienne ont montré quelle était vraiment la nature de ce dispositif à la fois libéral et autoritaire, c'est sa marque de fabrique. Car, en lieu et place de l'amitié entre les peuples, du plein emploi, de la fin des guerres, de la construction d'un peuple, autant d'horizons radieux promis par les maastrichiens pour vendre leur marchandise, nous eûmes l'augmentation de la xénophobie et du racisme à cause de la concurrence exacerbée entre les travailleurs, le *dumping* social associé à la destruction du droit du travail, le chômage de masse et l'ubérisation de la société, les *petites guerres* (c'est un concept de Clausewitz pour signifier les guérillas...) civiles dans les territoires perdus de la République, le soutien aux grandes guerres coloniales américaines contre nombre de pays musulmans et l'explosion des revendications communautaristes. Joli bilan de cette Europe de Maastricht !

Quand les pères fondateurs – j'ai nommé Chevènement et Villiers – se consacraient déjà à ce projet de réunir les souverainistes des deux bords, ils ne disposaient pas de ces arguments, et pour cause, ils étaient à venir puisque fournis chacun à son heure, année après année, par le réel ! Ils n'avaient pour eux que des discours, des mots, des phrases, auxquels il était facile de répondre par des discours, des mots et des phrases dans lesquels le mépris, l'insulte, la mauvaise foi, le procès d'intention, l'attaque *ad hominem*, autrement dit rien qui relève du débat, du dialogue, de la confrontation démocratique, faisaient la loi.

Traités de vichystes, de pétainistes, de rétrogrades, d'archaïques, d'antisémites bien sûr, de maurassiens, de « saddamites » même par BHL qui a abondamment eu recours à ce néologisme contre Jean-Pierre Chevènement sans que jamais qui que ce soit se demande s'il ne s'agissait pas là d'une insulte homophobe…

L'argument de ceux qui n'en eurent pas d'autre (et n'en ont d'ailleurs toujours pas…) fut également d'invoquer le national-bolchevisme – les fameux *rouges-bruns…* Sans que qui que ce soit de ces insulteurs soit capable de tenir une conversation sur ce sujet historique au pied levé, le recours à l'argument de la réduction *ad hitlerum* a longtemps fait illusion. Ce terrorisme intellectuel interdit tout débat : qui pourrait bien vouloir discuter avec les fils naturels d'Adolf Hitler ? Car, demander que la France reste souveraine, c'était, bien sûr, réactiver le projet de destruction des Juifs d'Europe ! Souhaiter que l'Europe fût des nations et non fédérale, c'était, évidemment, compagnonner avec les inventeurs des chambres à gaz ! Proposer qu'il y eût une monnaie commune et non une monnaie unique afin de permettre à la France de mener la politique de son choix après que son peuple eût dit laquelle c'était, assurément, faire ami-ami avec ceux qui, sur la rampe d'Auschwitz, décidaient à l'arrivée quels déportés allaient mourir tout de suite et qui périrait plus tard ! Dire « non » au traité de Maastricht, c'était avouer une filiation avec le docteur Mengele qui fut, chacun s'en souvient, le médecin diabolique aux expérimentations de malade mental ! Voilà pour le brun…

Pour le rouge maintenant : défendre les mêmes idées – un État souverain, une Europe des nations, une monnaie commune –, c'était valider le camp de concentration marxiste-léniniste, l'extermination par la famine de millions de Russes ou d'Ukrainiens, sinon le pacte germano-soviétique !

En un quart de siècle, ce combat souverainiste n'a fait aucun mort, mais il fallait, pour le discréditer, qu'il fût assimilable aux totalitarismes du XXe siècle (maoïsme exclu, pour cause de passé chinois de quantité de maastrichiens – qu'on songe à José Manuel Barroso, maoïste pendant sa jeunesse et dix ans président de la Commission européenne, aujourd'hui éminence grise chez… Goldman Sachs !) qui ont fait des millions de victimes. C'était soit exagérer sur les fautes du souverainisme soit, plus grave, instrumentaliser la Shoah, minimiser la solution finale, manquer à la mémoire de toutes les victimes du nazisme, en faisant du IIIe Reich un moment sympathique de l'histoire puisqu'on l'associait à un combat démocratique qui ne fit pas une seule victime…

En quoi le combat de Jean-Pierre Chevènement et de Philippe de Villiers était-il assimilable au national-bolchevisme d'entre les deux guerres? Avant Auschwitz, donc… Sait-on qu'Ernst Niekisch, national-bolchevique emblématique, s'est opposé au nazisme et sera déporté dans un camp de concentration?

Rouge-brun est devenu une insulte, ce qui ne saurait construire un argument ni valoir démonstration. C'est aussi sot que de croire qu'en allant chercher des poux dans la tête des européistes on pourrait se dispenser de débattre et, pour utiliser une expression du philosophe Habermas, un chaud philosophe maastrichien, qu'il serait possible de fouler aux pieds l'« éthique de la discussion ».

Car préciser que Jean Monnet a probablement contribué à blanchir de l'argent nazi; que Walter Hallstein, le premier président de la Commission européenne, et ce pour un mandat de *dix ans*, a été un professeur de droit instructeur des soldats nazis et que, de ce fait, il a porté l'uniforme d'officier national-socialiste; que Robert Schuman, l'un des pères de l'Europe unanimement reconnu comme tel, s'est fait réformer afin d'éviter de combattre pour la France lors de la Première Guerre mondiale; qu'il a opté pour la nationalité allemande en 1914; qu'il a fait cette guerre sous les couleurs allemandes; qu'il s'est réjoui des accords de Locarno et de Munich; qu'après avoir voté les pleins pouvoirs à Pétain, alors qu'il était député catholique de la Moselle, il a été secrétaire d'État dans son gouvernement à Vichy; qu'il est rentré à Metz pour détruire des documents compromettants sur son passé ; qu'il a été frappé d'indignité nationale à la Libération – préciser tout cela, donc, n'apporte aucun argument contre la formule maastrichienne de l'Europe.

On peut vouloir élever le débat, mes amis et moi le souhaitons. Traiter de nazi ou de rouge-brun un contradicteur, c'est n'avoir pas autre chose à lui opposer que l'insulte, faute de disposer d'arguments honorables et dignes de ce nom.

Car il serait également facile d'attaquer l'Europe, l'idée même de l'Europe, en expliquant que le Napoléon des guerres impériales aux millions de morts lui aussi la voulait, mais également l'Adolf Hitler de l'espace vital… En procédant de la sorte, qu'aurions nous fait d'autre qu'insulter ?

Car refuser l'Europe libérale *parce qu'elle est libérale*, et pour cette seule raison, ne range pas dans le camp des opposants à l'Europe, mais dans celui des réfractaires au libéralisme ! C'est pitié de devoir le préciser, mais le paralogisme est l'une des armes préférées des maastrichiens… Ni Jean-Pierre Chevènement ni Philippe de Villiers n'ont refusé l'Europe, ils ont juste souhaité que l'Europe, *à laquelle plus personne ne s'oppose*, sûrement pas nous, ne soit pas un État supranational contre les États nationaux, mais une Europe des nations qui en respecte l'identité et la souveraineté.

Autrement dit : refuser le mariage sous le régime de la communauté de biens à cause de la communauté de biens n'est pas refuser le mariage si on le contracte sous le signe de la séparation de biens.

Qui dirait que refuser le premier pour lui préférer le second, c'est refuser le mariage et son principe même ?

On peut ne pas vouloir d'Europe souveraine s'il faut la payer au prix fort de la transformation des États qui la constituent en États suzerains pour lui préférer une Europe composée d'États souverains – faut-il le rappeler? c'était la position du général de Gaulle… Le souverainisme n'est donc pas intrinsèquement contre l'Europe et pour les nations – ce qui serait obligatoirement nationalisme, donc guerre comme le klaxonne la propagande… – mais conjoncturellement contre une formule libérale qui viserait le gouvernement planétaire des possédants et de leurs amis.

Je viens de citer le général de Gaulle.

Nous souhaitons installer le combat de *Front populaire* sur le registre des civilisations. Pour être même plus précis : sur celui de la défense de la civilisation judéo-chrétienne. Nous souscrivons à l'idée forte et riche de Marc Bloch qui, on le sait, tient dans une même main historique le sacre des rois à Reims et la fête de la Fédération. Le problème n'est plus d'opposer ceux qui croient en Dieu et ceux qui n'y croient pas, ceux qui votent à droite et ceux qui votent à gauche, mais ceux qui croient à la France et ceux qui n'y croient pas.

Mai 68 surprend tout le monde. Mais pas tant que ça. Car, dans le feu même de l'action, André Malraux et Charles de Gaulle nouent un dialogue stupéfiant qui conclut que ce qui advient est un phénomène de civilisation. Il ne concerne pas que les barricades de Paris, Saint-Germain-des-Prés ou le Quartier latin, comme une version jacobine, donc parisienne, le prétend, mais une grande partie du monde. Malraux, qui voit large, loin et haut, rappelle qu'avec les États-Unis, la Hollande, l'Italie, l'Allemagne, l'Inde, le Japon, la Pologne qui se trouvent concernés par ce Mai-là, c'est l'Occident tout entier qui subit un tremblement de terre.

Si l'on fait véritablement de l'histoire en se débarrassant des catégories marxistes et que l'on aille voir du côté de Hegel, on constate que les civilisations naissent, croissent, vivent, culminent, décroissent, chutent, meurent et se trouvent remplacées par d'autres qui connaîtront le même destin. C'est moins le catéchisme de décadentistes – une autre insulte pour ne pas penser... – que celle des *Leçons sur la philosophie de l'histoire* du philosophe allemand ou de *La Raison dans l'histoire* du même.

Bien avant le Paul Valéry du « nous autres, civilisations, savons maintenant que nous sommes mortelles » – un propos écrit en 1919 dans la fumée d'une Première Guerre mondiale qui n'est pas encore retombée –, Hegel avait diagnostiqué la chose !

Malraux et de Gaulle ont vu que, avec Mai 68, l'effondrement de notre civilisation se précipitait. L'un et l'autre cherchaient à lutter contre. Ils ont proposé des solutions, le peuple n'en a pas voulu, ça n'est pas le lieu de développer…

Faut-il s'étonner que ceux qui souhaitaient cette décadence à l'époque en faisant leurs génuflexions devant Marx et Marcuse, Mao et Trotski, Debord et Che Guevara poursuivent le même objectif cinquante ans plus tard en se faisant les porteurs d'encensoir de l'Europe de Maastricht qui contribue au projet internationaliste – même si c'est aujourd'hui celui du capital? Les gauchistes qui sont « passés du col Mao au Rotary » – au « Siècle » si l'on veut actualiser… –, pour reprendre l'excellente formule de Guy Hocquenghem, sont désormais des dévots d'Emmanuel Macron et du *front populicide* auquel nous opposons ce *front populaire.* Ces soixante-huitards sont nombreux à s'activer dans les soutes de l'État profond.

Que la fête commence !

3

QUI SOMMES-NOUS ?
Éloge de la radicalité de la Déclaration des droits de l'homme et du citoyen

À la question « Qui sommes-nous ? », la plus grande partie de la presse a répondu, bien qu'elle n'ait jamais eu la revue entre les mains, un mois avant même qu'elle fût imprimée, ce qui était une performance éthique : des rouges-bruns, des fascistes, des antisémites, des nazis ! Je fus même comparé à Jacques Doriot, un fasciste français qui a porté l'uniforme nazi sur le front de l'Est. Pareil déchaînement de haine était tellement facile à prévoir que je l'avais annoncé dans mon premier éditorial écrit deux mois en amont; j'eus même un temps envie, sur le mode parodique, d'écrire l'article type que publierait cette engeance…

Avec pareils « journalistes », on ne s'étonnera pas que, selon le classement de Reporters sans frontières sur la liberté de la presse, la France soit passée en un an de la 32e à la 36e place, derrière le Ghana et la Namibie. Encore deux ans de cette présidence de la République et l'on jouera dans la même cour de récréation que la Corée du Nord !

Quel horrible forfait avions-nous commis pour être assimilé à un nazi français ? Qu'avions-nous fait pour mériter ce qui relève de la diffamation la plus caractérisée ? Nous avions tout simplement fait savoir que nous souhaitions rassembler *les souverainistes de droite, de gauche, d'ailleurs et de nulle part.* Nous n'avions en effet dit que cela, voilà donc ce qui posait un problème.

Nombre de journalistes ont sciemment omis de préciser la véritable nature de notre projet en le réduisant à : *rassembler les souverainistes de droite et de gauche*, en oubliant *d'ailleurs et de nulle part*, ce qui finissait toujours par se résumer à : *rassembler les souverainistes d'extrême droite* puisque, pour eux, une gauche souverainiste est de droite, or la droite est d'extrême droite, donc elle est fasciste... Dès lors pourquoi se gêner : Marcel Déat et Jacques Doriot, c'étaient Stéphane Simon et moi-même !

Pareille sophistique ne cesse d'étonner ! mais elle trahit la fausse logique d'une vraie peur : *Front populaire* est un média qui n'appartient pas à leurs amis milliardaires qui assurent la propagande du néolibéralisme depuis des décennies sans contre-pouvoir ; il ne se trouve pas non plus entre les mains des publicitaires qui, en achetant ici des espaces pour leurs produits dans des supports qu'ils possèdent et contrôlent déjà, que le rédactionnel ne touchera jamais aux parts sombres et inavouables des multiples entreprises de leurs groupes ; il ne se met pas au service de l'État profond, qui nomme le dispositif qui travaille à la réalisation de l'idéologie du capital en faisant l'économie des peuples et des structures démocratiques ; il n'est pas non plus perfusé aux aides à la presse qui permettent aux journaux détenus par des milliardaires d'accumuler d'incroyables subventions, qui sont tout bonnement les impôts du contribuable, une manne sans laquelle leurs journaux mourraient faute de lecteurs. La presse écrite, peu lue, sert de référence à la presse radio et télé, très entendues ou très vues, de sorte que le sonore fait plus l'opinion que le papier. Voilà pourquoi posséder des journaux reste une entreprise idéologiquement, donc politiquement, c'est-à-dire économiquement, rentable.

Front populaire est une revue libre qui appartient à ses abonnés. Or, ces animaux de meute que sont les journalistes de cour ne haïssent rien tant que la liberté qu'ils ont privatisée et dont ils dénient l'usage à quiconque ne fait pas partie de leur territoire et s'y avance sans les habituels signes de soumission. Faire usage de la liberté sans leur autorisation, c'est déclencher leurs attaques en bande. Voilà pour quelles raisons ils ont chargé.

Ce déchaînement de violence a eu un mérite : tous ceux qui sont sortis de leur trou ont montré qu'ils habitaient le même terrier ! Car, comme un seul homme, quels qu'aient été les supports, ils ont débité les mêmes sottises avec les mêmes mots dans le même ordre, selon le même principe, au point qu'on pouvait imaginer qu'un chauffeur de salle leur avait fourni en amont les mêmes éléments de langage et le même argumentaire ! Ce fut le concert des perroquets du capital.

La trouille leur a fait perdre toute prudence : car, en passant de l'ombre de leurs trafics à la lumière de leurs insultes, ils ont mis en plein jour l'organigramme d'une partie de la firme. C'est une erreur tactique et stratégique de se montrer ainsi à découvert pour la bonne et simple raison que tout le monde les a vus et a pu mesurer leur connivence effrayée.

Ce fut un réel plaisir de se faire insulter ainsi, car nous avons révélé une partie de la machinerie à fabriquer les fausses nouvelles et les vrais mensonges, les bobards et les contrevérités, les intoxications et les mystifications qui structurent leur propagande. Aux commandes des usines à désintoxiquer, on trouve donc ceux qui intoxiquent : voilà la leçon à retenir de cette faute de stratégie et de tactique ! Le faux prince de la démystification s'avère le vrai roi de la mystification. C'était un premier point marqué contre eux. Il y en aura d'autres…

*

À notre tour de dire qui nous sommes, femmes et hommes de droite, de gauche, d'ailleurs et de nulle part, qui constituons *Front populaire* comme « un intellectuel collectif » – pour reprendre une expression de Bourdieu. Notre diversité se rassemble sous une seule cause : celle de la République qui revendique la Déclaration des droits de l'homme et du citoyen du 26 août 1789 comme la colonne vertébrale de son projet. *La* Déclaration, *toute* la Déclaration, *rien que* la Déclaration.

Qu'est-ce à dire ?

Ce texte français pose les fondements d'une politique laïque qui remplace des siècles de monarchie théocratique au profit d'une république démocratique. Le lien politique ne se trouve plus dans l'articulation transcendante entre la cité de Dieu et la cité des hommes, mais dans l'immanence du contrat social. On a longtemps pu croire que le contractualisme laïc serait un acquis définitif de notre civilisation ; or, la montée en puissance de l'islam politique qui promeut un retour à l'âge théocratique laisse à penser le contraire.

Le Préambule[1] expose que le but de l'organisation politique est le « bonheur de tous », on ne saurait donc imaginer que celui de quelques-uns s'impose contre celui des autres. Le communautarisme s'avère donc antinomique avec cette Déclaration qui invite au contraire à fonder la communauté : le communautarisme promeut la juxtaposition des opposés, la communauté quant à elle veut l'union des contraires.

On y trouve également une invocation à l'« Être suprême » sous les auspices duquel les auteurs de la Déclaration placent leur projet. Voilà qui écarte donc le théisme pour qui Dieu veut tout ce qui advient, au profit du déisme pour qui la foi est une

1. « Les Représentants du Peuple Français, constitués en Assemblée nationale, considérant que l'ignorance, l'oubli ou le mépris des droits de l'Homme sont les seules causes des malheurs publics et de la corruption des Gouvernements, ont résolu d'exposer, dans une Déclaration solennelle, les droits naturels, inaliénables et sacrés de l'Homme, afin que cette Déclaration, constamment présente à tous les Membres du corps social, leur rappelle sans cesse leurs droits et leurs devoirs ; afin que les actes du pouvoir législatif, et ceux du pouvoir exécutif, pouvant être à chaque instant comparés avec le but de toute institution politique, en soient plus respectés ; afin que les réclamations des citoyens, fondées désormais sur des principes simples et incontestables, tournent toujours au maintien de la Constitution et au bonheur de tous. En conséquence, l'Assemblée nationale reconnaît et déclare, en présence et sous les auspices de l'Être suprême, les droits suivants de l'Homme et du Citoyen. »

affaire privée qui ne saurait compter en matière politique. Le théisme est la doctrine des trois monothéismes religieux et théocratiques; le déisme, la doctrine d'une éthique philosophique laïque et démocratique.

Cette Déclaration associe les droits aux devoirs de sorte qu'on ne saurait sans cesse demander l'élargissement des premiers sans se reconnaître un certain nombre des seconds à l'endroit de la communauté – et non de la tribu communautariste. Une société dans laquelle on n'aurait que des droits et aucun devoir marquerait la tyrannie de l'individu et des minorités; une société dans laquelle on n'aurait que des devoirs et aucun droit révélerait sans conteste un caractère sinon totalitaire, du moins autoritaire. Seule l'articulation équilibrée des droits et des devoirs constitue la république. Chacun peut constater que nous sommes dans une époque de revendication effrénée de nouveaux droits sans qu'aucun devoir s'en trouve pour autant reconnu. Le «j'y ai bien droit» fait la loi; le «je m'en trouve obligé» fait désormais rire. La pléthore revendicative enfouit le devoir qui anoblit.

L'article 1[1] déclare que «les hommes naissent et demeurent libres et égaux en droits». Cette égalité concerne donc tous les hommes dans leurs rapports au droit et non aux faits. Elle n'exclut pas

1. Art. 1er : «Les hommes naissent et demeurent libres et égaux en droits. Les distinctions sociales ne peuvent être fondées que sur l'utilité commune.»

la *différence* entre les hommes et les femmes, les Blancs et les Noirs, les chrétiens et les incroyants, les juifs, les protestants et les musulmans, les athées et les agnostiques, les homosexuels et les hétérosexuels, elle n'en a que faire puisque seule importe l'égalité de l'homme devant le droit. La différence ne devient une inégalité que lorsqu'elle est exploitée politiquement : les hommes supérieurs aux femmes, les Blancs supérieurs aux Noirs, les chrétiens supérieurs aux musulmans, ou l'inverse, etc. Or, la loi républicaine garantit que la différence ne deviendra pas une inégalité politique du simple fait qu'elle assure l'égalité juridique.

Cette conception de l'égalité devant la loi n'interdit pas les inégalités naturelles – l'un court plus vite que l'autre, saute plus haut, pense mieux, calcule mieux, vieillit mieux, sait mieux se servir de ses mains, est plus endurant, montre plus de mémoire, sait mieux se servir de son intelligence sensorielle, est plus grand, plus beau, plus fort, plus vif d'esprit, plus mélomane, etc. Mais tous sont égaux devant la loi et leur diversité contribue à la richesse du monde dont la valeur réside dans ce que Segalen appelait le « Divers ». Cette diversité permet la fameuse « utilité commune » qui organise le divers dans le sens de l'Un qui est l'horizon de la république.

L'article 2[1] entretient des droits naturels et de leur caractère imprescriptible. Il y aurait à dire sur

1. Art. 2 : « Le but de toute association politique est la conservation des droits naturels et imprescriptibles de l'Homme. Ces droits sont la liberté, la propriété, la sûreté, et la résistance à l'oppression. »

la possibilité même qu'un droit, par nature une convention culturelle, puisse être dit naturel ! Les chrétiens aiment à s'y référer pour nommer ainsi les prescriptions culturelles de leur religion. Mais convenons qu'ici le droit naturel constitue une règle du jeu de base commune à tous les hommes selon le sens commun, après éducation, à même de permettre la structuration d'une république.

Que sont ces droits naturels ? « La liberté, la propriété, la sûreté et la résistance à l'oppression. » Quiconque attente à l'un d'entre eux s'engage effectivement dans la voie de la tyrannie. Le XXe siècle a montré de quelle manière pour les deux premiers droits ; le XXIe semble décidé quant à lui à démontrer qu'il va faire de la sûreté et de la résistance à l'oppression des droits caducs.

Il n'est guère besoin de s'étendre sur la liberté réduite comme peau de chagrin depuis que les Gafam et le capital font la loi, ou à la propriété qui, elle aussi, se trouve mise à mal avec une fiscalité qui pèse plus lourdement sur les pauvres et les classes moyennes, notamment *via* les taxes indirectes, que sur les riches véritables qui disposent des montages financiers de l'optimisation fiscale, des banques en Suisse et des paradis fiscaux.

La sûreté, c'est en effet la possibilité pour le citoyen, quel que soit le lieu où il se trouve, à quelque heure que ce soit du jour ou de la nuit, de ne pas être maltraité, volé, violé, agressé, insulté, mutilé, tué, rançonné, racketté, molesté. On sait qu'il existe aujourd'hui plusieurs centaines de zones dans le pays où ce droit n'est pas du tout respecté. Ajoutons à cela que le manquement à ce droit est également constatable en dehors de ces territoires déjà perdus pour la République. La sûreté est actuellement l'un des droits de l'homme les plus bafoués sur le territoire national.

La résistance à l'oppression s'avère également un droit de l'homme régulièrement jeté aux orties. Il est vrai que, dans un contexte individualiste, voire égotiste, comme celui de la France contemporaine, le premier venu peut se réclamer de ce droit-là par pur caprice afin de refuser de se soumettre à la loi républicaine. Disons que le droit à l'insurrection est légitime non pas quand un individu le décide, lui, son petit groupe ou sa tribu, mais lorsqu'une partie de la nation, sinon la totalité, estime que ses droits ne sont plus respectés.

Par exemple, en appeler à ce droit en 2008 était légitime quand le président Nicolas Sarkozy a décidé de ne pas tenir compte du résultat du référendum sur le Traité européen massivement refusé par le peuple en 2005 afin de l'imposer avec le Congrès à Versailles trois ans plus tard, car cette manigance violait clairement le droit du peuple, elle inaugurait un genre de coup d'État contre lui en méprisant son choix clairement signifié. L'insurrection eût été légitime ; elle n'eut pas lieu.

L'article 3[1] dit que « le principe de toute Souveraineté réside essentiellement dans la Nation. Nul corps, nul individu ne peut exercer d'autorité qui n'en émane expressément ». Cet article est devenu caduc avec le traité de Maastricht qui stipule explicitement que la souveraineté nationale est abolie au nom d'une souveraineté européenne ! Plus de monnaie en propre, c'est l'impossibilité de mener quelque politique que ce soit.

La Commission européenne, qui détient le pouvoir véritable, n'a pas été élue par les peuples, elle est l'émanation discrétionnaire des chefs d'État de l'Union européenne. Le pouvoir se trouve partagé entre ces gens nommés et les groupes de pression qui se moquent de la démocratie comme d'une guigne – ils sont 30 000 à Bruxelles à faire ce travail de lobbying pour l'industrie, le tabac, la chimie, l'alimentation, l'automobile et les droits desdites « minorités ». La souveraineté française se trouve niée par cette commission-là, elle ne se trouve donc plus dans le peuple.

Rappelons pour rire un peu que le premier président de cette commission dans sa forme initiale, Walter Hallstein, avait porté l'uniforme nazi : nonobstant pareil passé qui était un passif, il a tout de même dirigé le Conseil pendant une décennie, il avait en effet déjà adhéré à cette idée que

1. Art. 3 : « Le principe de toute Souveraineté réside essentiellement dans la Nation. Nul corps, nul individu ne peut exercer d'autorité qui n'en émane expressément. »

l'Europe pouvait être un horizon politique impérialiste.

L'article 4[1] concerne la liberté définie comme la possibilité de « faire tout ce qui ne nuit pas à autrui ». Or, on constate aisément que les limitations de la liberté, qui se justifient lorsqu'il y a nuisance, sont bien plus étendues que cela. C'est toute pensée alternative à l'idéologie dominante qui se trouve empêchée, censurée.

La Déclaration signale que la liberté consiste à exercer pleinement les droits naturels : il ne saurait y avoir de liberté quand la sûreté n'est pas assurée ; or, objectivement, elle ne l'est pas.

Elle l'est d'autant moins que la police, qui est censée faire respecter la loi, n'est plus soutenue par le chef de l'État Emmanuel Macron, ni même par celui qui fut son ministre de l'Intérieur, Christophe Castaner, qui annonçait publiquement que l'émotion pouvait primer sur la loi et le droit – pourvu que cette émotion procède de l'idéologie maastrichienne. Il s'agissait pour le pouvoir d'absoudre une manifestation indigéniste et racialiste ayant réuni 20 000 personnes en période d'interdiction d'un rassemblement de plus de 10 personnes pour cause d'épidémie de coronavirus.

1. Art. 4 : « La liberté consiste à pouvoir faire tout ce qui ne nuit pas à autrui : ainsi, l'exercice des droits naturels de chaque homme n'a de bornes que celles qui assurent aux autres Membres de la Société la jouissance de ces mêmes droits. Ces bornes ne peuvent être déterminées que par la Loi. »

Ajoutons à cela que, sous prétexte de violences policières, le même gouvernement oppose les violences urbaines illégales aux opérations de force publique légales qui tentent d'y répondre en affirmant que les violences urbaines sont tolérables alors que l'exercice de la force publique ne l'est pas ! On imagine bien ce qu'il en est de la sûreté quand l'État accable ses forces de police et absout les délinquants.

L'article 5[1] donne les limites à loi : il précise en même temps ce qu'il faut entendre par liberté – le pouvoir de dire, faire, écrire et penser ce qui ne nuit pas à autrui – non plus seulement à l'endroit de l'individu, l'homme et le citoyen, mais envers la communauté et la collectivité. Il s'agit donc de défendre la société contre ceux qui voudraient la défaire ou ne pas ou plus la faire…

Où l'on retrouve en même temps l'idée que des devoirs sans droits sont tyrannie de la société contre les individus et des droits sans devoir, tyrannie des individus contre la société. La loi équilibre les devoirs et les droits, elle ne saurait vouloir que triomphent les devoirs sur les droits et *vice versa*.

Notre époque de tyrannie des droits et de mépris des devoirs n'a plus le sens de la communauté, de la collectivité, de la société, de la république. De sorte

1. Art. 5 : « La Loi n'a le droit de défendre que les actions nuisibles à la Société. Tout ce qui n'est pas défendu par la Loi ne peut être empêché, et nul ne peut être contraint à faire ce qu'elle n'ordonne pas. »

que, au nom d'un droit revendiqué par un ou deux, ou par une minorité, une poignée de personnes, sans souci de son effet sur la société, d'aucuns estiment non pas qu'ils sont au service de la loi et du droit, mais que la loi et le droit sont à leur service.

Cette même époque, moins soucieuse du bonheur des pauvres que du bien-être des animaux, ne pense plus en termes de « Société » – la majuscule se trouve dans la Déclaration –, mais de tribus, comme il en fut dans les débuts de l'humanité racontés par Charles Darwin. La loi ne saurait être l'instrument des individualités ou des singularités, des minorités ou des particularités, mais des majorités respectueuses des minorités – et non des minorités irrespectueuses des majorités. Tocqueville se trompait quand il faisait de la démocratie le régime qui risquait la tyrannie de la majorité, car c'est la tyrannie des minorités qui la gangrène bien plus sûrement.

L'article 6[1] entretient de « la volonté générale ». On sent que les auteurs ont lu Rousseau et il ne faut pas perdre de vue la définition qu'il en donne dans *Du contrat social.* Elle n'est pas la somme des volontés particulières en tant qu'elles

1. Art. 6 : « La Loi est l'expression de la volonté générale. Tous les Citoyens ont droit de concourir personnellement, ou par leurs Représentants, à sa formation. Elle doit être la même pour tous, soit qu'elle protège, soit qu'elle punisse. Tous les Citoyens, étant égaux à ses yeux, sont également admissibles à toutes dignités, places et emplois publics, selon leur capacité, et sans autre distinction que celle de leurs vertus et de leurs talents. »

se détermineraient selon le caprice subjectif, individuel et personnel de l'électeur, mais en tant que le vote individuel est motivé par l'intérêt général : non pas « est-ce bon pour moi ? », triomphe de la déliaison égotiste, mais « est-ce bon pour la communauté ? », création du lien social.

Cette loi, précise l'article, procède de cette volonté générale de deux façons, mais toujours par le peuple : soit par lui-même, soit *via* ses représentants. Autrement dit, soit la démocratie directe, soit la démocratie indirecte. Même s'il triomphe depuis deux siècles, le système représentatif ne propose qu'une option sur deux. Celle qui sévit depuis si longtemps peut être remise en cause tant la représentation a failli.

Il suffit en effet de faire la sociologie de l'Assemblée nationale et du Sénat pour constater qu'avec le découpage électoral et le régime des partis le dispositif sélectif n'est pas tellement éloigné du régime censitaire pour lequel le peuple devait être représenté par ses élites sociales suffisamment fortunées – autrement dit des avocats, des fonctionnaires, des professions libérales, des enseignants, des cadres supérieurs, des permanents politiques, des chefs d'entreprise, des médecins, des ingénieurs, mais pas d'ouvriers, d'employés, de manœuvres, d'artisans, de petits commerçants, sinon deux ou trois exceptions pour confirmer la règle…

Or, le noyau dur de notre proposition consiste à basculer de la démocratie représentative qui a remis le pouvoir entre les mains d'une caste de professionnels de la politique à la démocratie directe activée sur le principe autogestionnaire et girondin du communalisme libertaire. J'ai détaillé les modalités de cette transition dans un livre intitulé *Décoloniser les provinces.*

Cet article stipule l'égalité devant la loi. Or, chacun sait qu'il n'en est rien et que la lutte des classes, vérité sociologique du moteur de l'Histoire, génère une justice de classes qui se soucie moins de dire le droit et la loi que d'imposer le politiquement correct du moment. L'existence du Code noir, du droit colonial, des lois de Vichy ou, plus récemment, les empressements politiciens du parquet national financier, valident cette hypothèse.

Cette égalité devant la loi se double d'une égalité devant les « dignités, places et emplois publics ». Ils doivent être attribués en fonction des vertus et du talent – et non plus en fonction d'une aristocratie de naissance. Ce qui semble interdire toute discrimination qu'elle soit positive (on privilégie un sexe ou une couleur…) ou négative (on refuse une personne de couleur ou un sexe…). Si vertu et talent il y a, peu importent la couleur de peau, le sexe, la religion, l'orientation sexuelle. En revanche, tout choix qui procéderait de la couleur de peau, du sexe, de la religion et de l'orientation sexuelle viole cet article sixième.

L'article 7[1] examine les conditions d'arrestation et de détention et les met en relation avec la loi. Pas question, donc, qu'en matière de justice, les forces de l'ordre, comme elles sont bien nommées, soient arbitraires et obéissent à leur caprice, ce qui définirait un ordre injuste et l'embryon d'une tyrannie ou d'une dictature.

Je remarque que l'article écrit « nul homme », etc., et que l'on constate ici sans difficulté que le substantif, qu'on trouve également dans la formule « Déclaration des droits de l'homme et du citoyen », n'est pas genré, comme on dirait aujourd'hui, car il concerne les hommes et les femmes sans distinction de sexe. Qui pourrait croire qu'en écrivant le mot « homme » les auteurs de ce texte, inspirés par la philosophie des Lumières, aient sciemment exclu les femmes de ce projet pour ne leur reconnaître ni droits mais surtout ni devoirs !

Plus souvent passé sous silence, cet article signale un devoir de l'interpellé : celui de se soumettre à la demande de la personne investie par l'autorité de la loi. Résister aux forces de l'ordre qui n'interpellent pas de façon arbitraire mais parce qu'elles suspectent une désobéissance à la loi, qui, rappelons-le, est volonté générale du peuple, décide avant toute autre chose de la culpabilité du

1. Art. 7 : « Nul homme ne peut être accusé, arrêté ni détenu que dans les cas déterminés par la Loi, et selon les formes qu'elle a prescrites. Ceux qui sollicitent, expédient, exécutent ou font exécuter des ordres arbitraires, doivent être punis ; mais tout citoyen appelé ou saisi en vertu de la Loi doit obéir à l'instant : il se rend coupable par la résistance. »

citoyen interpellé. Se soustraire à l'interpellation est déjà viol de la loi.

La punition de qui utiliserait les forces de l'ordre contre la loi est également prévue. Selon le principe d'égalité, les droits et devoirs de l'interpellé accompagnent les droits et devoirs de l'interpellant. De sorte que, de la même manière qu'il faut équilibrer droits et devoirs selon la loi, il faut équilibrer, toujours selon la loi, celui qui active la force publique et celui qui en fait l'objet, cela afin d'éviter la tyrannie de la police tout autant que la tyrannie du délinquant. Chacun conviendra qu'en la matière notre époque a basculé dans la tyrannie du délinquant.

L'article 8[1] établit qu'une loi ne saurait être rétroactive : autrement dit, personne ne saurait être jugé dans un temps pour ce qui n'était pas défini comme un crime dans un temps antérieur.

D'un point de vue strictement juridique, le tribunal de Nuremberg a jugé les criminels de guerre nazis au nom d'une loi qui a été promulguée après leurs crimes : la capitulation du IIIe Reich national-socialiste date du 7 mai 1945, la loi qui définit les crimes contre l'humanité, en vertu de laquelle sont jugés les dignitaires nazis, date du 8 août 1945.

1. Art. 8 : « La Loi ne doit établir que des peines strictement et évidemment nécessaires, et nul ne peut être puni qu'en vertu d'une Loi établie et promulguée antérieurement au délit, et légalement appliquée. »

Notre époque qui entend revisiter l'histoire prend appui sur cet exemple qui permet, avec une distance non pas de trois mois, comme avec le tribunal de Nuremberg, mais de plus de cinq siècles, de juger selon les catégories du jour les exactions commises par Christophe Colomb et ses suivants.

De sorte que, quand Christiane Taubira, ministre de la Justice d'un gouvernement socialiste, obtient qu'une loi qui porte son nom reconnaisse officiellement que la traite des Noirs et l'esclavage – toujours actif en Libye, en Mauritanie, au Sahel… – soient qualifiés de crime contre l'humanité, elle juge 1492 avec une loi de 1945 et viole donc l'article 8 de la Déclaration des droits de l'homme et du citoyen.

Ajoutons que le texte est rédigé de façon que la traite négrière soit localisée et ne stigmatise que les européens blancs. Il n'est en effet pas question de la traite asiatique ou africaine des Noirs par des musulmans, une traite qui a duré beaucoup plus longtemps que la traite organisée par les Européens, et qui a de ce fait occasionné beaucoup plus de morts. Dans certains pays africains de tradition musulmane, cette traite dure encore alors que l'Europe l'a abolie au XIXe siècle.

L'article 9[1] affirme que tout présumé coupable est d'abord présumé innocent avant qu'un jugement n'ait décidé qu'il était soit l'un soit l'autre.

1. Art. 9 : « Tout homme étant présumé innocent jusqu'à ce qu'il ait été déclaré coupable, s'il est jugé indispensable de l'arrêter, toute rigueur qui ne serait pas nécessaire pour s'assurer de sa personne doit être sévèrement réprimée par la loi. »

Cette présomption d'innocence est la plupart du temps bafouée par la presse, qui se trouve très rarement poursuivie pour avoir donné une publicité, qui vaut la plupart du temps présomption de culpabilité, à une affaire en cours.

Le texte dit que la « rigueur qui ne serait pas nécessaire pour s'assurer de sa personne doit être sévèrement réprimée par la loi ». Il est bien évident qu'en 1789 les auteurs de ce texte ne pouvaient imaginer que la rigueur dont il est question ici, et qui semble renvoyer à la *contrainte par corps*, puisse concerner la *contrainte par esprit* qui accable ceux dont on bafoue la présomption d'innocence en donnant un vaste écho médiatique à leur dossier.

En vertu de l'adage selon lequel « il n'y a pas de fumée sans feu », la popularité donnée à une affaire dont le traitement juridique est en cours vaut, avant toute instruction du dossier et tout jugement effectif par un tribunal dûment mandaté, un genre de peine capitale : le déshonneur. Il est vrai qu'en un temps où l'honneur est moqué, l'offense ne paraît plus mortelle à presque personne…

L'affaire Dominique Baudis témoigne : cet homme politique injustement accusé par une grande partie de la presse de participer à des soirées sexuelles avec abus d'enfants et crime pédophilique a été traîné dans la boue par des journalistes avant d'être blanchi. Il est mort peu de temps après la guillotine de cette justice médiatique qui bafouait cet article 9.

L'article 10[1] est majeur pour notre République contemporaine. Il dit explicitement : « Nul ne doit être inquiété pour ses opinions, même religieuses, pourvu que leur manifestation ne trouble pas l'ordre public établi par la Loi. »

Le « même religieuses » nous rappelle à l'obligation de contextualiser cet article : en 1789, la religion catholique est religion d'État et l'athéisme est même sévèrement puni. Rappelons que le Préambule de la Déclaration de 1789 se place sous les auspices de l'Être suprême et que Robespierre envoie les athées à la guillotine le 24 mars 1794... C'est donc au catholicisme qu'il est prioritairement fait référence. Mais, à l'époque, on peut également songer au judaïsme. En tout cas, pas à l'islam.

Deux cent trente et un ans plus tard, la démographie de la France a changé, de même son rapport à la religion chrétienne, mais également la place de la religion musulmane dans le pays. Quasi absente en 1789, elle est devenue la deuxième religion française et la première communauté en Europe, avant l'Allemagne dont la généreuse politique d'accueil des Turcs est bien connue.

L'article précise que les manifestations religieuses sont acceptées dans la mesure où elles ne troublent pas l'ordre public établi par la loi. Or, en vertu de la loi de 1905, la République est laïque. Par conséquent, elle ne saurait prendre en compte

1. Art. 10 : « Nul ne doit être inquiété pour ses opinions, même religieuses, pourvu que leur manifestation ne trouble pas l'ordre public établi par la Loi. »

des revendications qui mettraient à mal cette loi de 1905 sur la séparation des Églises et de l'État.

Un sondage ICM publié par *Newsweek* révèle que 16 % des Français musulmans soutiennent l'État islamique. Une proportion qui grimpe à 27 % chez les 18-24 ans. Un sondage du Pew Research Center signale qu'en France 42 % des jeunes musulmans soutiennent les attentats suicide. Peut-on imaginer que cette importante frange de la population ne trouble pas l'ordre public en manifestant son adhésion aux thèses d'un État ayant clairement déclaré la guerre à l'État français? À l'État français, mais également à tout ce qui l'accompagne, c'est-à-dire la civilisation judéo-chrétienne – on sait en effet que le judaïsme tout autant que le christianisme sont présentés à longueur de sourates et de versets du Coran comme des religions d'infidèles et de mécréants à qui il faut mener une guerre sans merci. Cette guerre n'est pas symbolique ou allégorique, avec des mots et des idées, mais réelle et concrète. Elle se mène aujourd'hui avec des couteaux et des explosifs, des voitures bourrées de bombes ou des rafales de kalachnikov.

On peut craindre ce projet belliciste et belliqueux pour notre civilisation : en est-on pour autant islamophobe? Au sens étymologique, oui; au sens polémique auquel le politiquement correct réduit ce mot : non.

Au-delà de la religion, l'article envisage également la possibilité de disposer d'une libre opinion : faut-il accumuler les preuves pour montrer que la libre expression d'une opinion libre est aujourd'hui un luxe tant la presse et l'édition se trouvent aux mains de milliardaires subventionnés par l'État pour leurs journaux, donc par l'argent du contribuable, à des fins de propagande du politiquement correct et de destruction par tous les moyens d'un média qui échapperait à cette dictature idéologique ?

L'article 11[1] précise le précédent : la liberté d'expression « est un des droits les plus précieux de l'Homme », c'est pour l'heure l'un des plus maltraités, l'un des plus abîmés.

Internet permet, sous couvert d'anonymat et de pseudonyme, de dire tout et n'importe quoi, ce qui témoigne de ce qu'est une liberté d'expression totale. On y trouve toutes les folies nihilistes de notre époque : le négationnisme, le révisionnisme et l'antisémitisme y prospèrent sans limites ; les connexions ayant majoritairement pour premier motif la pornographie, on y trouve aussi bien la possibilité de contrats sexuels en ligne qui permettent de payer 20 euros pour assister en direct au viol d'un jeune garçon ou d'une jeune fille en Asie, sinon des invitations à légaliser la zoophilie, par exemple avec une association ayant pignon sur rue aux Pays-Bas ; l'intoxication idéologique permet à chacun de s'autoriser de lui-même pour

1. Art. 11 : « La libre communication des pensées et des opinions est un des droits les plus précieux de l'Homme : tout Citoyen peut donc parler, écrire, imprimer librement, sauf à répondre de l'abus de cette liberté dans les cas déterminés par la Loi. »

prétendre à telle ou telle compétence dans n'importe quel domaine, le site d'un expert côtoie à égalité celui d'un faussaire ou d'un menteur.

L'idéologie dite libertaire des concepteurs d'Internet refuse tout contrôle et croit, de façon très angélique, à un genre de main invisible qui régulerait le marché de la vérité sur la toile – c'est la thèse irénique et libérale du vieux soixante-huitard Raoul Vaneigem. On voit bien qu'une pareille fiction fait l'économie de ce que sont et font les hommes…

Le vieux circuit du papier, journaux, revues et livres, se trouve entre les mains de quelques milliardaires qui, de la sorte, s'assurent des moyens de contrôler l'information et de pourvoir à la propagande idéologique du capitalisme mondial.

Ce vieux monde voit la liberté du Net menacer ses dispositifs d'endoctrinement et ses lieux de matraquage. Il ne peut plus régner seul, impunément, car dans la boue d'Internet se trouvent parfois des pépites sur des sites dits de réinformation.

Dès lors, il a entrepris de réguler le Net en fonction de sa doctrine afin d'en évincer ce qui prouve de manière flagrante le travail de désinformation. La loi Avia incarna la volonté la plus visible qu'eut le pouvoir maastrichien de censurer non pas le Net, mais ce qui, sur le Net, mettait au jour la nature et l'importance de la désinformation cachée sous les faux ors de l'information du système. Le fait qu'elle ait été refusée par le Conseil constitutionnel n'est qu'une pause…

L'article 12[1] aborde la question des forces de l'ordre. Sauf à croire, sur le principe funeste élaboré par Rousseau en vertu duquel l'homme est naturellement bon et qu'il ne s'est perverti qu'à cause de la société en général et de l'instauration de la propriété en particulier, il faudra toujours compter avec la vérité anthropologique révélée par Darwin dans *La Filiation de l'homme*: nous n'avons pas été conçus par un créateur avec une âme immatérielle de même nature ontologique que celle de Dieu, car nous sommes le produit de l'évolution d'un singe. Or, malgré toute l'entreprise de civilisation ayant eu lieu depuis, nous avons gardé le tropisme du territoire, de la lutte pour la domination, de l'agressivité physique, du combat pour imposer la loi du plus fort, fût-ce au prix d'une mise à mort.

La loi permet de contenir cette violence, de l'empêcher. Mais tous n'y sont pas pareillement sensibles. Il faut, pour appréhender ceux qui s'en affranchissent, une police armée susceptible de faire respecter la loi, autrement dit la volonté générale exprimée par les élections. Cette police est là pour garantir le règne du droit et de la loi.

Or, la loi qui invite à voir les hommes comme des êtres prompts à s'en affranchir concerne

1. Art. 12 : « La garantie des droits de l'Homme et du Citoyen nécessite une force publique : cette force est donc instituée pour l'avantage de tous, et non pour l'utilité particulière de ceux auxquels elle est confiée. »

également la police. Il se peut que celle-ci outrepasse la loi, s'affranchisse du droit et mette la force qu'elle tient de la volonté générale au profit de volontés particulières : la police publique devient alors une milice privée.

Dans la configuration du pouvoir maastrichien, on peut avoir souvent l'impression que la police se met moins au service de la volonté générale, de la loi, du droit, du peuple souverain, que des intérêts politiques de la caste économique qui dispose du pouvoir en Europe, mais aussi au-delà d'elle. Si la police n'est pas au service de la volonté générale mais de volontés particulières coalisées, alors elle contrevient elle-même à la loi qu'elle est censée défendre et au droit qu'elle est censée honorer. Qu'on se souvienne de l'usage qui fut fait de la police et de l'armée contre les Gilets jaunes.

L'article 13[1] établit que cette force publique, ainsi que l'administration qui l'accompagne, doit être payée et que le budget nécessaire à cette rétribution est imputable aux citoyens. Ce qui double l'information contenue à l'article précédent que la police est un dispositif public relevant de la volonté générale, du bien public et de l'intérêt de tous et non une milice aux ordres d'une caste qui, après s'être emparée du pouvoir avec, au minimum,

1. Art. 13 : « Pour l'entretien de la force publique, et pour les dépenses d'administration, une contribution commune est indispensable : elle doit être également répartie entre tous les citoyens, en raison de leurs facultés. »

l'aide de la propagande d'État, entend bien le garder pour elle afin de mener ses affaires sans le peuple, malgré le peuple, voire, souvent, contre le peuple.

Cet article examine également les modalités de la répartition du coût de la police et de l'administration par les citoyens. La répartition égale est un principe, mais les modalités de cette répartition restent floues : tout le monde ignore quelle part de son impôt se trouve affectée à la police et à l'administration. L'impôt direct et l'indirect se prescrivent de façon drastique. Quand tout l'État s'effondre – l'école véhicule d'inculture, la justice idéologique, l'armée réduite aux tâches de gardiennage, la police désavouée par son ministre, la valeur de la monnaie décidée hors de la France… – le service des impôts fonctionne à merveille ! On sait que le ministre du Budget travaille en liaison étroite avec le président de la République pour doter les postes qu'il estime essentiels selon son bon vouloir. Il est bien évident que le citoyen n'a pas son mot à dire dans cette façon de faire…

L'article 14[1] envisage la question de l'implication directe du citoyen dans la décision d'affecter son impôt plutôt ici qu'ailleurs. Ce travail est abandonné

1. Art. 14 : « Tous les Citoyens ont le droit de constater, par eux-mêmes ou par leurs représentants, la nécessité de la contribution publique, de la consentir librement, d'en suivre l'emploi, et d'en déterminer la quotité, l'assiette, le recouvrement et la durée. »

aux élus qui obéissent à leurs partis, partis qui votent comme un seul homme pour ou contre le budget à l'Assemblée nationale en vertu des ordres donnés par leurs patrons. Un chef d'État qui dispose d'une majorité parlementaire ne rend jamais aucun compte du détail de l'impôt au citoyen qui se trouve exclu de cette décision pourtant majeure de la conduite des affaires d'un pays, d'une Nation, d'un État. Le jacobinisme français fait du budget non pas une affaire de citoyens, mais une affaire de partis politiques et de majorités au Congrès.

On pourrait imaginer, par exemple, que les budgets consacrés à l'immigration votés par les partis maastrichiens qui se partagent le pouvoir feraient l'objet de débats suivis de référendums de façon à ne pas laisser la conduite de la vie politique française aux seuls partis qui ne se reconnaissent aucun devoir à l'endroit du peuple parce qu'ils en font perpétuellement l'économie, sauf quand il faut solliciter leurs suffrages.

En régime de démocratie représentative, l'impôt, qui s'avère un dossier très technique, se trouve verrouillé par l'administration qui obéit au pouvoir d'un seul. Pas sûr que la démocratie y trouve son compte, ni même le peuple… En revanche, la bureaucratie, les énarques, les techniciens, l'administration, les eurocrates, si.

L'article 15[1] précise les deux articles qui précèdent. Cet argent levé par l'impôt et destiné à l'administration de l'État, le citoyen qui le verse doit pouvoir le contrôler. Le contrôle est en effet le seul moyen de vérifier que l'impôt du citoyen est bien affecté là où il doit l'être pour les fonctions prévues à cet effet. Pour éviter que ce prélèvement effectué sur les citoyens ne serve à d'autres tâches que celles de la sécurité et de la sûreté (rappelons-le : l'un des quatre droits naturels imprescriptibles), le regard empêche que soit financée une milice privée qui, entretenue financièrement par le peuple, se retourne politiquement contre lui. Seul ce pouvoir contrôleur interdit que la police devienne une milice.

L'article 16[2] explique qu'une société qui ne garantit ni n'assure les droits ne saurait se trouver constituée puisqu'elle n'aurait pas de Constitution, autrement dit de feuille de route pour créer, réaliser et maintenir la république. La Constitution est donc surtout un contrat entre les citoyens et le souverain ainsi constitué, autrement dit avec le détenteur d'un pouvoir qui n'a de droit que par le transfert effectué par le peuple sur sa personne.

1. Art. 15 : « La Société a le droit de demander compte à tout Agent public de son administration. »
2. Art. 16 : « Toute Société dans laquelle la garantie des Droits n'est pas assurée, ni la séparation des Pouvoirs déterminée, n'a point de Constitution. »

Pour que ce pouvoir soit, il faut également que, selon la théorie exposée par Montesquieu dans *De l'esprit des lois*, le pouvoir exécutif, le pouvoir législatif et le pouvoir judiciaire soient strictement séparés et indépendants. C'est-à-dire que celui qui détient le pouvoir, celui qui fait les lois, celui qui rend la justice évoluent dans des mondes étanches. Qui affirmera sans attirer le rire sur lui que c'est le cas aujourd'hui ?

L'article 17[1], pour sa part, garantit la propriété mais légifère sur les conditions dans lesquelles elle peut être confisquée. Ce qui veut dire qu'en dernière instance ce droit peut bien être dit inviolable et sacré, on trouve malgré tout dans le même article l'affirmation qu'il peut être violé et profané si l'État le décide, en fonction du bien public et de l'intérêt général, et sous condition d'une juste rétribution. C'est tout simplement le texte qui permet la préemption, la confiscation ou la nationalisation sur ordre de l'État pourvu qu'il soit animé par le souci de l'intérêt général et du bien public. Il s'agit là d'un dernier article qui affirme plutôt les droits de l'État et le devoir du citoyen d'y obéir…

*

1. Art. 17 : « La propriété étant un droit inviolable et sacré, nul ne peut en être privé, si ce n'est lorsque la nécessité publique, légalement constatée, l'exige évidemment, et sous la condition d'une juste et préalable indemnité. »

On me pardonnera ce long et fastidieux commentaire de la Déclaration des droits de l'homme et du citoyen. Mais elle me semble, plus qu'un énième programme politique fumeux, un texte solide sur lequel on peut encore et toujours constituer un contrat social, une société, un État qui protège et garantisse la liberté, l'égalité, la fraternité, la laïcité, le féminisme, un équilibre entre les devoirs et les droits de l'État et les droits et les devoirs de l'homme et du citoyen.

Je me répète : des droits sans devoirs signalent la licence égotiste qui est le contraire de la liberté individuelle; des devoirs sans droits signalent la tyrannie étatiste qui est le contraire d'une liberté collective. Notre époque semble tout entière faite de perpétuelles revendications des droits sans aucune reconnaissance d'aucun devoir. Une surenchère tribale de droits individuels manifeste incontestablement la fin du contrat social, donc de toute société, au profit de communautarismes – c'est la mort de la république, nous y sommes. De la même manière que, dans un régime autoritaire, une surenchère de devoirs imposés aux citoyens sans que des droits leur soient reconnus trahit immédiatement une tyrannie.

Après lecture, relecture et méditation de la Déclaration de 1789, quelle pourrait bien être notre charte?

La voici :

La liberté sans la licence, l'égalité sans l'égalitarisme, la fraternité sans l'obligation, la laïcité sans le dogme, la propriété sans le monopole, le féminisme sans la guerre des sexes, la différence sans l'inégalité, les minorités sans leur tyrannie, les majorités sans leur hégémonie, la communauté sans le communautarisme, la sûreté sans le césarisme, la raison du peuple sans l'instinct de la populace, l'autorité sans l'autoritarisme, la démocratie sans la démagogie, la dialectique des droits et des devoirs, l'équilibre entre l'individu et la société, la loi sans l'arbitraire, la police sans la milice, la liberté d'expression sans le mépris, la paix sans craindre la guerre, la nation sans l'oubli des régions, le local avec le global, l'Europe avec la souveraineté des Nations, le politique sans la politique : voilà ce qui définit la République à laquelle nous aspirons.

Voilà qui n'est ni rouge ni brun, mais tricolore.

4

SOUVERAINISME OU VASSALISATION

« Cette saloperie qu'est le souverainisme »
BHL, *Libération.*

Orwell nous avait prévenus : quand les mots ne veulent plus rien dire, voire, pis, quand ils signifient le contraire de leur sens véritable, alors nous vivons à coup sûr dans un dispositif tyrannique d'un nouveau genre. J'ai raconté les mécanismes de ce nouveau totalitarisme dans *Théorie de la dictature*.

On sait que, dans le régime totalitaire de *La Ferme des animaux*, la guerre, c'est la paix, le mensonge, c'est la vérité, le mal, c'est le bien, le laid, c'est le beau, l'oubli, c'est la mémoire, la barbarie, c'est la civilisation, la dictature, c'est la liberté, la défiance, c'est la confiance, etc. Autrement dit : le mal, c'est le bien.

C'est dans cette perspective qu'on peut se demander comment le beau mot *souverain*, puis celui qui en procède, *souverainisme*, ont pu devenir des épithètes dépréciatives, des insultes, des mots utilisés pour flétrir, salir et insulter[1]. Car, on le sait, en régime tyrannique, le souverainisme, c'est le fascisme, autrement dit : la liberté, c'est la soumission ! Comment en sommes-nous arrivés là ?

En 1900, dans *La Culture des idées*, Remy de Gourmont met au point une méthode dite de « dissociation d'idées ». Il propose de déconstruire les lieux communs véhiculés par des associations de mots apparemment signifiantes mais véritablement fautives parce que totalement idéologiques. Comme au temps de Léon Bloy, notre époque a ses lieux communs, elle se roule en eux avec délectation comme le cochon dans la fange.

1. « Cette saloperie qu'est le souverainisme », dit BHL dans un entretien avec Joffrin et Maggiori pour *Libération* (3.XI.2016). Littré définit ainsi « Saloperie » : « Discours, propos orduriers », ce qui, en extrapolant à peine, suppose qu'une personne qui tient des propos souverainistes est une ordure.

Parmi ces faux mariages qui constituent autant de vraies propagandes[1] : l'*association de l'Europe au libéralisme de Maastricht* qui permet aux thuriféraires de cette fiction devenue réalité depuis 1992 de conclure que quiconque n'est pas pour l'Europe maastrichienne est contre toute forme d'Europe.

Puis, corrélat obligé, l'*association du nationalisme à la guerre* : défendre son pays, ce serait être nationaliste, or, être nationaliste, c'est vouloir la guerre ! C'est donc en ne défendant pas son pays contre ceux qui l'agressent qu'on se prémunirait au mieux de l'agression ! C'est la quintessence de la doctrine des collaborationnistes des années 1940 qui faisait dire à Lucien Rebatet dans *Mémoires d'un fasciste* qu'en collaborant on recouvrait sa liberté !

Ce lieu commun a été créé par François Mitterrand dans un discours dit d'adieu donné le 17 janvier 1995 au Parlement européen de Strasbourg. Mais lui plus qu'un autre, puisqu'il passe pour avoir aimé l'Histoire et l'avoir connue, et de très près parfois, aurait dû savoir que les deux guerres mondiales ne se sont pas déclenchées

1. Autres faux mariages : « François Mitterrand, président socialiste », « *Libération* et *Le Monde*, journaux de gauche », « *Le Monde*, journal de référence », « Le PCF, parti de la Résistance », « La Résistance fut de gauche, la Collaboration de droite », « France Inter ou France Culture, radios du service public », « La gauche morale, la droite cynique », « l'islam religion de paix, de tolérance et d'amour », « BHL philosophe », « Hollande socialiste », « Les Républicains, un parti gaulliste », « Le Parti socialiste, un parti socialiste », « France Culture, l'esprit d'ouverture », « France Inter, écoutez la différence », etc. Il manque un Léon Bloy pour pratiquer une nouvelle *Exégèse des lieux communs.*

au nom des Nations mais des Empires ! Ce qui veut dire que l'impérialisme, c'est la guerre, oui, mais pas le nationalisme.

De même l'*association du souverainisme au nationalisme* qui, étant faussement joint lui-même à la guerre, se trouve par ricochet assimilé à cette dernière, ce qui donne cette formule sotte et simpliste : « Le souverainisme, c'est la guerre ! » Or, qui pourrait bien la vouloir ? personne... Dès lors, il faut combattre le souverainisme puisque l'on ne saurait vouloir la guerre et lui préférer la paix. Ce qui débouche sur ce paralogisme : c'est en laissant faire ceux qui nous agressent qu'on les combat de la façon la plus performante ! On a vu où cela a conduit Rebatet, en prison, Drieu, au suicide, Brasillach, au poteau d'exécution, Maurice Sachs, une balle dans la tête, et consorts !

Toute association d'idées est créée par des doctrinaires ayant intérêt à ce que leur interlocuteur ne pense pas mais réagisse comme le chien de Pavlov qui salive au coup de sifflet : dès que le mot *souverainiste* est prononcé, le but recherché est que bavent les contaminés qui aboient : « Guerre, guerre, guerre ! » Et, à ce jour, ce dressage marche au-delà de toute raison...

Qui peut bien avoir intérêt à faire du souverainisme, à savoir l'autre nom de l'indépendance, une insulte, sinon d'étranges personnages tout droit sortis de *1984* qui souhaitent faire passer la servitude pour la liberté, la dépendance pour l'autonomie, la soumission pour la libération, la vassalité pour l'affranchissement, la sujétion pour l'émancipation ? Ces gens souhaitent en finir avec la France, l'abolir, la rayer de la carte, l'effacer, la détruire.

Qui sont-ils ?

Tout commence sur les plages du débarquement en Normandie le 6 juin 1944. Ce moment historique a donné lieu à une autre association d'idées, elle aussi fautive : *le jour J fut celui du recouvrement de la liberté.*

Cette fiction a été construite, entre autres, par *Le Jour le plus long* (1962), un film d'Annakin, Andrew Marton, Bernhard Wicki, Gerd Oswald et Darryl F. Zanuck qui enfonce dans la tête des gens les plus simples cette idée que le Débarquement a été fait par les Américains, accessoirement avec quelques autres réduits au rang de figurants – les Anglais, les Canadiens, les Polonais, les Australiens, les Néo-Zélandais, les Tchèques, les Norvégiens, les Belges, les Néerlandais et, quoi qu'on dise, des Français… Ce film oppose une théorie d'acteurs américains tous plus virils les uns que les autres – John Wayne, Robert Mitchum, Mel Ferrer, Rod Steiger, Henry Fonda – et, en face, un résistant, maire de son village, joué par… Bourvil, dont chacun comprend qu'en face de l'acteur de *La Charge héroïque* celui du *Corniaud* ne fait pas le poids. L'acteur normand, bien connu pour ses rôles de gentil benêt, incarne un résistant tout à la main hollywoodienne – crétin et simplet, nigaud et pauvre type, autrement dit, version yankee : un Français !

L'idée à faire passer avec ce film est que les États-Unis, c'est bien connu, aiment tellement la liberté, parce qu'ils en seraient l'incarnation, qu'ils sont arrivés sur les plages normandes afin de libérer l'Europe avant de rentrer chez eux une fois leur mission accomplie. Or, cette version est fausse.

La réalité est que le 11 décembre 1941 le IIIe Reich déclare la guerre aux États-Unis. Or, les nazis travaillent à une bombe atomique et à un avion à réaction, autant d'armes qui permettraient à Hitler de mener la guerre sur le sol américain. Or, les États-Unis ne veulent pas qu'un conflit ait lieu sur leur territoire. Dès lors, ils attaquent les nazis sur le sol français avec l'objectif d'aller au moins à Berlin pour en finir avec le nazisme mais également, pour certains stratèges, à Moscou, afin de mener à bien la tâche antifasciste : éradiquer le bolchevisme.

Pour ce faire, les États-Unis avaient le projet de transformer la France en colonie, ce dont témoigne le projet d'AMGOT – l'acronyme en anglais de « Gouvernement militaire allié des territoires occupés ». Les Américains comptaient s'installer en France et, pour ce faire, ils avaient battu monnaie et formé, à Charlottesville et Yale, une élite destinée à *gouverner la France à la place des Français.* Les sous-préfets et les préfets vichystes y auraient conservé leur rôle puisque leur idéologie attestait l'ancienneté et l'authenticité de leur anticommunisme.

Il a fallu toute la détermination du général de Gaulle pour empêcher ce projet de vassalisation de la France par les Américains. J'invite ceux qui pensent que j'exagère à se demander pour quelles raisons le nom de code du débarquement du 6 juin 1944 est « *Overlord* » ce qui, une fois traduit en français, signifie… « Vassalisation » !

Pour qui douterait encore, j'ajoute qu'outre-Atlantique cette opération est nommée « Invasion » et que, de ce côté-là de l'océan, personne ne trouve rien à redire à l'usage de ce mot…

C'est donc à l'action du général de Gaulle qu'on doit d'avoir évité la disparition de la souveraineté nationale sous le tapis de bombes américain qui a ravagé la Normandie. Qu'on se souvienne de l'allocution de Bayeux, le 14 juin 1944, au cours de laquelle il invite à continuer la guerre « jusqu'à ce que la souveraineté de chaque pouce du territoire soit rétablie ». C'est à ce clair refus de toute vassalisation, germanique ou américaine, ou bien encore soviétique, que la France doit de n'avoir pas été vassalisée par les États-Unis, du moins dès cette époque.

À la mort du Général, la souveraineté de la France n'est plus le souci des présidents de la République : le banquier Pompidou s'en moque, l'inspecteur des finances Giscard d'Estaing envoie outre-Atlantique des gages de soumission aux États-Unis en s'exprimant en anglais le soir de son élection à la présidence… Quant à l'avocat Mitterrand, il n'aura de cesse, dans une vie labyrinthique en tout, de ne respecter qu'un seul idéal : la haine du général de Gaulle et la destruction de toute son œuvre…

La dernière fois qu'il y eut en France un chef de l'État souverainiste, autrement dit qui a travaillé à l'indépendance nationale, à son autonomie, à sa liberté, qui a œuvré pour le pays et non contre lui, ce fut Charles de Gaulle. Depuis, plus personne…

Chacun sait qu'il a été une victime collatérale de Mai 68 – un mouvement qui fut un grand pourvoyeur de vassalité anglo-saxonne, soumission au consumérisme libéral oblige… Il suffit d'examiner le trajet de Daniel Cohn-Bendit pour comprendre, car, si cet homme fut emblématique des dérives libertaires de Mai 68, il le fut également des soixante-huitards et de leurs dérives libérales. Qu'est-ce qui distingue aujourd'hui politiquement feux Dany le Rouge et Valéry Giscard d'Estaing ? Rien. Rien du tout. En revanche, tout le sépare du souverainisme du général de Gaulle.

Ce que les États-Unis ne sont pas parvenus à réaliser en 1944, *vassaliser la France*, François Mitterrand l'a fait pour eux. En effet, cet homme qui fut vichyste, pétainiste, giraudiste, décoré de la francisque, ministre de l'Intérieur puis de la Justice pendant la guerre d'Algérie, et de ce fait pourvoyeur de nationalistes algériens à la guillotine, partisan de l'Algérie française, vingt-deux mois président socialiste puis, soustraction faite de cette période, giscardien pendant deux septennats, soit quatorze années, a manifesté une constance anti-gaulliste attestant que ce politique aléatoire pouvait avoir au moins une conviction.

L'Europe présentée comme un progrès dans l'Histoire – une autre association d'idées fautive, c'est celle du mantra mitterrandien… – est surtout l'occasion d'un progrès dans le sens de l'effacement de la France au profit d'un État maastrichien qui travaille avant toute chose à la production d'un gouvernement planétaire, un Empire donc, qui entend donner tout le pouvoir au capital avec pour objectif saint-simonien de faire l'économie des peuples – ce que je nomme « populicide ».

On comprend que cette engeance fasse de Jean Monnet son maître à penser, lui qui commence ses *Mémoires*, écrits par d'autres que lui[1], financés par de l'argent américain[2], de la manière suivante : « Le matin du 10 mai 1940 fut superbe sur toute l'Europe[3]. » Certes, la phrase suivante contrebalance l'effet de sidération de cette attaque en précisant qu'il s'agissait, bien sûr, du climat ! Quel mauvais esprit, à part le mien, aurait pu en douter ?

Mais l'ambiguïté demeure : le message s'avère clairement codé. Pourquoi cette phrase à double

1. La Fondation Ford a missionné Jean-Baptiste Duroselle, un normalien agrégé, assistant à la Sorbonne puis professeur à Sarrebruck, qui a travaillé avec des étudiants, *in* Antonin Cohen, *De Vichy à la Communauté européenne*, PUF, 2012, p. 20.
2. *Ibid.*, p. 22-23.
3. Jean Monnet, *Mémoires*, Fayard, 1976, p. 13.

sens ? Un lapsus ? je n'y crois pas. Un clin d'œil aux initiés ? Pourquoi pas. Une maladresse ? En aucun cas. C'est une franche ambiguïté, car, le 10 mai 1940, c'est très exactement la date de la campagne de France, autrement dit : de l'envahissement des Pays-Bas, de la Belgique, du Luxembourg *et de la France* par l'armée nazie... Ce fut un *overlord* national-socialiste. Pour un ennemi des nations, la matinée fut en effet superbe sur toute l'Europe ! Cette idée était partagée par le Rebatet des *Décombres*, mais aussi par d'autres fascistes français comme Bardèche, Brasillach ou Drieu la Rochelle – un beau matin de printemps politique en effet pour Jean Monnet jusqu'en cette date de 1976 qui est celle de la parution de ses *Mémoires* !

Pourquoi *ce superbe matin de mai 1940 sur toute l'Europe* ? Parce que les européistes sont à la fête : foin des vieilles nations cacochymes, épuisées par les « mensonges qui [...] ont fait tant de mal[1] » aux Français, l'Europe va enfin se construire ! Certes, elle va être fasciste, pis : nationale-socialiste, mais peu importe puisque l'Europe se constitue.

J'exagère ? Pourquoi dès lors la première Commission de cette Europe qui deviendra maastrichienne est-elle présidée par Walter Hallstein[2] et ce pendant *dix années*, bien que cet homme ait

1. Appel du 25 juin 1940, *in* Pétain, *Discours aux Français*, Albin Michel, 1989, p. 64.
2. Le nom de Walter Hallstein ne se trouve pas dans l'index du livre d'Antonin Cohen.

été instructeur de soldats nazis et qu'il ait porté l'uniforme d'officier national-socialiste ?

Jean Monnet parle du nazi Walter Hallstein. S'agissant de l'Europe fédérale, il célèbre en effet ses « amis » actifs dans ce projet de destruction des nations au profit de l'Europe : ils ont pour nom lord Layton, Macmillan, Van Zeeland, Paul Reynaud, P.H. Teitgen, François-Poncet, Konrad Adenauer, mais aussi *François Mitterrand* et... *Walter Hallstein*[1].

Monnet toujours : « Quand je rencontrai Walter Hallstein, [...] sa personnalité me plut aussitôt et la confiance s'établit entre nous du premier coup. Il avait une culture et une largeur d'esprit [*sic*] qui le rendaient propre à comprendre les problèmes des autres – il était au fond un humaniste actif [*sic*], un grand Européen, comme on l'a vu depuis. Mais ce qu'on voit moins dans son personnage secret, ce sont ses qualités d'âme [*sic*], sa loyauté et sa sincérité qui me frappèrent dès le premier jour. [...] Sa simplicité et sa gentillesse [*sic*] sont moins souvent aperçues, mais j'en ai eu le témoignage constant[2]. » Un nazi large d'esprit, un nazi humaniste actif, un nazi ayant des qualités d'âme, un nazi gentil, n'en jetez plus !

Cet homme qui, sous l'uniforme nazi, fut fait prisonnier par les Américains lors de la bataille de Cherbourg en 1944, a été convoyé dans un camp

1. Jean Monnet, *Mémoires*, *op. cit.*, p. 323.
2. *Ibid.*, p. 375.

du Mississippi où il a été prisonnier de guerre pendant un an avant, en 1948, de devenir... professeur d'université à Washington ! En janvier 1958, il devient le premier président de la Communauté économique européenne. Il le restera jusqu'à sa mort en 1967.

On apprend également dans ces *Mémoires* que Hallstein, l'ami de Monnet, « défendait vigoureusement la supranationalité[1] », on est heureux de l'apprendre, mais pas très étonné...

Retour à Jean Monnet.

Aux présidentielles de 1965, il vote pour l'européiste Jean Lecanuet au premier tour, puis pour Mitterrand au second. Mais surtout pas pour de Gaulle, on le comprend tant le projet européen destructeur de la nation française allait contre l'idéal gaullien !

Son antigaullisme est ancien. Dans une note transmise au secrétaire d'État Harry Hopkins, le conseiller de Franklin Roosevelt, le 6 mai 1943, Monnet écrit : « Il faut se résoudre à conclure que l'entente est impossible avec de Gaulle ; qu'il est un ennemi du peuple français et de ses libertés ; qu'il est un ennemi de la construction européenne [et] qu'en conséquence, il doit être détruit [*sic !*] dans l'intérêt des Français[2]. » Que doit-on faire d'un prétendu ennemi de la construction européenne ?

---

1. On imagine assez facilement ce que peut signifier « vigoureusement » pour un ancien instructeur nazi, *op. cit.*, p. 388.
2. Éric Branca, « De Gaulle-Monnet ou le duel du siècle », *Revue Espoir*, n° 117, novembre 1998, p. 9.

Le détruire, et ce, bien sûr, dans l'intérêt des Français – cette jurisprudence dure… Rien n'est précisé sur la nature de cette destruction, rien n'interdit de penser qu'il s'agissait d'une élimination physique.

Mitterrand eut avec Monnet un long compagnonnage antigaulliste qui ne manque pas d'intérêt. Le président qui fut socialiste pendant vingt-deux mois et libéral le restant de son temps à l'Élysée a ouvert les portes du Panthéon à son compatriote des Charentes le 9 novembre 1988, ce qui fêtait le centenaire de sa naissance. Mitterrand, qui lit son discours de réception devant la crypte dite « des grands hommes » pour une patrie prétendue reconnaissante, offre la consécration à cet individu qui, lors de la Prohibition, fit fortune avec la mafia dans la contrebande du cognac familial aux États-Unis, qui créa une banque pour mettre l'argent ainsi obtenu à l'abri, qui fit fortune en spéculant sur les transports maritimes lors de la Première Guerre mondiale, qui a été payé par les États-Unis pour travailler à la destruction de la France, mais aussi pour œuvrer à la construction d'une Europe supranationale, à la dilution de ce vieux pays dans l'acide européiste afin de préparer le grand marché mondial piloté par le capital sous le regard bienveillant des États-Unis d'Amérique. Tout cela méritait bien de figurer aux côtés de Voltaire et de Jaurès, de Hugo et de Zola.

Monnet a aussi pour lui le Vatican qui fit, on le sait, peu de cas des Juifs sous l'Occupation mais grand cas des nazis après la guerre puisque sa filière lui a permis d'exfiltrer les criminels de guerre en Amérique du Sud et, de ce fait, les soustraire à la justice internationale; il a également pour lui les chrétiens démocrates du MRP, voilà pourquoi l'organe du Vatican, *L'osservatore romano*, attaque à l'époque de Gaulle avec un élément de langage bien utilisé depuis : le Général ne veut pas de l'Europe, il est donc pour les nations, donc... pour la guerre ! De même, Monnet dispose à son côté de Giscard d'Estaing qui contribue à l'éviction du Général en votant contre lui, et en le faisant savoir, au référendum de 1969 – devenu président de la République à son tour, Giscard sera le grand ami de Monnet et s'empressera de mettre en place la politique de cet homme-là[1] ; il a, enfin, le soutien de Mitterrand qui, en tant qu'ennemi rabique du général de Gaulle, fait partie des réseaux de Monnet[2] ; le Général défend une politique européenne de la France qui est celle d'une Europe des nations souveraines, Monnet torpille cette option souverainiste avec une motion qu'il rédige et se trouve votée au

1. « Création en 1974 du Conseil européen des chefs d'État et de gouvernement; décision d'élire l'Assemblée européenne au suffrage universel direct (dernier projet supervisé par Jean Monnet alors âgé de quatre-vingt-huit ans, en 1977) ; création du système monétaire européen (1979), d'où sortira douze ans plus tard, sous l'impulsion de François Mitterrand et de Jacques Delors, le projet d'Union monétaire européenne, cœur fédéral du traité de Maastricht ! » *Ibid.*

2. ... « avec Raymond Barre, Jacques Delors, Jean Lecanuet et Alain Poher », *ibid.*

Bundestag le 13 octobre 1967[1]. Comment François Mitterrand eût-il pu ne pas aimer cet ennemi de son ennemi[2] ?

Ce que les Américains n'ont pu réaliser avec l'AMGOT, parce que le général de Gaulle a rendu ce projet impérialiste impossible, à savoir la *vassalisation de la France,* Jean Monnet, l'homme payé par les États-Unis, avec l'aide de l'ancien nazi Hallstein, ou bien de Robert Schuman qui a porté l'uniforme allemand pendant la Première Guerre mondiale, sinon de Giscard d'Estaing, puis de François Mitterrand, décoré de la francisque, tous deux unis comme un seul et même homme, l'a rendu possible.

On comprend que ces gens-là aient eu intérêt à criminaliser le souverainisme, le mot et la chose, qu'ils aient associé la nation au nationalisme et le

1. « Présent dans les tribunes du Bundestag, celui-ci [Jean Monnet] sera applaudi debout par tous les députés présents. Le chancelier Kiesinger quitte même son siège pour réapparaître un instant plus tard dans les tribunes félicitant ostensiblement Jean Monnet ! » *Ibid.*

2. Éric Branca conclut ainsi sa formidable analyse : « Il n'est pas exagéré de dire qu'en dehors d'une guerre et d'une défaite, jamais la France ne s'était vu imposer autant de contraintes réduisant à néant l'exercice de la démocratie. » Et ceci : « À l'heure où la fin des empires et l'écroulement des certitudes nées de la guerre froide donnent partout raison au général de Gaulle qui voyait dans la nation l'unique structure politique vivante capable de promouvoir la liberté des peuples, il est temps de se demander pourquoi seul Jean Monnet a encore voix au chapitre. » En effet, pourquoi ? sinon parce que *la mort de la Nation française est le préalable à la liberté totale des marchés du capital que promeut l'Europe maastrichienne.*

nationalisme à la guerre, qu'ils aient, avec leur Europe, créé les conditions de possibilité d'une abolition de la démocratie et d'un piétinement de la république, d'un empêchement de toute pensée critique, d'une diabolisation des souverainistes assimilés à des incultes, des crétins, des imbéciles, des nationalistes, donc à des bellicistes, à des racistes, des homophobes, des phallocrates, des misogynes, des gens d'extrême droite, des fascistes – chacun connaît désormais la litanie de ceux qui, pour ne pas vouloir de la souveraineté pour le pays, travaillent à sa vassalisation et n'ont que ces insultes à la bouche pour salir ceux pour qui se soumettre n'est pas une vertu.

Jean Monnet a également avec lui les suiveurs de Mitterrand – Chirac, Sarkozy, Hollande, aujourd'hui Macron, mais également tous les partis : Les Républicains, le Parti socialiste, Europe Écologie-Les Verts, mais aussi La France insoumise et le PCF qui, bons copains, finissent toujours par voter comme les maastrichiens au second tour des présidentielles…

Ajoutons à cela le Rassemblement national, dont l'électroencéphalogramme idéologique sur ce sujet comme sur beaucoup d'autres s'avère totalement plat. Quand Marine Le Pen veut récupérer le général de Gaulle en commémorant le 18 Juin à l'île de Sein et qu'elle s'en trouve interdite par les élus socialistes qui, bien sûr, militent pour la liberté d'expression, elle vient par surprise la veille, le 17, qui est la date… du discours défaitiste et collaborationniste du maréchal Pétain auquel de Gaulle répond le lendemain !

Concluons cette conclusion : l'opposition entre droite et gauche se double aujourd'hui d'une opposition plus clivante encore entre souverainistes et *vassalistes* – si l'on me permet ce néologisme : le *vassaliste* est un adepte de la soumission néolibérale de droite et de gauche à l'ordre économique mondial du capital qui aspire au gouvernement universel.

De la même manière que, *si l'on n'est pas populiste, on est populicide* – on travaille à la mort des peuples –, *si l'on n'est pas souverainiste, on est vassaliste* – on travaille à la soumission des peuples. Il n'y a pas d'autres choix : populiste ou populicide, souverainiste ou vassaliste. L'opposition droite/gauche passe au second plan face à la puissance et à la radicalité de ces deux nouvelles oppositions constitutives de nouvelles batailles : populiste ou populicide ? Souverainiste ou vassaliste ? Ce qui pourrait aussi s'écrire ainsi : résistant ou collaborateur ? Soit populiste, souverainiste et résistant ; soit populicide, vassaliste et collaborateur.

À *Front populaire*, on l'a compris, nous avons choisi.

5

RETOUR VERS LE PROGRÈS

1

Nombreux sont les «journalistes» qui ont prétendu dire qui nous étions avant même d'avoir pris connaissance de nos propositions. Le sommaire de *Front populaire* n'était pas même arrêté, les articles n'étaient pas tous écrits, certains étaient en cours de rédaction, d'autres venaient d'être commandés, la revue, donc, n'existait pas encore que, comme un seul homme, la soldatesque maastrichienne, sous couvert de journalisme, est sortie de son terrier pour crier au fascisme, au nazisme, pour me comparer à Doriot, le fondateur d'un parti fasciste français ayant porté l'uniforme nazi sur le front russe… Notre tort? Mon tort? Avoir tout simplement dit que nous étions *souverainistes…*

Qui, à part nous, dira qu'en assimilant le souverainisme au nazisme, ces gens-là, BHL en tête, Jean-François Kahn et quelques autres dans leur sillage, ont armé le bras de qui a profané Oradour-sur-Glane avec une inscription négationniste dans la nuit du 21 au 22 août 2020? Car la banalisation de la «solution finale» ou l'usage politicien d'Oradour par le candidat Macron qui, entre les deux tours d'une élection présidentielle que tout le monde savait déjà gagnée le soir du premier, est allé tout de même le 27 avril 2017 sur le site du village martyr pour laisser entendre, avec le concours de cette même presse qui nous a insultés, que le risque pour le peuple français d'une Marine Le Pen à l'Élysée était assimilable à celui de la population d'Oradour massacrée par la division Das Reich, cette banalisation, donc, ouvrait la porte à sa formule maximale qui est le négationnisme. Comme si cette profanation d'Oradour et de la mémoire de ses victimes ne suffisait pas, le même candidat vainqueur le soir du premier tour s'est également rendu au Mémorial de la Shoah à Paris trois jours après Oradour le 30 avril 2017 pour enfoncer le clou et assimiler la candidate aux élections présidentielles à Adolf Hitler alors qu'elle avait été adoubée en amont par tout le personnel politique, Macron compris, mais aussi Poutou ou Mélenchon, Arthaud et Fillon, qui n'ont rien trouvé à redire à sa présence au premier tour puisqu'ils sont *tous* allés débattre avec elle le 4 avril 2017 sur un plateau de télévision où Ruth Elkrief et Laurence Ferrari, peu suspectes de néonazisme, posaient les questions sous le haut patronage de BFM, de Cnews et de RMC, elles aussi peu suspectes de néonazisme.

À *Front populaire*, notre ligne n'est ni celle du libéralisme d'État – de l'État maastrichien j'entends, pas de l'État français qui est en capilotade… – porté par Macron ni celle de la famille Le Pen qui a préempté la France au profit de sa petite entreprise tribale. Une candidate sélectionnée par le peuple pour le second tour de la présidentielle qui confond l'écu, l'euro et le franc, avoue à des millions de Français qu'elle dispose à peine du niveau certificat d'études en la matière et, en passant, qu'elle n'a pas beaucoup travaillé… La présidence de la République n'est pas un sucre d'orge offert à l'ancienneté mais une charge conférée par le peuple souverain à la personne qui incarnerait et porterait au mieux le destin de la France.

Autant dire que le jeu de bonneteau qui consiste à mettre le destin du pays entre les mains des mondialistes qui en veulent la fin ou des lepénistes qui en réclament depuis des années l'usufruit clanique ne nous convient pas. Nous aspirons à de plus hautes vues et à de plus vastes horizons.

Il n'est pas bien compliqué de préciser nos vues et notre horizon : nous pensons que le futur de la France se trouve dans son passé, que le progrès n'est pas dans le prétendu progressisme, qui est le nom de scène du nihilisme, mais dans la restauration de la République telle qu'elle a été conçue à deux moments de la Révolution française : celui de sa devise et celui de la Déclaration des droits de l'homme et du citoyen.

Le progressisme fait du progrès une vertu en soi. Mais l'oncologue annonce hélas parfois des progrès dans la maladie ! Les métastases témoignent du progrès du mal. Qui voudrait de ce progrès-là ? Qui, à moins d'avoir l'esprit dérangé, en ferait un idéal désirable ? Dans une société nihiliste, le progrès s'avère nihiliste, dès lors, il est proprement *regrès*.

Qui peut imaginer que le retour du *racisme*, sous couvert de racialisme activé par de prétendus racialisés définis par leur seule couleur, de l'*antisémitisme*, sous couvert d'un antisionisme promu par les islamo-gauchistes comme une arme de guerre contre le capitalisme dit sioniste et américain, de la *phallocratie* et de la *misogynie*, mais aussi de l'*homophobie*, sous couvert de respecter les lois de la charia considérées comme supérieures à celles de la République, de l'*eugénisme*, sous couvert d'interruption médicale de grossesse jusqu'au neuvième mois, sous prétexte de motif psycho-social, de la *réification capitaliste* qui légitime et permet la vente des enfants, du sperme et des ovules, mais aussi la location des utérus sous prétexte d'étendre la gestation à tout ce qui peut en rendre la marchandisation possible, du *bellicisme*, sous couvert de justification intellectuelle du terrorisme djihadiste, qui peut imaginer, donc, que ce mouvement vers la régression constituerait un progrès ? Vers quelle civilisation ? Pour quelles valeurs ? quelles vertus ? On le voit bien : ce nihilisme travaille au triomphe d'un capitalisme planétaire postnational qui louera et vendra tout – à commencer par la vie, réservée à ceux qui auront les moyens de se la payer alors que la mort sera offerte à tous les autres…

Nous croyons donc au passé comme au meilleur avenir possible pour la France, car ce qui se présente aujourd'hui comme progressiste est proprement régressif.

Qui croira par exemple que, quand *Libération* publie un « Manifeste contra-sexuel » dans son édition du 17 janvier 2014 qui fait l'éloge de la zoophilie et de la coprophagie pour en finir avec la tyrannie de l'homme blanc hétérosexuel et catholique, il s'agit d'un progrès ? Sodomiser son chien et manger les matières fécales de son partenaire sexuel, voilà un programme qui prendrait place dans l'histoire de la gauche progressiste ? J'ai la faiblesse de ne pas le croire – je crois également que nombre de Français de bon sens partagent cette faiblesse avec moi…

Or, ce passé susceptible de nous sauver de ce présent délétère et de ce futur effrayant a pour nom la République. Mais comme ce mot est fourre-tout et que l'Iran des ayatollahs peut tout aussi bien s'en prévaloir que la Chine communiste ou le Cuba castriste, il nous faut dire quelle est la nôtre.

Avec la création de la devise de la République française et la Déclaration des droits et des devoirs de l'homme et du citoyen, j'ai donné deux moments susceptibles de fédérer au-delà des seuls amis de la Révolution française. Je songe en effet à ceux qui veulent qu'on n'oublie ni le baptême de Clovis ni la flamme résistante de Jeanne d'Arc, ni l'action pour les pauvres de François de Sales ni, on ne le dit pas assez, le goût des Lumières de Louis XVI, ni le christianisme social de Lamennais, ni la geste gaullienne, ni la sévère et juste critique de la modernité doublée d'un éloge d'une authentique écologie faite par le très chrétien Jacques Ellul. Il n'y a pas deux France, celle de Michelet et celle de Bainville, mais *au moins* deux façons différentes de voir, de penser et de concevoir la même France. Deux façons d'aimer une même France à même de faire face à la pluralité des façons de la détester. Il faut faire face à ces populicides qui constituent un Front, voici le sens de notre riposte : constituer un Front populaire à même de lui répondre sur le terrain des idées et au-delà.

2

La devise de la France, « Liberté, Égalité, Fraternité », procède de la Révolution française et, plus particulièrement, d'un discours jamais prononcé de Robespierre en 1790, puis d'une décision de la Commune en 1793. Divisée, elle divise : la liberté sans l'égalité est, pour aller vite, le mot d'ordre de la droite – qu'on songe aux États-Unis tout en sachant qu'il y aurait beaucoup à redire sur cette liberté ; l'égalité sans liberté, c'est l'horizon de la gauche – qu'on se rappelle l'Union soviétique dans laquelle il y avait également fort à dire sur l'égalité ! Mais dans les deux cas, la liberté qui se moque de l'égalité tout autant que l'égalité qui se moque de la liberté, c'est la tyrannie. Ce qu'il faut pour dépasser la droite et la gauche ou les réconcilier, ce qui est une façon de les dépasser, c'est y ajouter la fraternité. C'est la proposition de *Front populaire*. Car la fraternité tempère, modère et équilibre la liberté sans l'égalité et l'égalité sans la liberté.

Mai 68 fut le grand moment de la liberté sans l'égalité. Le mouvement a débouché sur une plus grande inégalité rendue possible par le triomphe du consumérisme libéral pompidolien puis giscardien puis mitterrandien – nous y sommes encore. 1789 fut celui de l'égalité sans la liberté ni la fraternité. La Révolution a sombré dans la loi sur les suspects, le Tribunal révolutionnaire, le génocide vendéen et le gouvernement de la Terreur en 1793 – certains robespierristes contemporains ont ouvertement la nostalgie de cette époque, d'une certaine manière, nous y sommes toujours. Le Front populaire fut le temps de la fraternité, mais il a accouché des pleins pouvoirs à Pétain conférés par sa Chambre inchangée, puis de la débâcle, sinon de Guernica… Mai 1981 fut lui aussi fraternel, mais pendant vingt-deux mois seulement, jusqu'au virage libéral de mars 1983 initié par François Mitterrand béni en cela, hélas, par les militants et les électeurs qui se croyaient encore socialistes. Ce changement de cap a généré le triomphe de la liberté libérale incarnée de façon emblématique par Bernard Tapie transformé en héros par Mitterrand. Mais il n'y eut ni l'égalité ni la fraternité puisque ce second moment dans l'histoire de l'« Enrichissez-vous » de Guizot a généré la paupérisation, donc la montée en puissance du Front national. Nous y sommes encore…

Il faut et la liberté, et l'égalité, et la fraternité. Jamais l'une sans les autres. Notre société veut une liberté sans frein, elle exige des droits sans les devoirs, elle réclame une égalité chimérique entre les pommes et les poires, les chiens et les chats, le jour et la nuit. Elle se moque comme d'une guigne de la fraternité qui n'est pratiquée que de façon tribale, sectaire, clanique – je suis le frère de mon seul semblable, mais seulement le temps que dure ce prurit affectif. Cette néofraternité est celle des « amis » Facebook…

L'entrepreneur, l'artisan, le créateur, l'artiste, le poète, le philosophe, le penseur, l'écrivain, le journaliste doivent trouver leur compte à la liberté ; l'employé et l'ouvrier, l'homme et la femme, le Blanc et l'autre que le Blanc, l'homosexuel et l'hétérosexuel, ou autres, le riche et le pauvre, les sans-dents et le dentiste doivent bénéficier de l'égalité ; et tous de la fraternité. Une dialectique doit associer ces trois instances.

On peut également ajouter aux trois temps de la devise républicaine deux autres temps imposés par l'évolution de notre civilisation : la laïcité et le féminisme.

La laïcité contient l'aspiration à la théocratie que revendique l'islamisme – qui est l'islam politique à ne pas confondre avec l'islam de la spiritualité personnelle. Soyons sérieux, aucun judaïsme politique, aucun protestantisme politique, aucun catholicisme politique, aucun évangélisme politique, aucune religion politique – bouddhisme, soufisme ou autre – ne menacent la République française en souhaitant abolir la démocratie instaurée par la Révolution française dont c'est l'acquis principal. En revanche, l'islamisme y aspire clairement. À *Front populaire* il n'est nullement question d'en revenir à la théocratie, donc d'abolir la démocratie. La laïcité contient la religion dans la sphère intime.

Ajoutons également le féminisme, car, de la même manière que l'islamisme récuse la laïcité démocratique, il refuse l'égalité entre les hommes et les femmes au nom d'une religion patriarcale qui fait la part belle aux hommes et transforme les femmes en êtres de second choix – ne parlons pas des homosexuels franchement diabolisés. Il suffit pour s'en convaincre de lire le Coran.

Un néoféminisme en appelle ces temps-ci à abolir le féminisme à la Beauvoir sous prétexte qu'il est blanc, européen, pour tout dire judéo-chrétien. Il justifie, au nom de la tradition clanique et tribale, tout ce contre quoi ont lutté les femmes du féminisme historique du XXe siècle – le patriarcat, la phallocratie, la misogynie, le machisme. Le féminisme qui est le nôtre ne cherche pas à savoir quelle est la couleur de la femme à défendre, nous n'avons pas l'indignation sélective et encore moins racialiste et pigmentée. On pourrait dire notre féminisme universaliste, mais je sais que le mot est sujet à caution, disons le issu des Lumières occidentales laïques. Notre féminisme ne veut pas augmenter la guerre des sexes mais travailler à la paix entre eux.

3

Outre Liberté, Égalité, Fraternité, Laïcité, Féminisme, la République que nous souhaitons restaurer est celle de la Déclaration des droits de l'homme et du citoyen.

Il fut un temps où, sous la bannière des Nouveaux Philosophes et de leurs émules, les droits de l'homme servaient à saper la gauche aussi bien marxiste, assimilée au Goulag, que socialiste, coupable de s'associer à la première. BHL et les siens, avec Kouchner non loin, travaillaient à la révolution conservatrice incarnée par le devenir libéral du socialisme mitterrandien. Ces fossoyeurs du communisme et du socialisme (dont il faut préciser qu'il fut de gauche mais ne l'est plus...) ont contribué au triomphe du libéralisme américain.

Il est bien évident que cet usage opportuniste des droits de l'homme était cosmétique, car le programme de cette Déclaration est proprement révolutionnaire si l'on prend soin d'analyser ses dix-sept articles[1]. Les droits de l'homme de ceux-là justifiaient aussi bien la conversion de la gauche socialiste à la droite que sa conversion à l'atlantisme

1. On lira cette analyse que j'ai donnée sous le titre *Qui sommes-nous ? Éloge de la radicalité de la Déclaration des droits de l'homme et du citoyen* p. 47 du présent volume.

et, sous couvert de droit d'ingérence, à l'interventionnisme politique sous les couleurs américaines, sous prétexte humanitaire, dans les pays considérés comme des zones à convertir au marché.

Les droits de l'homme que nous invoquons constituent donc un antidote radical à ce qui fut nommé alors *droit-de-l'hommisme.*

Le Préambule de cette Déclaration fait du « bonheur de tous » l'objectif de la politique : qui refuse ce programme? Ceux qui aspirent à réaliser le bonheur de quelques-uns seulement, je songe aussi bien à la caste des puissants, soucieux des seuls profits matériels, tout autant qu'aux communautaristes qui pensent en termes de tribus et n'aspirent qu'au triomphe de leurs petites communautés au mépris de tous les autres.

Ce texte associe les droits et les devoirs : revendiquer des droits sans se reconnaître aucun devoir, voilà qui signale l'empire et la tyrannie de l'individu contre la société; l'inverse manifeste la dictature de la société sur l'individu. Seule l'articulation entre *ce à quoi on a droit* et *ce à quoi cela oblige* fonde le contrat social qui, de la sorte, évite aussi bien l'individualisme égotiste que le collectivisme autoritaire.

La Déclaration décrète l'égalité de tous devant la loi, elle ne nie pas l'existence d'inégalités naturelles, mais n'en fait pas un usage politique, autrement dit : les différences naturelles ne sauraient constituer des inégalités culturelles; elle pose que « la liberté, la propriété, la sûreté et la résistance à l'oppression » sont des droits naturels et imprescriptibles ; elle fait résider la souveraineté dans la nation ; elle définit la liberté comme « le pouvoir de faire tout ce qui ne nuit pas à autrui » et non comme une licence individuelle qui permettrait tout à tous selon son caprice ; la liberté est une intersubjectivité et non une violence égocentrique ; elle stipule que la volonté générale n'est pas la somme des volontés particulières égotiques mais la somme des volontés particulières animées par le souci de l'intérêt général et du bien public ; elle définit la démocratie comme l'exercice du pouvoir du peuple, par le peuple, pour le peuple, soit directement, soit indirectement *via* des représentants ; elle donne à la police sa fonction : non pas l'exercice de l'arbitraire mais l'incarnation par la force armée de la volonté générale, les forces de l'ordre ne sauraient être utilisées contre le peuple au nom d'intérêts particuliers ; ces forces de l'ordre sont entretenues par l'impôt, le citoyen décide de ses modalités ; elle fait également savoir que, si le citoyen a le droit d'être protégé, il a également le devoir de se soumettre à l'interpellation des forces de police qui n'agissent pas selon leurs caprices ; de même, elle prévoit que soient punis ceux qui utiliseraient le monopole de la contrainte légale dont ils disposent en dehors du dispositif démocratique et républicain ; elle établit qu'une loi ne saurait être rétroactive ; elle affirme que tout justiciable est présumé innocent tant que la preuve de sa culpabilité n'est pas donnée ; elle affirme ceci, qui est cardinal : « nul ne doit être inquiété pour ses opinions, même religieuses, pourvu que leur manifestation ne trouble pas l'ordre public établi par la loi » ; elle ajoute que la liberté d'expression est « un des droits les plus précieux de l'Homme » ; elle affirme que, dans le cas où les droits ne sont pas assurés et les pouvoirs séparés, la société n'a pas de Constitution ; elle précise enfin que la propriété est inviolable et sacrée et que sa confiscation ne peut se faire qu'en fonction de l'intérêt général.

Qui affirmera que l'égalité devant la loi est parfaite – par exemple quand il s'agit des puissants ou des hommes politiques ? Que la liberté, la sûreté, la propriété et la résistance à l'oppression sont assurées – notamment dans la centaine de territoires perdus de la République ? Que la souveraineté réside dans la nation – alors que son transfert a été effectué vers la Commission de Bruxelles ? Que la licence n'a pas remplacé la liberté – alors que les vols, les viols, les coups et blessures, les passages à tabac, les meurtres pour des broutilles prolifèrent jour après jour ? Que la volonté générale fait vraiment la loi et non des volontés particulières coalisées – celles, justement, de l'État profond ? Que la démocratie indirecte représente bien le peuple – tant la sociologie du pays légal ne coïncide pas avec celle du pays réel[1] ? Que la police est

1. Les demi-savants crieront au maurrassisme de cette formule : on la trouve chez Victor Hugo dans *Les Misérables*, Robert Laffont, coll. « Bouquins », 1985, p. 659, autrement dit *dès 1862*. Maurras n'était pas encore né…

soutenue par l'État – quand un ministre de l'Intérieur macronien estime que l'émotion doit primer sur la loi et qu'il justifie ainsi la transgression de la loi au nom de l'indigénisme, du racialisme et du communautarisme musulman ? Qu'elle n'est pas utilisée comme une police au service d'une minorité – qu'on se souvienne de la répression féroce des Gilets jaunes à laquelle échappent les black blocs qui sont les idiots utiles du pouvoir maastrichien ? Qu'un justiciable est innocent tant que la preuve de sa culpabilité n'a pas été faite – qu'on se souvienne de la curée qui s'est abattue jadis sur Dominique Baudis, *via* un certain nombre de journalistes, dont Edwy Plenel alors au *Monde*, qui en est probablement mort ? Que la loi n'est jamais rétroactive – sauf quand Christiane Taubira fait de la traite négrière un crime contre l'humanité en écartant la traite des Blancs exercée par les Arabo-musulmans ? Que la liberté des opinons est respectée – nul besoin de détailler ? *Idem* avec la liberté d'expression – y compris sur les réseaux sociaux des Gafam ? Que les droits sont assurés et les pouvoirs séparés – alors que le parquet obéit aux ordres du pouvoir dans la plupart des affaires politiques ? Que la propriété est inviolée – y compris en matière de données numériques ?

Où l'on voit que le chantier est vaste, qu'il y a beaucoup à faire.

6

LA CIVILISATION D'APRÈS LA CIVILISATION

Si l'on veut comprendre l'inframince de la situation dans laquelle nous nous trouvons, il faut penser en termes de très longue durée. Autrement dit : pour parvenir à saisir la nature de ce qui est ici et maintenant, il faut aller voir deux mille ans en amont et deux mille ans en aval. Ce qui veut dire qu'à moins d'une amplitude de quatre mille ans on risque de se trouver condamné au bavardage.

Je voudrais remonter jusqu'au personnage conceptuel qu'était Jésus et me projeter dans le monde qui s'annonce ce jour, car on peut dès à présent inférer ce qu'il pourrait être à partir de ce qui s'esquisse ici et maintenant. Il s'agit de penser en termes de civilisation et de proposer une lecture morphologique de celle qui s'effondre, le judéo-christianisme, et de celle qui s'annonce, nommons-là pour l'heure le nihilisme transhumaniste.

Je conçois que le mot « nihiliste » soit celui d'un homme qui voit tomber la civilisation aimée qui fut la sienne et qui, dès lors, regarde avec un œil suspicieux celle qui vient. J'ai aimé la musique, la peinture, la littérature, la poésie, l'architecture, la philosophie, les humanités comme on disait, d'un monde qui s'en va doucement : c'était le monde judéo-chrétien y compris dans sa formule sanctuarisée et laïcisée par la Révolution française qui a envoyé les athées à l'échafaud au nom de l'Être suprême auquel il est fait référence dans le Préambule de la Déclaration des droits de l'homme et du citoyen.

Je vois arriver un monde qui souhaite abolir la nature et la remplacer par des artefacts susceptibles d'être numérotés, immatriculés, enregistrés, classés, comptabilisés, marchandisés, échangés, vendus. Les abeilles auront existé des millions d'années, elles auront pollinisé les fleurs pendant tout ce temps-là, autrement dit rendu possibles les fruits, donc la nourriture des hommes, avant que ces derniers ne les tuent à force de pesticides, puis les remplacent par des robots qui fécondent les fleurs à leur place. L'abeille était gratuite, la machine qui s'y substitue est payante, bien sûr. Le monde à venir sera celui de la transfiguration de tout ce qui est, réalité et virtualité, en marchandises. Le vivant sera une marchandise comme les autres. Je ne veux pas de ce monde-là qui adviendra pourtant.

Ce qui est devenu un jour civilisation avec ses subtilités et ses délicatesses, ses génies et ses fulgurances, ses œuvres d'art et de l'esprit, ses formes et ses forces remarquables, a toujours été créé par des barbares. Il n'est qu'à lire Celse et son *Contre les chrétiens* pour constater le mépris qu'a pour les chrétiens ce Romain qui écrivait en grec frotté aux humanités de sa civilisation gréco-romaine : des incultes, des misérables, des ratés, des nullités, des déchets de la société, des pauvres…

Ajoutons à cela que l'empereur Constantin, qui, au début du IVe siècle, transforme cette secte en religion en sacrifiant lui aussi aux enseignements de Chrestos, n'était pas un parangon d'intelligence et de culture, de sensibilité et de délicatesse, de morale et de vertu ! C'est pourtant lui qui donne l'impulsion à la civilisation dont nous assistons à l'effondrement. Entre deux, il y eut quantité de génies aussi bien dans l'art de bâtir des cathédrales que dans celui de mener des guerres, dans la littérature et la philosophie, la poésie et le théâtre, les sciences et les techniques…

J'ai détaillé les vingt siècles de la civilisation judéo-chrétienne dans un ouvrage intitulé *Décadence.* Qu'on me permette d'en présenter une synthèse : les Juifs annoncent la venue d'un messie dont quelques-uns parmi eux disent qu'il est déjà venu et qu'il a pour nom Jésus, ce qui veut dire : « qui a sauvé, sauve et sauvera » ; Jésus n'a aucune existence historique, il fonctionne en revanche comme un personnage conceptuel. L'histoire du judéo-christianisme est celle qui conduit de la naissance de ce concept dans les premiers siècles de notre ère à la mort de la religion qu'il a rendue possible et dont nous sommes les contemporains.

Le premier moment de cette civilisation est le *temps de la vigueur,* c'est celui de sa *naissance* : on y trouve la transformation du concept Jésus en figure incarnée à laquelle les siècles donnent une épaisseur historique et iconique *via* la philosophie des Pères de l'Église, la patristique donc, et l'art.

C'est également celui de sa *croissance* : en trois siècles, saint Paul ayant dans ses épîtres effacé le Jésus allégorique au profit d'un Christ politique à l'épée trouve en l'empereur Constantin le bras armé de sa doctrine avec lequel se constitue un État autoritaire dont un historien chrétien de l'antiquité tardive, Henri-Irénée Marrou, a même dit qu'il était « totalitaire ».

C'est enfin celui de la *puissance* avec la légitimation des guerres, des croisades, de l'Inquisition, de la chasse aux sorcières, autrement dit aux femmes porteuses des sagesses empiriques dangereuses en un temps où le Livre qu'est la Bible cherche à imposer sa loi.

Premier temps : naissance de cette civilisation ; deuxième : force de la foi ; troisième : violence de la religion. Cet épisode couvre un espace compris entre le Ier siècle et le VIIIe, date d'apparition de l'islam.

Le deuxième moment de cette civilisation est, déjà, le *temps de l'épuisement*, c'est celui de la *dégénérescence* : il se caractérise par la nécessité de recourir à la raison pour soutenir une foi qui ne se suffit plus à elle-même, par la redécouverte du monde gréco-romain pendant la Renaissance, la découverte du Nouveau Monde et de ses prétendus sauvages en 1492, par la constitution d'une philosophie des Lumières qui évacue le théisme dans lequel Dieu veut tout ce qui advient au profit du déisme pour qui Dieu se moque de ce qui est, enfin par le surgissement d'un franc athéisme et le développement des sciences.

C'est également celui de la *sénescence* avec l'avènement du ressentiment comme moteur de l'histoire. Ainsi, avec la Révolution française, qui, certes, s'effectue au nom des grands principes de Liberté, d'Égalité et de Fraternité, mais qui accouche d'un remplacement de l'aristocratie féodale par la bourgeoisie d'affaires, ce qui va générer, *via* la naissance du socialisme et du communisme au XIXe siècle, donc du fascisme qui y répond au début du XXe, un monde en guerre perpétuelle avec pour acmé la destruction des Juifs dans les chambres à gaz du national-socialisme, une horreur qui marque clairement la ruine de l'Occident.

C'est enfin celui de la *déliquescence* en vertu de laquelle l'esthétique se met au service de la destruction, de la négation. L'Église de Vatican II renonce au sacré pour se transformer en officine de morale moralisatrice et Mai 68 s'avère un grand moment de négativité incapable de créer quelque positivité que ce soit.

Ce nihilisme s'affirme aujourd'hui par des attenants revendiqués par des islamistes, par les coups de boutoir des indigénistes qui veulent en finir définitivement avec la culture judéo-chrétienne, son art et son histoire, ses grands noms et ses grands hommes et par l'incroyable démission du pouvoir politique français qui n'en peut mais puisqu'il a renoncé à sa souveraineté en 1992 avec le traité de Maastricht.

Premier temps : déconstruction rationnelle ; deuxième : activation du ressentiment ; troisième : avènement du nihilisme européen. Cette séquence historique va du haut Moyen Âge à la chute du IIIe Reich – soit du VIIIe au XXe siècle.

Une double anecdote permet de mesurer la vitesse de cette décadence au cours des siècles : par la fenêtre du bureau où j'écris, à Caen, je vois l'abbaye aux Hommes. Si je vais sur mon balcon, j'aperçois également l'abbaye aux Dames. À quelques centaines de mètres à vol d'oiseau, il y a les remparts du château dans lequel se trouve encore un magnifique bâtiment, la salle de l'Échiquier. Ces constructions emblématiques de l'art anglo-normand sont âgées de mille ans, elles ont été construites sous le règne de Guillaume le Conquérant : l'abbaye aux Dames, commencée en 1062, est consacrée en 1130, le début des travaux de l'abbaye aux Hommes date de 1066, leur fin de 1077…

Projetons-nous au XIXe siècle : l'architecte catalan Gaudí commence la construction de la Sagrada Família de Barcelone en 1882, c'est l'année où Nietzsche publie *Le Gai Savoir* qui annonce la mort de Dieu… Le XXe siècle n'a pas suffi pour finir cet édifice qui, nonobstant un chantier toujours en cours, se trouve consacré par le pape Benoît XVI le 7 novembre 2010. Précisons que l'église avait attendu cent trente-sept ans son permis de construire… Chacun sait que ce même pape a, pour de très obscures raisons, démissionné. La fin du gros œuvre est prévue pour 2026 et celle des travaux pour 2032 !

Ce que Guillaume le Conquérant construisait en onze ans pour l'abbaye aux Hommes au XIe siècle, et il n'a pas fait construire que cet édifice, les hommes du XIXe, du XXe et du XXIe siècle ne l'ont pas encore obtenu… Ici onze ans pour réussir, là, trois siècles pour rater.

En août 2017, des terroristes d'une cellule djihadiste islamiste ont eu le projet d'attaquer ce bâtiment inachevé et consacré par un pape démissionnaire. Ils avaient donc le dessein de détruire ce qui ressemble pourtant déjà à une ruine. Tout un symbole…

Voici donc un signe de ce que peut – ou plutôt : de ce que ne peut plus… – le judéo-christianisme. De la même manière que Diderot jugeait de l'effondrement du christianisme en constatant que la fabrication des hosties avait chuté en son siècle, on peut déduire que le christianisme qui n'est plus capable d'achever une cathédrale sur trois siècles se trouve en état de mort cérébrale.

Dans ses *Leçons sur la philosophie de l'histoire*, Hegel a mis au jour la dynamique des civilisations. Nul n'ignore les sublimes peintures de la grotte

Chauvet, les alignements préhistoriques de mégalithes, les pyramides égyptiennes, l'agora grecque, le forum romain, les cathédrales européennes. Tout cela témoigne que les civilisations naissent, croissent, vivent, connaissent un moment d'acmé, puis entament une descente qui s'avère une chute avant disparition – puis remplacement par une autre.

Aujourd'hui, nous vivons de manière incontestable dans ce moment de tuilage entre une civilisation qui s'éloigne et une autre qui arrive. À l'évidence, ces civilisations communiquent : celles qui meurent nourrissent celles qui vont vivre. Que l'Égypte ait alimenté les philosophes dits présocratiques est une évidence, que la Grèce ait compté dans l'avènement de la Rome impériale également et que ce monde gréco-romain ait servi de terreau au judéo-christianisme, voilà qui ne fait aucun doute.

Mais *quid* de notre civilisation ? Que prépare-t-elle ? Qu'annonce-t-elle ? Que dit-elle de ce qui va la suivre ?

Il se peut qu'il y ait encore quelques soubresauts pour cet Occident menacé par d'autres civilisations : il faudra compter dans ce combat avec la Chine confucéenne, l'Afrique animiste, l'Inde hindouiste ou la Turquie musulmane qui développent des stratégies qui leur sont propres d'effacement de l'Occident judéo-chrétien. En quelques petits siècles ces questions se trouveront résolues. Il suffit de constater dans quel état d'impuissance, de démission, d'aveuglement, de dénégation, de soumission, de faiblesse, de honte et de haine de soi se trouve la France pour comprendre ce qu'il adviendra d'elle : son destin est écrit. J'ajoute que la démographie témoigne dans le sens de cette abolition de l'Europe judéo-chrétienne au profit d'un territoire où l'islam sera la religion dominante.

Quand, dans l'*Abécédaire de l'in-nocence* (2010), Renaud Camus annonce « le Grand Remplacement », toute la gauche bien-pensante, suivie en cela par une grande partie de la droite – l'ensemble constitue le bloc libéral maastrichien... –, pousse des cris d'orfraie en hurlant au fascisme, à l'extrême droite, voire au nazisme ! Mais quand, dans *Les Blancs, les Juifs et nous* (2016), Houria Bouteldja annonce le même Grand Replacement, cette fois-ci pour s'en réjouir, on n'entend plus ces maastrichiens qui, comme les petits singes bien connus de la fable, n'ont rien vu, rien entendu et rien dit... Le premier est envoyé au tribunal puis se trouve interdit d'éditeur et de médias, il est *le* pestiféré français ; la seconde vit de son salaire à l'Institut du monde arabe et dispose de son rond de serviette dans les médias qui boycottent Renaud Camus.

Deux caractères ont pensé cette question de la fin de notre civilisation. À leur manière, ces deux hommes-là n'en faisaient qu'un puisqu'il s'agit d'André Malraux et du général de Gaulle. Je ne sais qui le premier a abordé le sujet en ces termes mais l'homme des champs de bataille tout autant que celui de l'esthétique des peuples étaient à même de poser le problème. Car tous deux connaissent les textes de Hegel sur la philosophie de l'histoire, les méditations de Paul Valéry sur les civilisations mortelles, les deux gros volumes de Spengler sur *Le Déclin de l'Occident* (1918-1922). Malraux, qui fut un immense penseur de l'art, connaissait Frobenius, il a probablement lu *Histoire de la civilisation africaine* (traduction française en 1933) ou bien, plus sûrement, *Le Destin des civilisations* (traduction française en 1940), car il entretient de ces deux derniers auteurs dans son roman *La Lutte avec l'ange.*

La vulgate voudrait que le général de Gaulle n'ait rien compris à Mai 68 ; or, c'est très exactement le contraire qui a eu lieu et je ne sache pas que les élucubrations de tel ou tel penseur sur cet événement *depuis cette date* ait jamais atteint les hauteurs auxquelles de Gaulle et Malraux évoluaient. Car l'un et l'autre ont abordé ce mois de mai en termes de civilisation.

Que s'est-il passé dans cette poignée de semaines ?

Malraux estime que Mai 68 n'est pas une affaire parisiano-parisienne, un fait divers du Quartier latin opposant quelques étudiants munis de pavés à des CRS armés de matraques, mais l'épiphénomène d'un mouvement qui touche les campus universitaires du monde occidental : États-Unis, Pologne, Hollande, Italie, Allemagne, Inde, Japon.

Dans *Les chênes qu'on abat*..., Malraux parle franchement d'une « crise de civilisation ».

Si l'on en croit ce livre sublime, un mélange de vrai et de vraisemblable, de réalité et de mythologie, voire de réalité mythologique et de mythologie vraie, de philosophie de l'histoire et de poétique des événements, de Gaulle aurait interrogé Malraux sur les hippies en lui demandant à quoi ils aspiraient. Le Général ne les juge pas, il veut les comprendre. En vertu de cette même démarche il interroge l'un de ses petits-fils : « Vous les jeunes, vous voulez quoi ? » Celui-ci répond : « Vivre plus ! » Le Général de lui demander alors ce que peut bien signifier *vivre plus* avant de constater que cette question reste sans réponse aussi bien dans sa parentèle que dans le pays...

C'est pourtant la seule interrogation qui vaille : quelle positivité souhaitait donc Mai 68 ? À part vouloir que le dortoir des étudiants soit mixte, ou jeter dans la piscine un ministre du général de Gaulle venu inaugurer à Nanterre des infrastructures pour les étudiants, quel était le projet de société de Cohn-Bendit ? Chacun sait qu'il n'y en eut jamais... Voilà pourquoi Malraux parle clairement de « nihilisme » : quand on ne sait pas ce qu'on veut mais qu'on le veut avec tant de hargne et de violence, il ne saurait y avoir autre chose que du nihilisme. L'indignation pure ne suffit pas à constituer une politique.

Malraux estime qu'on ne saurait vivre sans valeurs transcendantes. En pleine période de domination intellectuelle marxiste, en appeler à la transcendance des valeurs passe pour le comble du propos réactionnaire ! Qu'une philosophie de l'histoire suppose, comme principe architectonique des civilisations, une *valeur suprême*, la grandeur ou la dignité, la gloire ou la grâce, l'honneur ou la puissance, la force ou la domination, voilà qui sort de la lecture un peu bas-de-plafond de la théorie marxiste de la lutte des classes qui, certes, n'est pas rien, mais ne saurait être tout.

De Gaulle dit à Malraux : « Aucune civilisation n'a possédé une telle puissance, aucune n'a été à ce point étrangère à ses valeurs. Pourquoi conquérir la Lune, si c'est pour s'y suicider ? » Notre époque est incapable de construire une cathédrale, on l'a vu avec la Sagrada Família, mais elle édifie partout des supermarchés, des môles, des hypermarchés, des *drives*, des aéroports et des gares, des autoroutes et des villes tentaculaires, elle bétonne massivement la nature pour construire des lignes de chemin de fer, des éoliennes ou des routes. Est-ce ainsi qu'on crée une civilisation ?

Malraux dit de la nôtre qu'elle est la première à n'avoir pas su construire un temple ou un tombeau. Mais de quelle civilisation parle-t-il ? Il ne peut s'agir de la civilisation judéo-chrétienne qui, au contraire, a bâti force temples et tombeaux ! Il le dit dans *Les chênes qu'on abat*... : il s'agit de « la civilisation des machines ». Est-ce que cette civilisation des machines *fait suite* à la civilisation judéo-chrétienne, sur le mode du remplacement, ou est-ce qu'elle est la *partie finissante*, sur le mode de la voiture balai, de cette même civilisation ? Cette question reste sans réponse chez Malraux.

J'émets l'hypothèse que nous sommes moins dans une civilisation des machines que dans une civilisation de l'électricité. Il existe un remarquable roman de jeunesse de Jules Verne intitulé *Paris au XXe siècle*, écrit en 1863, refusé en son temps par son éditeur historique, Hetzel, retrouvé puis publié en 1994, qui raconte la vie en France en… 1960 après la généralisation de l'électricité ! Cette prescience étonne au point qu'on pourrait même imaginer un canular littéraire écrit par un auteur ayant connu cette année 1960 et se cachant derrière le nom de Jules Verne. Cette fiction imagine avec succès nombre d'inventions rentrées depuis dans l'histoire et elle n'est pas sans imaginer non plus la fin d'un certain type d'homme, l'artiste et le poète, le lecteur et le musicien, au profit d'autres modèles, le banquier et l'ingénieur, l'industriel et le technicien. Cette fiction est devenue notre réalité.

En matière de paradigme, je préfère l'électricité au moteur, car le moteur est autonome, il produit des machines célibataires et répond bien à l'idéal individualiste alors que l'électricité suppose un réseau qui tient dans une même main la multiplicité des objets connectés en même temps que les hommes devenus masse – y compris en son sens électrique… L'automobile, l'étymologie témoigne, est le vecteur d'un objet libre de ses mouvements au service du caprice individuel et subjectif; le téléphone portable en revanche s'avère l'objet servile qui arraisonne au réseau un consommateur devenu de ce fait victime de ceux qui ont la mainmise sur ce labyrinthe numérique et sont les seuls à disposer du fil d'Ariane.

Ces personnes qui ont la mainmise sur ces réseaux sont tout simplement les grands patrons des Gafam. Ils ne font aucun mystère de leur projet : ils veulent un changement de civilisation. Pour ce faire, ils disposent de fortunes colossales auprès desquelles les richesses des États sont assimilables à leur argent de poche. Il n'est qu'à voir le récent succès d'Elon Musk qui est parvenu à envoyer des hommes dans l'espace avec une fusée financée sur ses deniers, ce que les États-Unis eux-mêmes, bien qu'ils passent pour la nation la plus puissante du monde, ne parviennent plus à faire !

Elon Musk travaille sur plusieurs chantiers mais deux les coiffent tous : celui de Neuralink, une société de neurotechnologie, et celui d'OpenAI qui travaille à la promotion d'une intelligence artificielle. Avec ces deux machines de guerre, Elon Musk se propose d'ouvrir l'ère du transhumanisme : c'est celle de la civilisation à venir. On peut même imaginer que, peut-être, cette civilisation serait en passe d'abolir la possibilité même d'autres civilisations. Ce serait dès lors la première à pouvoir se dire la dernière.

Que veut Elon Musk? Réaliser dans le réel le plus concret, le plus trivial, le plus immanent, la prophétie *ontologique* de Michel Foucault dans *Les Mots et les Choses* : en finir avec l'homme. Mais, après cette fin, Elon Musk veut produire une chimère d'humain et de technologie qui signerait l'acte de baptême du posthumain. L'auteur de l'*Histoire de la folie à l'âge classique* fait aujourd'hui sourire, celui du projet Neuralink fait trembler.

Elon Musk ne cache pas ses intentions : il veut révolutionner l'industrie de l'automobile, révolutionner l'exploration de l'espace notamment en conquérant Mars et même, si possible, y mourir et s'y trouver inhumé, révolutionner les paiements planétaires, révolutionner l'intelligence artificielle et, surtout, révolutionner l'homme en réalisant le posthumain.

Convenons qu'à son jeune âge, il est né le 28 juin 1971, il a déjà fait une partie du trajet : Tesla, c'est lui, Space X c'est lui, PayPal, c'est lui. Mais son projet le plus terrible consiste à produire un Homme Nouveau, le grand projet des fascismes de droite et de gauche, afin de rendre le vivant brevetable, donc achetable et vendable, afin d'en retirer pour lui-même des fortunes considérables.

À terme, ce que veut ce riche parmi les riches, c'est acheter la mort, car elle lui résiste encore, afin que ce pacte faustien lui permette d'en obtenir la fin : la mort de la mort serait la naissance de la vie éternelle – que s'offriraient ceux qui en auraient les moyens alors que les autres ne seraient que les grands esclaves de cette civilisation pour l'heure fantasmée par la seule science-fiction. Il est vrai qu'Elon Musk ne fait pas mystère de sa formation : ni le grec ni le latin, ni la littérature ou la poésie, on s'en serait douté, mais la science-fiction et les bandes dessinées. Ce Christophe Colomb des temps postmodernes a été intellectuellement formé par Walt Disney. De sorte que, sans surprise, il aspire à un Disneyland cosmique, à défaut, planétaire : voilà l'horizon civilisationnel de cet homme.

La fin de la civilisation judéo-chrétienne est donc voulue par les géants du web que sont les patrons des Gafam. Quiconque a été biberonné à Mickey Mouse et Donald Duck ne saurait être sensible à Achille et Patrocle, à Dante et Bach, à Palladio et Le Corbusier, à Montaigne et Hegel, à Frédéric II et au général de Gaulle, à *La Tétralogie* de Wagner et à *La Recherche du temps perdu.* Un peu de Daisy, un soupçon de Riri, Fifi et Loulou, un doigt de Pluto, mais pas au-delà…

Pas plus on n'imagine qu'il pourrait en appeler à Pascal et Pasteur, Fragonard et Voltaire, Berlioz et Richelieu, Debussy et Molière, Corneille et Cézanne, Eiffel et Montesquieu, Delacroix et Bonaparte qui furent – faut-il le rappeler? – les effigies des billets de banque français! Aujourd'hui, nul ne l'ignore plus, sous le règne de l'euro, en France, on ne célèbre plus les grands noms de l'histoire mais des allégories : le pont, la porte, la fenêtre, autant d'invitations maçonnées à passer d'un monde à l'autre – autrement dit : à franchir les obstacles, à passer les bornes, afin de changer de civilisation.

Le billet de 500 euros échappait à cette allégorie : il montrait un immeuble de verre dans lequel, on pouvait du moins l'imaginer, s'activaient des hommes invisibles. Or, ces invisibles cachés au sommet métaphorique de la grosse coupure s'avèrent les agents de l'État profond qui travaillent au projet d'abolition de notre civilisation doublé du projet second d'avènement de la suivante.

Allégorie dans l'allégorie : comme il était devenu la grosse coupure des mafieux, des trafiquants, des terroristes, des fraudeurs du fisc, et autres spécialistes du blanchiment d'argent sale, ce billet surnommé le « Ben Laden » (car tout le monde en parlait mais personne ne l'avait jamais vu…) a été sorti de la circulation par la Banque centrale européenne : fallait-il cacher l'indice le plus parlant du crime ? On peut le penser…

On comprend que les patrons de la Silicon Valley interdisent à leurs enfants de surfer sur Internet : ils savent qu'il faut protéger leurs progénitures de l'effet néfaste de leurs produits destinés à abrutir l'univers entier et, *in fine*, à l'asservir de façon douce selon les principes de la servitude volontaire. Il est désormais reconnu que l'usage des écrans, télévision, ordinateur ou téléphone portable, génère des troubles de l'attention, des retards de langage, des addictions, des modifications neuronales irréversibles, des formatages cérébraux binaires, des comportements autistiques. On comprend que l'Europe ait pour projet de distribuer des ordinateurs dans les écoles : on y construira plus sûrement le bétail docile auquel elle aspire.

Pas de téléphone portable avant l'âge de quatorze ans chez Bill Gates, le fondateur de Microsoft ; pas d'Ipad pour les enfants de Steve Jobs, le fondateur d'Apple ; pas de Facebook chez Chamath Palihapitiya, l'ancien vice-président chargé de la croissance de l'audience de Facebook, car il estime que les réseaux sociaux sont « de la merde » ; pas d'écrans dans la chambre des enfants de Chris Anderson, le PDG de 3D Robotics ; pas d'écrans dans une école chic de la Silicon Valley où sont scolarisés les enfants d'employés d'eBay, de Google, d'Apple, de Yahoo, en revanche on y trouve du papier, des livres et des crayons.

On ne s'étonnera pas que ce qui se trouve présenté par l'Europe libérale de Maastricht comme un progrès soit l'informatisation et la généralisation d'un bornage téléphonique absolu. Avec ces programmes de gavage scolaire à l'aide des cadeaux empoisonnés que sont les ordinateurs et avec les projets d'en finir avec les zones blanches afin que les enfants des campagnes les plus reculées puissent être eux aussi endoctrinés avec leur smartphone, la jeunesse de cet Homme Nouveau pourra se moquer de la souffrance paysanne et du désastre écologique rural dans son département tout en se trouvant confite en dévotion pour l'écologie urbaine et boboïde de Greta Thunberg, qui s'avère l'idiote utile du projet des Gafam.

L'Europe de Maastricht joue donc un rôle dans l'abolition de la civilisation judéo-chrétienne et dans la promotion de cette civilisation nihilo-capitaliste. L'État-nation garantissait le génie des peuples ayant permis la construction d'une Europe des idées et de la culture qui a généré puis nourri l'Occident.

Une partie de cet Occident se détache comme une cellule qui va faire souche contre son corps d'origine : ce sont les États-Unis. Elon Musk n'a pas quitté par hasard son pays natal, l'Afrique du Sud, il est né à Pretoria, pour rejoindre le continent américain où il sait qu'il pourra mener à bien son projet d'avant-garde d'une civilisation nouvelle. L'Amérique qui fut un effet de civilisation rêve de devenir la cause de la prochaine qui sera la dernière. Pour l'heure, Elon Musk est l'un de ces barbares avec lesquels se constitue ce qu'on appellera plus tard une civilisation.

L'Europe maastrichienne, qui aspire à l'Empire, a pour seul souci d'abolir ce qu'elle présente comme un passé révolu. Elle a fait sien cet impératif nihiliste et sanguinaire de l'Internationale communiste : « Du passé faisons table rase. »

Quiconque refuse ce projet négateur présenté comme progressiste passe pour un réactionnaire, un conservateur, ce qui ne va pas sans les insultes désormais associées – antisémite, fasciste, homophobe, islamophobe, misogyne, phallocrate, etc. Le tout permet à ce néofascisme futuriste de qualifier d'extrême droite quiconque n'est pas, comme eux… d'extrême droite !

Néofascisme futuriste, ai-je écrit : je pense en effet que le futurisme de Marinetti, qui fut l'allié objectif du fascisme italien, constitue une matrice idéologique pour ces gens qui partagent le projet qu'avait l'auteur de *Mafarka* de créer un posthumain qui serait un mélange de chair et de mécanique. Futuristes aussi la haine de la démocratie et la célébration de la violence, le mépris du passé et le désir d'abolir la culture – « nous voulons démolir les musées, les bibliothèques », écrit Marinetti qui avait en tête de raser Venise et la transformer en vaste parking. Futuriste également la passion de la vitesse et du moteur, de l'avion et de l'automobile, des locomotives et du paquebot, de l'électricité et de ses possibles. Futuriste enfin le culte des jeunes appelés à envoyer les vieux au fossé.

L'Europe maastrichienne a pour père avoué Jean Monnet qui ne cachait pas son projet : il souhaitait, la chose est dite dans ses *Mémoires*, une Europe postnationale pensée comme la courroie de transmission d'un plus grand projet : le gouvernement universel, autrement dit : l'État total. Cet horizon ultime se veut la civilisation dernière ou la dernière civilisation. Celle-ci n'aura d'autres frontières que celles du globe terrestre – et encore : la Lune et Mars sont déjà annoncées comme les premières colonies de cet Empire qui n'exclut probablement pas d'asservir jusqu'aux exoplanètes.

Cet Homme Nouveau aura besoin d'esclaves : ce seront les hommes anciens – aujourd'hui traités de fascistes... Qui peut imaginer que les Gafam aspirent à un gouvernement des peuples, à une démocratie renouvelée, à une république pensée à nouveaux frais ? Son projet est intrinsèquement aristocratique, élitiste et électif. Il sera sélectif comme on sélectionne les races dans les haras.

Déjà, ici et maintenant, cette vérité sociologique que les patrons des Gafam alimentent les peuples de la planète avec leur nourriture numérique avariée alors qu'ils l'interdisent à leur progéniture témoigne en faveur de cette nouvelle organisation sociale : la race des seigneurs possédera le monde et l'asservira à ses intérêts avec l'aide des dispositifs numériques d'assujettissement qui se trouvent entre ses mains. Pendant ce temps, la race des esclaves sera vassalisée par la race dominante. Ceux qui auront seront, ceux qui n'auront rien ne seront rien. N'est-ce pas le projet avoué d'Emmanuel Macron qui, dans un discours improvisé dans la Halle Freyssinet, séparait le monde entre *les gens qui ont réussi* et *ceux qui ne sont rien* ?

Qu'on y prenne garde : l'État profond travaille à ce projet. Il rend impossible tout autre horizon par tous les moyens – médiacratie, violence, guerres, consortiums, terrorisme, trusts, collusions, corruptions, connivences, sujétions, influences, contre-informations. Il mène une guerre en sous-sol. Nous avons vocation à porter la lumière puis le fer dans ces usines à produire des machines totalitaires.

2

AIMER LA FRANCE

1

LA HAINE DE SOI FRANÇAISE

Sortir vraiment du XXe siècle

Les terroristes islamistes qui haïssent la France ne font jamais que reprendre le discours d'intellectuels qui, eux aussi, et depuis des décennies, détestent notre pays et ne perdent pas une occasion de répandre ce mépris.

Il en va de même, toute raison gardée, avec les décolonialistes, les racialistes, les déconstructionnistes, les néoféministes qui répètent comme des perroquets ce que le gauchisme culturel enseigne depuis Mai 68 : la France est nulle et non avenue, elle n'aurait produit que le Code noir, le fascisme, le pétainisme, Vichy, le colonialisme. Comme si elle n'avait pas, *aussi*, engendré la Déclaration des droits de l'homme et du citoyen en 1789, l'abolition de l'esclavage en 1848 avec Schœlcher, la Résistance et la France libre en 1940 avec de Gaulle, la décolonisation dans les années 1960 avec le même, l'abolition de la peine de mort en 1981 avec François Mitterrand…

Emmanuel Macron contribue à ce moulin d'eau sale lorsqu'en 2017 il ne voit aucune malice à proclamer : « il n'y a pas de culture française » avant d'ajouter qu'il existait en revanche « une culture en France » ! Ce qui est la thèse d'un Patrick Boucheron, professeur au Collège de France (*sic*), bien sûr, et des siens qui, dans son *Histoire mondiale de la France*, réécrit l'histoire de France pour en effacer les grands moments afin de donner aux petits la force et la puissance, sinon la dignité des grands ! Si nous ne sommes grands que dans le petit, l'infime, la quantité négligeable, alors nous sommes vraiment des lilliputiens. Voilà son projet.

Dans les huit cents pages de ce pamphlet, de Gaulle ne mérite aucune entrée en propre. En revanche, dans cette même partie XXe siècle, il existe une entrée « Staline », *via* la réception de sa mort par les camarades communistes ! Chacun comprendra que, depuis Lascaux, c'est son début de l'histoire de France, autrement dit, en dix-neuf mille ans, la mort d'un dictateur marxiste-léniniste vue par des militants du PCF, voilà un grand moment de l'histoire du pays ! On ne s'étonnera pas qu'à propos de ce parti il n'y ait pas d'entrée « Pacte germano-soviétique » – ce qui aurait pourtant pu expliquer au lecteur pourquoi Hitler a pu envahir la France en 1940 avec la bénédiction de l'URSS, donc du PCF[1].

1. En ce sens la récente (2020) traduction du livre de Roger Moorhouse (2014), *Le Pacte des diables. Une histoire de l'alliance entre Hitler et Staline (1939-1941)*, Buchet-Chastel, comble un manque dont il faudra un jour faire l'analyse.

Dans cette histoire révisionniste, je ne dirai pas négationniste, le mot est préempté, « 1940 » n'est pas, en France, la date de la « Débâcle », de l'« Occupation » ou bien encore du « 18 Juin », mais celle de la découverte fortuite par deux enfants de la grotte de Lascaux présentée, « dans une France effondrée par la défaite », « comme le signe d'une apparition presque mystique ». La grotte se trouve vitement « déterritorialisée » ! Autrement dit, les peintures de Lascaux ne sont plus en France, non, elles sont partout ailleurs dans le monde, sauf en France... C'est dire combien et comment on cogite fort au Collège dit de France !

*

Il semble en France qu'Hitler ne soit pas mort, que Pétain vive encore, que Vichy fasse toujours la loi et que Staline règne sur le Kremlin ! Que faudra-t-il pour qu'on tue vraiment le cadavre d'Hitler et que cette charogne cesse d'empuantir l'histoire de France ? Que doit-on faire pour vivre enfin dans un monde qui nous soit *vraiment* contemporain ?

Dans notre climat de presque guerre civile, il n'est qu'à regarder les références faites aux années noires, aux années-les-plus-sombres-de-notre-histoire, à la montée des périls, au nombre incalculable des recours à la réduction *ad hitlerum*, aux rapprochements avec Vichy, Pétain, aux perpétuelles accusations infondées d'antisémitisme, à l'usage hors de propos du terme « fasciste », pour comprendre qu'Hitler fait toujours la loi en France !

Deux ou trois preuves : entre les deux tours des élections présidentielles de 2017 qui opposaient Macron, sachant qu'il avait gagné, à Marine Le Pen, n'ignorant pas qu'elle avait perdu, le vainqueur désigné le soir du premier tour n'en faisait pas moins deux déplacements qu'il voulait symboliques avant le vote final pour inviter à bien voter : l'un à Oradour-sur-Glane, l'autre au musée mémorial de la Shoah ! Qu'on songe également à l'élément de langage d'un Edwy Plenel, repris il y a peu par Erdoğan, qui fait des musulmans de 2020 les Juifs des années 1930 ! Ou bien encore d'Esther Benbassa, sénateur écologiste, qui ne trouve pas honteux de défiler avec des enfants musulmans qui portent une étoile de David comme s'ils étaient en attente d'une rafle pour Auschwitz, ce qui suppose que l'État français aurait le projet de les gazer avant de faire disparaître leurs corps dans un four crématoire.

C'est dans le même ordre d'idées que j'ai été comparé à Jacques Doriot, fasciste notoire ayant porté l'uniforme nazi sur le front russe, pour avoir annoncé que Stéphane Simon et moi travaillions à une revue souverainiste que personne n'avait encore lue puisqu'elle était en cours de fabrication ! De même que me présenter depuis plus d'une dizaine d'années comme un antisémite fait partie de l'arsenal d'insultes censées fonctionner comme une bombe atomique pour détruire un adversaire qu'on ne sait contrer autrement que par l'insulte et le mépris.

Mais l'abus de cette rhétorique ne trompe déjà plus personne sauf quelques demeurés emblématiques de la fachosphère de gauche… C'est déjà ça.

Il fut dit en effet que ce passé ne passe pas. Mais pour quelles étranges raisons ce passé est-il resté notre présent et semble se présenter comme notre futur ? Parce qu'il fonctionne actuellement comme le moteur le plus puissant de la haine de soi française. Il en est la preuve. Du moins : il en serait la preuve…

Car, entre 1946 et 1969, avec une interruption entre 1946 et 1958, la geste gaullienne a fait de ce passé un passé ; qui a donc voulu que ce passé fût un avenir ? Ceux qui avaient intérêt à abolir le gaullisme qui fut souverainisme et grandeur, amour de la patrie et célébration de l'histoire, éthique de la volonté et vertu de l'excellence, goût du sublime et tension vers les cimes. Ceux-là mêmes, donc, qui ont le plus grand profit à abolir la Nation, le pays, la France et qui aspirent à réaliser une Europe fédérale postnationale destinée à préparer le gouvernement planétaire du capitalisme enfin réalisé.

C'est le vieux projet saint-simonien du gouvernement des ingénieurs et des techniciens, des banquiers et des élites, des chefs d'entreprise et de leurs intellectuels complices contre les peuples, un vieux projet repris en main par les acteurs des Gafam qui souhaitent au plus vite abolir la civilisation judéo-chrétienne afin de réaliser la leur, une

« civilisation » transhumaniste à laquelle ils travaillent avec ardeur et force milliards engrangés par l'impôt indirect versé chaque seconde par des millions de consommateurs de ces Gafam.

De ce projet européen, Jean Monnet nous disait dans ses *Mémoires* que l'Europe postnationale en était un moment dans un mouvement visant le gouvernement planétaire : « Les nations souveraines du passé ne sont plus le cadre où peuvent se résoudre les problèmes du présent. Et la Communauté elle-même n'est qu'une étape vers les formes d'organisation du monde de demain » – voilà la dernière phrase des *Mémoires* de Jean Monnet.

Cette haine de soi d'une France saignée par la Première Guerre mondiale, qui a perdu 1,3 million d'hommes dont l'élite qui n'eut pas l'occasion de développer sa puissance[1], donc d'assurer la puissance de la France, procède du nihilisme de cette première boucherie qui a généré, entre les deux guerres, la fascination de certains « pacifistes », dont nombre de socialistes, pour Hitler et, chez d'autres, d'un semblable tropisme pour Staline. L'Allemagne d'Hitler et la Russie soviétique de Staline ont fasciné beaucoup d'intellectuels français qui cherchaient à se vendre, et qui, pour certains, se sont effectivement vendus soit à Berlin

1. J'ai dans ma bibliothèque les cinq terribles volumes d'une *Anthologie des écrivains morts à la guerre*, Edgar Malfère, coll. « Bibliothèque du Hérisson », 1924.

soit à Moscou, sinon à Vichy[1], avant, la Libération aidant, de se vendre encore, mais cette fois-ci aux États-Unis... Se vendre semble une manie dans ce milieu !

On pouvait choisir la France depuis le 18 juin 1940, c'est-à-dire ni Moscou ni Berlin, ni le Goulag ni Auschwitz, mais qui fut de ce combat cette année-là ? Ils n'ont pas été nombreux les intellectuels ayant rejoint le général de Gaulle à Londres ; ils n'ont pas été nombreux non plus à le soutenir ensuite quand il fut au pouvoir et que l'URSS avait le projet d'étendre son Goulag le plus possible sur la planète ! Il est vrai qu'après guerre le PCF pesait un quart de l'électorat français et, avec la bénédiction du général de Gaulle, qu'il dominait le monde de la culture – autrement dit : qu'il permettait de faire carrière dans les lettres, l'édition, la recherche, l'université, le journalisme ! En Mai 68, il n'y eut plus personne ; en 1969, c'était fini – hormis André Malraux ou Romain Gary, fidèles parmi les fidèles.

Ne pas aimer qui aimait la France c'était alors aimer les ennemis de la France[2].

1. Gisèle Sapiro, *La Guerre des écrivains (1940-1953)*, Fayard, 2012.

2. Sur la fascination pour Hitler, Dominique Venner, *Histoire de la collaboration*, Pygmalion, 2000. Sur la fascination pour l'URSS : Jeannine Verdès-Leroux, *Au service du Parti. Le Parti communiste, les intellectuels et la culture (1944-1956)*, Fayard-Minuit, 1983 et *Le Réveil des somnambules. Le Parti communiste, les intellectuels et la culture (1956-1985)*, Fayard-Minuit, 1987. Sur la fascination pour Cuba : Jeannine Verdès-Leroux, *La Lune et le Caudillo. Le rêve des intellectuels et le régime cubain (1959-1971)*, Gallimard, coll. « L'Arpenteur », 1989.

Après guerre, l'Amérique a souhaité obtenir ses retours sur investissement : il n'était pas question pour elle de laisser son D Day sans revenus sonnants et trébuchants. *Money is money !* Pour ce faire, le plan Marshall, officiellement nommé « Programme de rétablissement européen », industrialisa la France avec pour objectif son américanisation. Ce à quoi aspirait le projet d'AMGOT[1], administrer la France comme une colonie américaine, un projet fermement refusé par de Gaulle, ce plan Marshall l'obtint par d'autres moyens.

Cette industrialisation à marche forcée du pays a détruit la France rurale et agricole, provinciale et traditionnelle, au profit de la bétonisation des corps, des cœurs et des âmes. Elle a aussi fonctionné comme un autodafé de la vieille culture que les États-Unis ont remplacée par la leur – du moins ce qui en tient lieu.

Quels ont été les instruments de cette bétonisation existentielle qui eut lieu dans l'immédiat après-guerre[2] ? La télévision qui produit un réel de substitution au réel banal dans lequel chacun vit une vie mutilée, le cinéma qui remplace les vérités

1. Le gouvernement militaire allié des territoires occupés, en anglais : Allied Military Government of Occupied Territories (AMGOT).

2. Lire le formidable ouvrage de Gunther Anders, *L'Obsolescence de l'homme* (1956), t. I : *Sur l'âme à l'époque de la deuxième révolution industrielle*, Ivrea-Encyclopédie des nuisances, 2001 et, t. II : *Sur la destruction de la vie à l'époque de la troisième révolution industrielle*, Fario, 2011.

de l'histoire par les légendes idéologiques de fictions épiques, la littérature devenue prolongement du journalisme, le jazz, le rock et la pop remplaçant la musique dite « classique », la chanson de variété en rupture avec la chanson poème, Disneyland comme Mont-Saint-Michel américain, le règne de la propagande théorisée par Edward Bernays[1], le neveu de Sigmund Freud, en lieu et place du débat consubstantiel à la rationalité classique.

Il y eut des résistances françaises à cet effacement progressif de la culture française : le *cinéma* de Jacques Tati, poétique et critique, burlesque et politique au plus haut degré – qu'on se rappelle *Jour de fête* (1949) dont le facteur se trouve contaminé par le modernisme américain après qu'il a vu aux actualités, sous le chapiteau d'un cirque ambulant, un reportage sur les postes aux États-Unis qui distribuaient les lettres et paquets par hélicoptère, mais aussi la critique du règne des loisirs, *Les Vacances de Monsieur Hulot* (1953), celle de la tyrannie de la voiture, *Trafic* (1971), celle des gadgets de la modernité, *Mon oncle* (1958), celle de l'inhumanité de l'architecture et de l'urbanisme contemporains dans *Playtime* (1967) ; les *chansons* de Brassens, Brel, Ferré ou Ferrat – qu'on songe à *La Montagne* (1964) qui fit plus que nombre de sociologues pour raconter le passage de la France rurale à celle du formica et du ciné,

1. Edward Bernays, *Propaganda : comment manipuler l'opinion en démocratie*, La Découverte, 2007.

du HLM et du poulet aux hormones ; la *philosophie* de Jacques Ellul et de Bernard Charbonneau, deux monuments injustement méconnus de la philosophie, qui, entre autres pépites intellectuelles, ont dévoilé les ravages de la technique, les dégâts de la propagande, les dommages causés à la nature, la toxicité de la nourriture industrielle, la destruction des paysages, l'avènement du nihilisme, la folie de la société de consommation, la destruction des campagnes ; les *livres* de Joseph Delteil, notamment *La Deltheillerie* (1968), un authentique chef-d'œuvre parmi les nombreux autres que comporte son œuvre complète ; les *fictions documentaires* de Georges Rouquier : *Farrebique* (1949) puis *Biquefarre* (1983) qui, du noir et blanc poétique aux couleurs tristes et fades de la postmodernité, racontent ce passage d'un monde l'autre.

Désormais, le cinéma fabrique la vérité, suivi en cela par la bouillie déversée sur les écrans ; les chansons, quand elles ne sont pas anglo-saxonnes, sont la plupart du temps des susurrements épuisés, ceci n'excluant pas cela ; le premier rappeur venu passe pour un nouveau Rimbaud ; la philosophie est une affaire de normaliens qui enfilent des propos de bistrot en citant Spinoza sans oublier de passer à la caisse pour empocher les copieux honoraires de conférences destinées aux notaires ou aux pharmaciens ; les livres sont des produits culturels formatés pour le marché et beaucoup d'entre eux ne sont d'ailleurs même pas écrits par ceux qui les signent – je connais le nom quelques imposteurs notoires dans le monde des idées et celui de leurs nègres; les fictions documentaires ont laissé place aux films idéologiques qui assurent la propagande du politiquement correct.

Les États-Unis n'ont pas débarqué pour rien en Normandie le 6 juin 1944. Ils nous ont offert leur « culture », une contre-culture française est possible, elle est affaire de volonté.

2

LA LIGNE PHILOSOPHIQUE CLAIRE

Il y eut un temps où l'on pouvait, sans craindre le bûcher, parler de l'esprit des peuples. C'était une époque où l'on ne prenait pas pour sotte l'idée que la géologie et la géographie, le climat aussi, fonctionnaient en conditions de possibilités d'une pensée, d'une sensibilité, d'un caractère, d'un tempérament, d'un style – qu'on songe au Montesquieu de *L'Esprit des lois* (1748).

Jadis, dans son *Anthropologie d'un point de vue pragmatique* (1798), Kant pouvait entretenir du caractère des peuples; puis Taine proposer, dans sa *Philosophie de l'art* (1865), de construire toute une esthétique en dissertant sur le sol, le climat, et, *horresco referens*, la race.

Au XXe siècle, Keyserling peut encore publier une *Analyse spectrale de l'Europe* (1928) et disserter sur les mérites comparés des Suisses ou des Hongrois, des pays « baltiques » (*sic*) et de l'Europe. Dans le même esprit, le grand Élie Faure disserte dans *Découverte de l'archipel* (1932) sur « L'âme juive ou la fureur d'être », « L'âme française ou la mesure de l'espace », « L'âme allemande ou l'annexion du temps », « L'âme italienne ou l'affût de l'objet », ou bien encore, de nouveau *horresco referens*, il entretient dans *D'autres terres en vue* (1932) de « L'âme noire ou la vertu du rythme », de « L'âme islamique ou de l'érotisme à l'abstraction », de « L'âme américaine ou "conditions" de la vie future ».

Pourquoi ne peut-on plus penser ainsi ?

Parce que le politiquement correct associe désormais la frontière au Mal. La *nation* ? le nationalisme, donc, en vertu de la jurisprudence performative mitterrandienne, la guerre – dès lors, Renan était un va-t-en-guerre. L'*enracinement* ? la terre, donc le sol, donc le territoire, donc le pétainisme, donc Vichy, donc le nazisme, donc la Shoah – de ce fait, Simone Weil était nazie. Les *peuples* ? donc le populisme, donc le fascisme – par conséquent Michelet était fasciste.

Proposer de penser la France comme une entité signifiante, une entéléchie, diraient les philosophes, c'est donc à la fois vouloir la guerre, légitimer un génocide et aspirer au fascisme – j'exagère à peine tant la subtilité se montre le cadet des soucis de cette nouvelle idéologie…

Poser la question de la spécificité de la philosophie française, c'est se préparer à entendre bon nombre d'inepties. Parmi celles-ci, ce lieu commun qu'il n'existerait pas de philosophie française, car, Heidegger *dixit*, il n'y aurait eu que deux langues philosophiques *dans le monde*, soyons fous, le grec des présocratiques et l'allemand des phénoménologues – ce qui, traduit en français, donne : le grec du grand poème de Parménide qu'on ne connaît que par ses fragments et l'allemand d'*Être et Temps* de Martin Heidegger qu'on connaît hélas dans son intégralité.

Il faudrait interroger cet étrange tropisme qu'ont eu *certains* philosophes français pour l'Allemagne dans un temps où… Adolf Hitler était au pouvoir ! Georges Politzer, immunisé contre ce prurit parce qu'il était juif, a dénoncé cette fascination en s'insurgeant que Heidegger figure au programme du baccalauréat de philosophie en 1939 alors que l'auteur des *Chemins qui ne mènent nulle part* était notoirement nazi depuis six ans ! La chose ne gênera pas Sartre puisque c'est à lui qu'on doit la fin de la ligne philosophique claire française avec une date de naissance très précise : 1943, date de parution de *L'Être et le Néant*, un chef-d'œuvre de sabir germanique rédigé en langue française. Disons : un livre de collaboration intellectuelle entre les deux rives du Rhin… Rappelons qu'à cette époque la phénoménologie est bien souvent une arme de guerre contre le magistère brillant d'Henri Bergson, philosophe français non aryen pour parler la langue de Heidegger et de ses amis.

Je pose cette hypothèse que, d'une part, une ligne claire caractérise la philosophie française et que, d'autre part, cette ligne s'est trouvée brisée par Sartre avec l'œuvre que l'on sait saluée par le journal collaborationniste français *Comœdia* qui ne fait pas de l'homme de *La Nausée* l'auteur de l'année 1943 sans de bonnes raisons.

Quelques-uns ont résisté à cette fascination germanique pendant les fascismes européens. Là aussi, là encore, il n'est pas étonnant que le plus magistral de ces résistants, à tous les sens du terme, y compris en son sens le plus connu, ait été Vladimir Jankélévitch – une formidable incarnation de cette ligne claire, lui aussi un non-Aryen.

Parce qu'il y a eu le national-socialisme et le génocide des siens, Jankélévitch a jeté l'opprobre sur tous ce qui était allemand – ou autrichien. Lui, le mélomane, a jeté par-dessus bord Bach, Haendel, Mozart, Haydn, Gluck, Beethoven, Schubert, Schumann, Brahms, Wagner, Mahler, Bruckner, Richard Strauss, Carl Orff – excusez du peu… Lui, le philosophe, a envoyé aux orties Leibniz, Kant, Hegel, Schelling, Schopenhauer, Fichte, Nietzsche, Marx, Freud, Husserl, Heidegger bien sûr – ce qui n'est pas mal non plus ! Est-ce à dire qu'il ne put être ni mélomane ni philosophe ? Aucunement, car il a célébré des compositeurs et des philosophes italiens, espagnols, français – disons : latins et non germains. Et il a montré qu'en philosophie les forêts germaniques ne constituaient pas un horizon indépassable.

De la même manière qu'avec quelques mesures on reconnaît un musicien français – Rameau, Debussy, Ravel, Fauré, Dupond, Le Flem, Dutilleux... – on peut également saisir ce qui fait le son d'un philosophe français : *sa ligne claire.*

*

Qu'est-ce qu'une ligne claire ?

J'emprunte cette expression à la bande dessinée. Elle caractérise les BD des premiers temps qui proposaient un savant équilibre entre le dessin et la couleur, une tension ancienne dans l'esthétique française qui se trouve ainsi résolue : un trait noir, simple, clair et net fait émerger une forme qui contient une couleur elle aussi claire et nette, donc franche et simple, en à-plat. S'il fallait un mot pour la définir ce serait la *lisibilité.* La pensée française, la philosophie française se caractérise donc par sa lisibilité.

Autrement dit : il n'est pas besoin d'avoir fait des études de philosophie, d'être agrégatif ou agrégé, doctorant ou docteur, pour lire et comprendre les philosophes français – du moins jusqu'en 1943 pour les raisons désormais connues. De Montaigne à Bergson en passant par Descartes et Pascal, Gassendi et Malebranche, Meslier, mais aussi Voltaire et Rousseau (un auteur suisse au demeurant...), Helvétius et d'Holbach, Diderot et d'Alembert, La Mettrie et Condillac, Cabanis et Comte, Fourier et Proudhon, Tocqueville, Taine et Renan, Alain et Simone Weil, ou bien encore Albert Camus, pour ne prendre que les plus connus, tous sont susceptibles d'être lus et compris par des lecteurs dont la philosophie n'est pas la profession.

La forme est donc lisible mais le fond s'avère également audible : la philosophie française n'a pas brillé dans la métaphysique ou l'ontologie. Les questions des rapports de l'être, du non-être, de l'étant, de l'étantité n'encombrent pas la scène philosophique française. On ne s'y demande pas : « Pourquoi y a-t-il de l'être plutôt que rien ? » par exemple – un *must* de la métaphysique germanique depuis Leibniz !

La philosophie française semble échapper au trait d'esprit du penseur britannique Whitehead qui écrit dans *Procès et réalité* (1929) que « la philosophie européenne n'est qu'une suite de notes de bas de page aux dialogues de Platon ». La philosophie française tourne le dos à Platon parce qu'elle ne se soucie pas en priorité du ciel des idées mais de la réalité sensible, du concret le plus patent, de l'immanence. En plus d'être lisible, elle est aussi tangible. De sorte que cette ligne claire concerne à la fois la forme et le fond.

*

À tout seigneur, tout honneur : Montaigne invente la philosophie française. Elle sort de lui tout armée comme de la cuisse de Jupiter ! On a peine à imaginer qu'un tel homme fût possible qui, à lui seul, effondra mille ans de philosophie patristique et scolastique. Car, avant lui, la pensée, pour le coup, se résume aux notes latines en bas de page du Nouveau Testament ! Souvenons-nous que saint Augustin a cité 13 276 fois l'Ancien Testament et 29 540 le Nouveau Testament dans son œuvre complète.

Montaigne ne souscrit pas à cette idée que le grec est la langue philosophique par excellence. Il lui préfère de loin celle de penseurs latins qui se moquaient du ciel des idées platoniciennes pour se soucier des questions existentielles – la vie, l'amour, l'amitié, la mort, le suicide, la souffrance, la vieillesse, les femmes, la nature, les enfants, les animaux… Mais il écrit en français, volontairement bien sûr, afin d'être lu par le plus grand nombre.

Il n'est pas contre Dieu, il se montre même pour dans l'intimité de sa vie privée, mais il n'encombre pas les *Essais* avec des considérations théologiques : Dieu existe, la religion aussi, il est catholique parce que c'est la foi de son pays, mais il confesse bien volontiers qu'il eût été mahométan en naissant en Perse ou protestant voyant le jour à Augsbourg ! En plein XVIe siècle, celui des guerres de Religion, il pense malgré Dieu, au-delà de Dieu, indépendamment de Dieu ; sans souci de Lui. Il est, voilà tout, passons à autre chose, dit toute son œuvre…

Il découple donc la philosophie de l'exégèse et de l'herméneutique, du commentaire et de la glose des textes les ayant précédés. Il ne va pas chercher son inspiration dans les livres d'autrui mais dans la matière même du monde avec une voie d'accès privilégiée : lui-même s'observant pendant qu'il observe. C'est sa méthode, son fil d'Ariane.

Ce faisant, il invente l'*essai* qui est une façon toute particulière de procéder – c'est une façon française. Tout à leur germanophilie, les professionnels de la philosophie méprisent l'essai. Fielleux, ils réservent l'usage de ce mot à l'ouvrage philosophique dont ils déplorent la clarté, la fluidité, la lisibilité. « Essayiste » constitue la plupart du temps une insulte lancée au penseur à qui l'institution refuse ses lauriers. Celle-ci aime tant le fumeux, le nébuleux, le brumeux qu'elle attribue bien plus volontiers ses coupes et ses médailles au sabir, au jargon, au charabia. On n'en trouve pas dans la philosophie en langue française. Qu'on ouvre au hasard une page de Descartes, un livre de Voltaire, un volume de Proudhon, un ouvrage de Bergson pour s'en persuader.

La création de concept qui, selon Deleuze, définit le philosophe, est devenue un lieu commun branché qui permet d'offrir une prime aux inventeurs de langues inexistantes. Ces derniers entrent alors en compétition avec quelques vrais fous d'asile – témoin les glossolalies de Derrida, de Deleuze et Guattari, ou bien celle de Lacan, dont la pathologie du néologisme a décidé un jour Marcel Benamou et quelques autres à publier tout un livre intitulé *789 néologismes de Jacques Lacan.* J'ajoute que, de leur aveu même, Lévi-Strauss, Merleau-Ponty, Althusser et même Heidegger, qui s'y connaissait pourtant en sabir, affirmaient ne rien comprendre à la prose de Jacques Lacan[1]...

Or, si la philosophie française ne crée pas de concepts, elle n'est pas pour autant à évincer du registre philosophique ! Par exemple, il n'existe aucun concept dans les mille pages des *Essais.* Et Montaigne de ce fait ne serait donc pas un philosophe ? Allons, soyons sérieux...

Montaigne n'invente pas des concepts parce qu'il *essaie.* Qu'est-ce à dire ?

On trouve de la modestie dans le choix de ce mot, car essayer ne veut pas dire réussir. C'est tenter, viser à, expérimenter, chercher sans garantie de trouver. En face, je songe à l'autre côté du Rhin, on n'a pas de cette pudeur et l'on bâtit des cathédrales conceptuelles, des châteaux idéaux – des systèmes. D'un côté Montaigne qui avance avec force « sauts et gambades » ; de l'autre Hegel qui force le réel à entrer dans le béton de son architecture.

Malgré cela, l'essai français trouve plus sûrement que le système allemand, car la forme de l'essai s'avère plus appropriée à la saisie du réel qui est par nature « ondoyant et divers » pour le dire dans les

1. Qu'on me permette de renvoyer pour le détail à ma *Contre-histoire de la philosophie*, t. VIII : *Les Freudiens hérétiques*, Grasset, 2013, p. 219-220.

mots de Montaigne. L'essai est au service du monde; le monde est au service du système.

L'essai se trouve en aval du réel; le système en amont. Le premier permet de consigner par écrit ce qui aura été vu, saisi, constaté, examiné, observé, regardé, contemplé, étudié, remarqué; le second suppose une machine avec ses rouages, ses ressorts, ses moteurs, sa fonte et son acier plaquée sur un réel contraint d'y rentrer. L'un épouse les formes de la vie; l'autre les encage dans des constructions langagières. D'un côté, la vie et Dionysos, de l'autre, le nombre et Apollon. Kierkegaard, ni français ni allemand puisque danois, écrit qu'il préfère une petite chaumière habitable à un grand château inhabitable… Je souscris.

*

Cet *essai*, qui suppose que le penseur s'essaie à penser, induit une autre spécificité de la philosophie française : une revendication de la subjectivité à des fins non pas narcissiques, mais méthodologiques : le particulier est pensé comme la voie d'accès à l'universel.

Montaigne écrit dans *Les Essais* qu'il se peint et qu'en même temps il peint l'humaine condition; dans son *Discours de la méthode*, Descartes, qui entend fonder une philosophie sans Dieu, raconte comment il part de lui, doute, puis affirme qu'il ne peut douter de son doute, conclut qu'il pense et que, donc, il est; Pascal confesse dans ses *Pensées* que le silence des espaces infinis l'effraie et que l'on peut conjurer cette angoisse consubstantielle à la misère de l'homme sans Dieu avec le pari de la foi en la religion catholique ; Rousseau publie ses *Confessions* pour expliquer au monde entier qui il est parce qu'il croit qu'on se trompe sur son compte quand on ne pense pas comme lui ; pendant trente années, Montesquieu note dans *Mes pensées* la vie de ses réflexions, de ses méditations, de ses lectures ; Maine de Biran rédige au quotidien un volumineux *Journal* qui consigne ses émotions, ses sensations, ses réflexions, ses méditations, ses perceptions ; dans ses *Confessions d'un révolutionnaire*, Proudhon intitule un chapitre « Qui suis-je ? » et s'inscrit dans son siècle politique ; dans sa biographie du philosophe, Henri Gouhier montre comment Auguste Comte a exposé sa vie, pour raconter qu'elle expliquait son œuvre, dans des dédicaces, des appendices, des confessions, des circulaires, des appels publics ; Tocqueville publie des *Souvenirs* qui expliquent ses engagements politiques concrets, notamment eu égard à 1848 ; Renan fait paraître ses *Souvenirs d'enfance et de jeunesse* pour expliquer comment il est passé de la foi à la raison, ce qui lui a permis d'écrire sa *Vie de Jésus*, un coup de tonnerre dans la philosophie européenne ; Alain écrit ses *Souvenirs de guerre* pour défendre et illustrer son pacifisme issu de la Première Guerre mondiale mais également des *Souvenirs concernant Jules Lagneau*, pour faire l'éloge de son maître, il a également publié *Portraits de famille* et *Souvenirs sans égards*; Gabriel Marcel publie un *Journal métaphysique* dans lequel il s'essaie à ce qu'il convient de nommer un existentialisme chrétien; Sartre propose une psychanalyse existentielle personnelle avec *Les Mots* (son livre le plus écrit, le plus stylé, le plus lisible, le moins germanique…) pour expliquer comment il est devenu ce qu'il est en faisant quelque chose de ce qu'on voulait faire de lui – mais il s'arrête au moment où il aurait fallu commencer; Camus procède dans le même esprit avec *Le Premier Homme*, une œuvre inachevée qui aurait dû lui permettre d'expliciter sa position sur la guerre d'Algérie; Beauvoir a publié quantité de livres de Mémoires qui échappent au sabir germanique pour sculpter dans le marbre le récit légendaire de sa relation avec Sartre; Aron a lui aussi rédigé des Mémoires avec *Le Spectateur engagé*; d'une façon inattendue Pierre Bourdieu n'a pas dérogé en livrant les clés de son être et de son combat dans *Esquisse pour une auto-analyse*; Jacques Derrida a donné dans *Circonfession* une lecture de sa vie dans une manière qu'on lui connaît bien – lyrique, talmudique et poétique; Robert Misrahi enfin donne dans *La Nacre et le Rocher* l'histoire de sa vie consacrée à marier le déterminisme de Spinoza et la philosophie de la liberté de Sartre, deux philosophies contradictoires…

Ici, l'écriture de soi n'est pas narcissisme parce qu'elle n'est pas une fin en soi – au contraire de l'autofiction qui brouille les cartes et transforme la vérité en fiction et *vice versa*, au profit d'une célébration de l'*ego* de l'auteur qui se fait le centre du monde. Elle est un fil d'Ariane qui, dans le labyrinthe d'une œuvre, permet de trouver un chemin, le chemin.

Le mélange de l'autobiographie et de la philosophie suppose un parti pris radicalement antiplatonicien : les idées ne viennent pas du ciel où elles se trouveraient dans un empyrée, un monde sublunaire, un lieu hors lieu sans lieu, mais de l'expérience. D'où le souci de l'émotion, de la sensation, de la perception, d'où des narrations à première vue littéraires mais, dans un second temps, à portée philosophique.

Montaigne fait de nombreuses références à sa vie – un livre pourrait détailler ce que sa pensée doit à son père, son éducation, sa femme, ses enfants, son ami La Boétie, ses amies, ses relations, ses rencontres, ses gens, comme il dit, qui travaillent la terre de sa propriété, il raconte sa sexualité sans se donner le beau rôle, ses goûts alimentaires, son manque d'habileté, ses lectures, ses voyages, ses humeurs, etc.

C'est dans cette marqueterie autobiographique qu'il raconte un accident de cheval à la suite d'une collision avec un autre cavalier qui lui a valu de perdre connaissance, de se croire à deux doigts de la mort, de se réveiller plus douloureux encore. À quoi bon, professerait un Hegel qui dit de Montaigne dans ses *Leçons sur l'histoire de la philosophie* qu'il n'est pas un philosophe mais relève… de « la culture générale » ! Il est, dit-il, *divertissant* et *instructif* !

Pour ma part, je trouve Montaigne divertissant, instructif et bien plus philosophe que Hegel, car une modeste pensée existentielle vaut beaucoup mieux qu'une grande pensée intellectuelle, cérébrale, conceptuelle. Comme tous les philosophes romains – que Hegel tient dans le plus profond mépris… –, Montaigne sert à vivre, à mieux vivre, à bien vivre.

Cet accident de cheval n'est pas pour Montaigne l'occasion de se raconter pour le plaisir d'entretenir de lui-même. C'est l'occasion de partir d'une expérience singulière, subjective, individuelle, pour parvenir à des leçons universelles : sur le passage qu'est la mort et qui semble une félicité tant il est doux, sur la souffrance qui est plus à craindre que la réalité de la mort, sur la nécessité de se préparer à mourir, car, bien mourir, c'est bien vivre et *vice versa*, sur la définition de la philosophie non pas comme un jeu d'esprit qui permet de jongler avec des concepts, mais comme une sagesse pratique vers laquelle tendre.

Un livre de philosophie française n'est donc pas un puzzle conceptuel destiné à figurer un château qui s'avère au bout du compte une photo collée sur du carton mais un récit de sagesse pratique et concrète. Il aide à vivre, comme en leurs temps Musonius Rufus et Marc Aurèle, Sénèque et Lucrèce, Cicéron et Plutarque, ces sages Romains, aidaient au métier de vivre à l'aide de techniques existentielles.

*

Après l'usage d'une ligne claire qui favorise la lisibilité, l'invention de l'essai pour épouser la variété des formes de la vie, le recours à la subjectivité pour parvenir à des vérités universelles, la philosophie française se distingue par un souci tout particulier accordé à la psyché pure.

J'écris *psyché* pour éviter le mot *âme* préempté par le judéo-christianisme. Après deux mille ans d'ancienneté, l'âme est devenue indissociable de la religion catholique, elle est l'immatériel qui subsiste après la mort et qui connaîtra le destin d'une vie ou d'une damnation éternelle. L'âme procède étymologiquement du latin qui est devenu langue de l'Église comme chacun sait; psyché, en revanche, relève du grec et, de ce fait, accuse une moindre proximité avec le catholicisme.

Montaigne a raconté cette psyché, son fonctionnement, sa nature. Précisons en passant que psyché nomme également un genre de miroir mobile fixé sur une structure en bois et que cette seconde acception convient tout à fait après que nous aurons dit combien l'introspection joue un rôle majeur dans la philosophie française.

Charron, qui fut l'héritier du blason de Montaigne et n'en fit rien puisqu'il était chanoine, donc sans descendance, écrivit *De la sagesse* qui inaugure un courant montanien : lui qui fut sans double se mettait à avoir des disciples ! On a nommé ceux-là les *libertins érudits.*

Le libertinage érudit est un grand moment de la pensée française. Ses grands noms sont oubliés [1], que dire dès lors de leur pensée ! Ainsi Gassendi, Bernier, La Mothe Le Vayer, Saint-Évremond, Fontenelle, Pierre Bayle. Et l'on connaît celui de Cyrano de Bergerac moins par ce qu'il écrivit que par la fiction théâtrale mondialement célèbre d'Edmond Rostand !

J'élargirais pour ma part le monde de ces libertins érudits aux moralistes français du même Grand Siècle : La Bruyère, La Rochefoucauld, La Fontaine. Ajoutons sur cette lancée, au siècle suivant, les noms de Chamfort, Vauvenargues, Joubert, Rivarol et quelques autres…

Ces libertins érudits ont poussé l'émancipation de la pensée française initiée par Montaigne au plus haut degré d'incandescence : *via* des bibliophiles très éclairés, la Renaissance a remis sur le devant de la scène intellectuelle les auteurs de l'antiquité gréco-romaine. La Bible n'était plus le livre que l'on se contentait de commenter, car des scientifiques, des architectes, des urbanistes,

1. Rendons hommage aux éditions Gallimard qui ont consacré deux volumes de la « Pléiade » aux *Libertins du XVIIe siècle* (1998 et 2004). Une somme leur a été consacrée par Robert Pintard, *Le Libertinage érudit dans la première moitié du XVIIe siècle*, Boivin, 1943 ; rééd. Genève, Slatkine, 2000.

des agronomes, des poètes, des tragédiens, des philosophes de l'Antiquité invitaient à ne plus faire de la religion le principe intangible en matière de science par exemple.

Le Grand Siècle effectue le transfert d'Athènes et de Rome à Paris : sans Plaute et Térence pas de Molière, sans Eschyle, Sophocle, Euripide ou Sénèque le Tragédien, pas de Racine et de Corneille, sans Théophraste pas de La Bruyère, sans Ésope et Phèdre pas de La Fontaine.

Mais les libertins érudits et les moralistes effectuent un travail en marge de cette entreprise d'habilitation ou d'acclimatation des Anciens. Ils incarnent le génie de la philosophie française. Certes, ils ne sont toujours pas des techniciens de la philosophie, des ingénieurs du concept, des stakhanovistes du néologisme. Ils écrivent une langue française pure, nette, efficace, directe, à l'os. Pas un mot de trop. La pensée va vite comme l'éclair. D'où leur dilection particulière pour l'aphorisme – je précise en passant que Pascal n'a pas sciemment écrit les *Pensées* comme des aphorismes mais que c'étaient des notes pour un livre à venir qui aurait été écrit et composé comme *Les Provinciales* et que seule sa mort prématurée à l'âge de trente-neuf ans l'a empêché de mener à bien.

Les libertins érudits sont dits « libertins » parce que, l'étymologie témoigne, ce sont des *affranchis*. D'une certaine manière, dans la formule inventée par un socialiste français du XIXe siècle – Auguste Blanqui –, ils ne se reconnaissent ni dieu ni maître, ni dieux ni maîtres. Autrement dit : ni Jésus, ni Christ, ni un quelconque Louis roi de France.

Le retour des textes antiques se double par la découverte de l'Amérique qui montre, Montaigne a tout dit sur cela dans un de ses essais intitulé *Des cannibales*, que le christianisme n'est pas une vérité universelle et qu'il faut partir à la conquête de l'homme nu – débarrassé des oripeaux chrétiens, des guenilles catholiques, des frasques religieuses. Ces fameux sauvages découverts par les Européens, en fait des Brésiliens, ont une éthique, une morale, des vertus, une religion, des us et coutumes et pourtant ils ignorent jusqu'au nom même de Jésus-Christ ! Comment dès lors saisir cet homme nouveau en dehors de Dieu ?

C'est la question à laquelle répondent libertins et moralistes français : ils évacuent le péché originel et cherchent justement cette fameuse psyché sans souci d'en référer à la Genèse. Ils y trouvent des sentiments, des passions, de la vanité, de l'orgueil, de l'amour-propre, de l'amour de soi, de l'intérêt, beaucoup d'intérêt, du calcul, des passions tristes, du ressentiment, mais pas grand-chose qui ait à voir avec les grandes et belles vertus… De la boue, beaucoup, peu d'or.

*

Cette éviction de la patristique et de la scolastique effectuée par Montaigne suppose qu'on n'aille plus chercher la vérité du monde dans le livre qui dit le monde, la Bible, mais dans le monde lui-même. Montaigne règle son compte aux Pères de l'Église et aux docteurs de la scolastique en moquant leur fausse méthode bricolée avec la *Logique* d'Aristote à coups de syllogismes. Pour pulvériser tout cela d'un grand éclat de rire il écrit : «Le jambon fait boire, le boire désaltère, par quoi le jambon désaltère» (I.XXV). Chacun aura compris que cette prétendue méthode n'en est pas une et qu'il faut aller voir ailleurs.

Descartes propose donc un *Discours de la méthode* (1637). Ce texte, fondateur de ce que l'on nomme l'«esprit cartésien» souvent associé à l'esprit français, emprunte deux ou trois choses à Montaigne : d'abord, il propose une méthode en disant que c'est avant tout la sienne et qu'il n'a pas la prétention d'en faire une méthode universelle ; puis il écrit ceci : «le bon sens est la chose du monde la mieux partagée», une idée que n'aurait pas désavouée l'auteur des *Essais* ; ensuite il écrit en français et non en latin et ce… «pour que les femmes même pussent entendre quelque chose[1]» ! Enfin, il part et parle de lui-même, toujours la ligne autobiographique : il entretient par exemple de ses études au collège de La Flèche, de ses lectures, des voyages nécessaires pour voir le monde dans sa diversité, de ses rapports avec les mathématiques ou la poésie ; il tourne le dos aux professionnels de la philosophie, il cherche à

1. Lettre au père Vatier, 22 février 1638.

apprendre de ceux qui savent vraiment; il entend faire de sa quête de vérité un préalable au fait de « marcher avec assurance en cette vie » – une vérité existentielle là aussi, là encore, et non une fiction rhétorique, une fable sophistique; il veut se faire un avis sur le monde avec l'usage de sa seule raison, il n'a que faire des livres, des professeurs, de l'université, des autorités – sans regrets, il quitte le monde des études pour l'étude du monde.

Chercher une méthode, la raconter en français, partir de soi, célébrer le bon sens, observer le monde dans sa vastitude, viser la perspective existentielle, s'affranchir des tutelles : il y a là tout le programme de la philosophie française.

C'est dans cet appel d'air que s'inscrit un autre temps philosophique français : celui du matérialisme. Car, s'affranchir des tutelles, autrement dit *se faire libertin*, c'est ne plus souscrire aux lectures idéalistes et spiritualistes du monde – donc au catholicisme…

Or, l'alternative à l'idéalisme, la chose est bien connue, c'est le matérialisme. Son origine est gréco-romaine : un lignage va de Leucippe à Diogène d'Œnanda en passant par Démocrite, Épicure, Lucrèce. Pour ces philosophes, il n'y a que des atomes qui tombent dans le vide. Tout ce qui existe est donc atomique – y compris Dieu ou les dieux.

Le matérialiste Démocrite eut un grand succès en son temps. C'est probablement la raison pour laquelle l'idéaliste Platon voulut faire un autodafé de ses œuvres mais y renonça au vu de l'impossibilité d'effacer la trace du philosophe.

Si la destruction physique des livres ne fut pas possible, la destruction morale de leurs auteurs fut efficace. On fit ainsi à Épicure une infâme réputation : bâfreur, se faisant vomir pour manger de nouveau, prostituant sa sœur et son neveu, couchant à qui mieux mieux, buvant, aimant l'argent : il s'agissait de monter qu'il pratiquait très exactement le contraire de ce qu'il enseignait.

Cette légende noire est contemporaine du philosophe grec mais elle se trouve amplifiée par saint Jérôme, car l'atomisme est une philosophie radicalement incompatible avec le christianisme : impossibilité d'une âme immatérielle, d'une présence réelle du corps du Christ dans une hostie et de son sang dans un calice, d'une vie après la mort, d'une résurrection de la chair, d'un corps glorieux, d'un enfer avec ses punitions et d'un paradis avec ses récompenses, sinon d'une angélologie, d'une martyrologie, d'une vie des saints.

Le philosophe qui brise cette légende noire est un chanoine : il s'agit de Pierre Gassendi. On lui doit une *Vie et mœurs d'Épicure* dans laquelle il fait justice de ces malveillances. Gassendi est à sa manière un disciple de Montaigne. Il commence, toujours le souci français, par la biographie d'Épicure afin de montrer sa cohérence avec sa doctrine : frugalité, sobriété, tempérance, amitié, continence, chasteté, piété, intégrité, probité, justice et défense de l'« honnête volupté », le philosophe a bel et bien vécu ce qu'il a enseigné. Or, rien n'empêche que cette vie philosophique soit celle d'un chanoine ! Épicure vivait une vie de moine et un moine peut, dans cette acception première, mener une vie épicurienne !

Gassendi double cette réhabilitation du philosophe par un *Traité de la philosophie d'Épicure* (1649) qui ouvre en France l'ère d'un épicurisme qui compose avec le christianisme. Certes, il semble malaisé de faire tenir dans une même main philosophique le déterminisme des matérialistes et la croyance au libre arbitre des chrétiens ! Mais Gassendi trouve la liaison : Épicure pose que les atomes tombaient dans le vide sans se rencontrer avant que l'un d'entre eux dévie et s'agrège à un puis à deux puis à d'autres afin de constituer le monde – c'est la fameuse théorie dite du *clinamen* qui, cause de soi, est sans cause autre qu'elle-même. Ni une ni deux, Gassendi assimile le clinamen à Dieu ! Et l'affaire est réglée : il peut dès lors se réclamer du matérialisme, de l'hédonisme, du sensualisme d'Épicure sans craindre de passer pour un « pourceau » d'épicurien – une insulte créée par les stoïciens en leur temps, reprise et amplifiée par les chrétiens ensuite.

Il fut ensuite facile à d'autres philosophes d'économiser ce clinamen chrétien pour ouvrir une nouvelle perspective philosophique française : ce fut alors le temps du matérialisme. La généalogie de cette sensibilité se trouve chez le curé Meslier qui fut le premier athée matérialiste systématique.

Il meurt en laissant un volumineux *Testament* dans lequel il théorise tout seul, loin des salons de Paris, sans bibliothèque autre que personnelle, dans son presbytère d'Étrépigny dans les Ardennes, le matérialisme français.

Meslier ne cite pas Épicure, il n'a pas Lucrèce dans sa bibliothèque, ni même Diogène Laërce dans lequel on trouve tout ce qui reste d'Épicure – trois lettres. C'est à croire qu'il invente le matérialisme en ignorant qu'il en existait déjà une première formule chez les Anciens.

Pragmatique, Meslier n'a pas besoin de bibliothèque à commenter parce qu'il observe la nature, la vie, les gens, les animaux, le réel, le monde et qu'il tire des leçons de ce qu'il voit, expérimente. Son *Testament* est posthume, mais il est probablement écrit dans le premier quart du XVIIIe siècle. Il incarne une philosophie des Lumières avant toutes les autres : il accorde une confiance totale à la raison et à ses usages critiques; il opte pour la philosophie contre la religion; il critique les religions en général et le christianisme en particulier; il nie franchement l'existence de Dieu et démontre l'inexistence de cette fiction; il vomit le régime monarchique théocratique et invite à ce « que tous les nobles fussent pendus et étranglés avec les boyaux de prêtres »; il propose d'abolir la propriété et de réaliser le communisme dans les campagnes et envisage la propagation de cette révolution de façon internationale; il suggère de lutter contre les tyrans associés au clergé et, dans cet ordre d'idées, il fait l'éloge du tyrannicide ; il prend le parti des pauvres contre les riches ; il critique les gens de justice, et ce que l'on nommerait aujourd'hui l'« administration bureaucratique » ; il professe une sagesse pratique hédoniste, concrète : une morale de la pitié, une défense des animaux qui débouche sur les prémices du véganisme ; il est contre le mariage et pour une sexualité libre ; il critique le roi Louis XIV ; il soutient un matérialisme radical qui n'en est pas moins vitaliste – il parle de la « fermentation continuelle de l'être ».

Matérialiste, athée, révolutionnaire, communiste, internationaliste, végan, le curé Meslier sera pillé, copié, utilisé, rarement cité.

Voltaire publie un *Testament de J. Meslier* dans lequel il fait de ce curé athée un déiste, comme lui, il écarte sa critique de la monarchie, son éloge de la révolution, son communalisme libertaire, son matérialisme pour en faire un anticlérical déiste et libéral – ce qui s'avère une confiscation et un détournement, autrement dit : une véritable forfaiture intellectuelle ! Ce texte circule sous le manteau. On l'exploite sans rendre hommage ni à l'homme ni à l'œuvre. Diderot, La Mettrie, Helvétius, d'Holbach s'en servent comme d'une carrière de marbre pour construire leurs propres édifices philosophiques.

Ces philosophes illustrent la philosophie des Lumières dans sa partie la plus radicale. Elle contribuera, avec Voltaire et Rousseau, à la Révolution française dont l'effet européen fut, nul n'en disconvient, un séisme intellectuel et politique : la théocratie associée à la monarchie laissent en effet leur place à la république et à la philosophie. Dieu a décliné, la théologie s'est effacée, la religion a reculé, le ciel a perdu de son crédit, l'ici-bas s'en est trouvé réhabilité.

De fait, la laïcité est inventée non pas par les chrétiens, contrairement à ce qu'ils prétendent aujourd'hui faussement, mais par ceux qui, déistes ou mécréants, libres-penseurs ou francs-maçons, libéraux ou républicains, anticléricaux ou philosophes, ont combattu la religion et imposé, non sans luttes, qu'elle pèse moins. Le christianisme n'a pas créé la laïcité, il a bien été obligé d'y souscrire après de longues batailles.

*

Montaigne et la Renaissance post-théologique, Gassendi et les libertins érudits du Grand Siècle, Meslier et les matérialistes généalogistes de 1789, la philosophie française a également généré un autre courant oublié des histoires de la philosophie : celui des Idéologues que n'aimaient ni Chateaubriand ni Napoléon. On parle en effet assez peu de Cabanis, Destutt de Tracy, Volney, Laromiguière et quelques autres qui incarnent pourtant un moment fort de l'histoire des idées européennes.

On connaît surtout le sens que Marx a donné au mot « idéologie » avec son livre intitulé *L'Idéologie allemande.* Mais le terme dans son acception philosophique caractérise la science des idées.

Quant à la chose, elle nomme une démarche intellectuelle voltairienne issue du matérialisme d'une poignée de républicains libéraux. Les Idéologues expriment dans un langage clair la nécessité de réformer l'État par l'instruction publique. Ils revendiquent une philosophie française totalement indépendante de l'idéalisme allemand ou de la pensée anglaise. Ils n'ont rien à voir avec l'université – c'est aussi un marqueur de la philosophie française de ne pas se faire dans les institutions mais malgré elles…

Contre les fumées de la métaphysique, ils se soucient de la méthode et, une fois encore, c'est un trait d'esprit français qui remonte à Descartes et va jusqu'au Bachelard de *La Formation de l'esprit scientifique* (1938) en passant par le Claude Bernard de l'*Introduction à l'étude de la médecine expérimentale* (1865). Ils promeuvent les sciences humaines et travaillent sur des questions de méthodologie de l'histoire de la philologie, des sciences sociales, de la psychiatrie.

Des idéologues sort la positivité de la Révolution française. La plupart avaient la trentaine pendant la Terreur de 1793 et ont connu les affres de cette politique sanglante. Ils ont souhaité construire après la destruction. Mais, en France, on a plus souvent le souci des destructeurs que des constructeurs. D'où l'oubli dans lequel croupissent les Idéologues.

Aux côtés de ces acteurs concrets de la République, il faut mentionner la philosophie politique française du XIXe siècle. Certes, il y eut des contre-révolutionnaires – Joseph de Maistre, Antoine Blanc de Saint-Bonnet, Louis de Bonald. Ceux-là ont aussi honoré la ligne claire de la philosophie française.

Mais, en face, il y eut le Saint-Simon du *Système industriel* (1822) dont l'Europe de Maastricht procède par plus d'un point, notamment par la recherche d'un gouvernement des techniciens qui économisent les peuples; Pierre Leroux, auquel on doit le mot « socialisme » dès 1831; Étienne Cabet qui invente le communisme en 1840, bien avant Marx donc, avec une utopie racontée sur le mode littéraire dans son *Voyage en Icarie*; Proudhon auquel on doit la théorie de l'anarchie, qui est socialisme libertaire, avec *Qu'est-ce que la propriété ?* paru en 1840. Ou bien encore le *Système de politique positive* (1851-1854) d'Auguste Comte.

Il existe donc une antériorité de la philosophie politique française sur la construction européenne du socialisme, de l'anarchisme et du communisme. Dans un premier temps, celui de *La Sainte Famille* (1845), Marx célèbre Proudhon. Puis il lui demande d'être son correspondant à Paris. Devant le refus du Français qui souhaitait travailler à son œuvre propre et ne pas se mettre à son service, Marx va injurier et mépriser Proudhon dans *Misère de la philosophie* (1847), qui répondait à la *Philosophie de la misère* (1846) du premier. L'intellectuel hégélien urbain moque le fils de tonnelier bisontin issu des campagnes, incapable, selon lui, de comprendre la philosophie de Hegel.

Or, Proudhon a bien compris Hegel mais ne souscrit pas à son idéalisme forcené, à son amphigouri philosophant, à son jeu d'esprit conceptuel. Hegel enseigne la fin de l'histoire ; le progrès de l'Esprit, qui est la Raison, l'autre nom, chez lui qui est luthérien, du Dieu des déistes ou des protestants ; le rôle moteur de la dialectique qui suppose un temps affirmatif, un moment de négativité et un temps synthétique de réconciliation ; la violence accoucheuse de l'histoire…

L'hégélianisme de Marx, mais aussi des anarchistes Bakounine et Kropotkine, installe sa révolution sous le signe de l'Idéal. Sous le signe aussi du sang, de la violence, de la brutalité, des barbelés ou, pour le dire en un mot simple : du Goulag. Car la négativité hégélienne est le moment nécessaire à l'affirmation d'une nouvelle positivité. La chose peut être entendue quand il s'agit d'un propos issu de *La Logique*.

Mais, concrètement, cela donne une justification du négatif de ce qui advient dans la Révolution pour travailler à son avènement. Plus concrètement encore : la fin du communisme qui est réconciliation de l'humanité, abolition de la lutte des classes, disparition des inégalités sociales, réalisation de l'Homme Total, achèvement de l'histoire justifie les moyens que sont la police politique, les procès du Tribunal révolutionnaire, les persécutions, les déportations, les exécutions, le système concentrationnaire et, *in fine*, des millions de morts…

Le socialisme français sous ses formes libertaires est pratique, pragmatique, concret et sûrement pas idéaliste. Lui aussi se trouve rédigé dans une langue simple et claire. L'hégélianisme de Marx conduit au Goulag *via* cette religion de la négativité ; le pragmatisme du socialisme libertaire de Proudhon n'a fait couler aucune goutte de sang.

Pour prendre le *leadership* de la contestation du capitalisme en Europe, Marx a bourré les urnes lors des Internationales, il a calomnié les anarchistes, méprisé Proudhon, diffamé Bakounine qu'il a traité d'agent du tsar. Devenue laboratoire marxiste, la révolution russe de 1917 a intellectuellement écarté le socialisme français et l'on ne lit plus ses auteurs libertaires. Qui connaît Anselme Bellegarrigue, Sébastien Faure, Élisée Reclus, Jean Grave, Han Ryner, Zo d'Axa, Manuel Devaldès, Laurent Tailhade, A. Armand ou Marius Jacob, le modèle d'Arsène Lupin ? Quant à ceux qui n'ignorent pas les noms de Proudhon ou de Louise Michel, combien ont lu un seul de leurs livres ? Par exemple : *La Misère* de Louise Michel ? La plupart du temps un anarchiste est un terroriste ou un lanceur de bombes à la Ravachol. Mais *quid* alors de l'« anarchie positive » de Proudhon – à laquelle je souscris ?

*

Au début du XXe siècle, la philosophie française persiste dans la ligne claire. Retenons ce fait signifiant qu'en 1927 le *philosophe* Henri Bergson obtint le prix Nobel… de *littérature*! Malgré la complexité de ses analyses sur le temps et l'espace, la durée et la simultanéité, les relations entre la matière et la mémoire, l'étude des données immédiates de la conscience, celles qui concernent l'énergie spirituelle et l'élan vital, il a donné des analyses limpides tout en portant la langue française à un degré inégalé depuis le Grand Siècle.

Les choses se gâtent, je me répète, avec la fascination des philosophes français pour leurs homologues allemands qui, depuis Kant et son criticisme jusqu'à Heidegger et son ontologie phénoménologique en passant par l'idéalisme allemand de Hegel, Fichte et quelques autres, ont fait de la philosophie une discipline aux confins des glossolalies.

Victor Cousin, autre philosophe français d'importance au XIXe siècle, une vedette aux amphis pleins en son temps, un inconnu du nôtre, a travaillé à l'acclimatation de la philosophie de Hegel en France. Il a un jour raconté une anecdote savoureuse pour expliquer ce qu'était pour lui la philosophie allemande : il dit avoir compris la *Critique de la raison pure* de Kant un jour, en Allemagne, au restaurant, en voyant arriver à une table à côté de la sienne un vaste plat chargé de légumes et de décors surmontés d'une simple et modeste tranche de viande. En d'autres termes : tout ça pour ça…

Car, si l'on enlève les légumes hégéliens, les décorations conceptuelles, si l'on met à part un style déplorable que même son biographe qui a passé sa vie à répandre ses idées, Jacques D'Hondt, pointe comme avéré, la tranche de viande n'est rien d'autre que la théologie luthérienne habillée avec les beaux atours de l'idéalisme allemand… De *La Religion dans les limites de la simple raison* de Kant aux *Leçons sur la philosophie de l'histoire* de Hegel, rien n'abolit la philosophie chrétienne de la Providence. Au contraire : tout la conforte…

Dans les années 1930, ce qui se passe outre-Rhin fascine Saint-Germain-des-Prés. Cette fascination se poursuivra avec le structuralisme mis à mort par les structuralistes eux-mêmes après les années 1980. Foucault et Barthes reviennent au sujet, Derrida à la confession autobiographique, Althusser aux mémoires, Lacan meurt, Lévi-Strauss publie *Regarder écouter lire* en 1993 et, pour notre plus grand plaisir, raconte ses goûts personnels et n'exclut pas ses souvenirs… Finies, les structures toutes-puissantes ! Disparues ! Évanouies ! Évaporées dans le ciel des idées !

Dernière école philosophique française en date, les Nouveaux Philosophes. En 1977, avec *La Barbarie à visage humain*, Bernard-Henri Lévy entend clairement dépasser la génération structuraliste, marxiste, freudo-marxiste, lacanienne dans laquelle il a été formé. En 1985, Luc Ferry et Alain Renaut publient

La Pensée 68 pour régler leur compte à ce que l'on appelle désormais la «*French Theory*» – Deleuze et Guattari, Foucault, Bourdieu. Luc Ferry, qui clame partout qu'il était gaulliste en Mai 68, a oublié que, pour une collection marxiste dirigée par Miguel Abensour, il présentait et traduisait encore la *Théorie critique* de Max Horkheimer en 1978, un philosophe marxiste de l'école de Francfort – Luc Ferry était probablement un gaulliste de gauche…

Sur la forme, les Nouveaux Philosophes première manière, BHL & Cie, et seconde manière, Luc Ferry & Cie, ont réhabilité la ligne claire française. Sur le fond, ils ont travaillé à la destruction de la gauche au profit d'un libéralisme postnational qui fait du marché l'horizon indépassable. Le monde tel qu'il est aujourd'hui doit beaucoup à leur travail depuis un quart de siècle.

Nous en sommes là…

3

PENSER LA CIVILISATION

RACE DE CAÏN, RACE D'ABEL

Il existe dans la Bible au moins deux moments qui permettent de penser l'éternelle question de l'immigration : d'abord le meurtre d'Abel par Caïn, ensuite l'allégorie de la tour de Babel. Ces deux histoires ne se trouvent pas par hasard dans la Genèse, le livre de toutes les généalogies de notre civilisation judéo-chrétienne. Sur la dialectique entre nomadisme et sédentarité ou les relations entre la ville tentaculaire et la confusion civilisationnelle, on lira avec bénéfice ces pages communes au judaïsme. On peut ensuite envisager la babélisation du monde, autrement dit sa créolisation, d'une façon lumineuse.

Sur la créolisation, que l'on doit au poète martiniquais Édouard Glissant – qui affirme dans *Introduction à une poétique du divers* que « le monde se créolise, c'est-à-dire que les cultures du monde mises en contact de manière foudroyante et absolument consciente aujourd'hui les unes avec les autres se changent en s'échangeant à travers des heurts irrémissibles, des guerres sans pitié mais aussi des avancées de conscience et d'espoir qui permettent de dire – sans qu'on soit utopiste, ou plutôt, en acceptant de l'être – que les humanités d'aujourd'hui abandonnent difficilement quelque chose à quoi elles s'obstinaient depuis longtemps, à savoir que l'identité d'un être n'est valable et reconnaissable que si elle est exclusive de l'identité de tous les autres êtres possibles. Et c'est cette mutation douloureuse de la pensée humaine que je voudrais dépister avec vous » – je renvois le lecteur à mon livre *L'Art d'être français* (Lettre 9, « Sur la créolisation »).

1

D'abord l'histoire de Caïn et Abel.

Cette aventure arrive juste après qu'Adam et Ève ont été chassés du paradis pour avoir osé goûter du fruit de l'arbre de la connaissance dont l'usage leur avait été interdit par Dieu : ils ont voulu savoir et comprendre plutôt que croire et obéir, Dieu les a punis…

Caïn et Abel sont les deux enfants d'Adam et Ève après qu'ils eurent été maudits. Le texte dit : « Abel fut berger, tandis que Caïn cultiva le sol » (4.2) – autrement dit : le premier (le second venu) est nomade, le second, fils aîné, sédentaire. Abel est l'ancêtre des migrants, Caïn celui des nés natifs – si l'on me permet cette expression. Le premier n'a pas de terre, il n'est pas enraciné, il ignore le sens du sol, il va et vient en fonction de son troupeau qu'il conduit là où la terre se trouve la plus riche afin de le nourrir ; le second habite un territoire qu'il cultive, il a des racines, il possède ce que Nietzsche nomme le « sens de la terre ». Caïn est d'ici ; Abel de nulle part, donc d'ailleurs et de partout. L'un est *somewhere*, l'autre, d'*anywhere*, comme on dit aujourd'hui.

La généalogie de la rivalité se trouve dans le caprice de Dieu – or, le caprice, voilà qui définit Dieu : il fait, dit et veut ce qu'il veut, quand il veut, comme il veut, sans avoir besoin de donner ses raisons à qui que ce soit… Il est la puissance et la puissance n'est jamais autant elle-même que quand elle se manifeste sans autre raison qu'elle-même.

Voilà pour quelle raison, quand Caïn offre à Dieu les fruits de la terre et Abel ses agneaux bien gras, Dieu manifeste clairement sa préférence pour Abel, ce qui déclenche la colère de Caïn.

On peut imaginer que Caïn dépasse la tradition en offrant le produit de son travail, les fameux « fruits du sol », alors qu'Abel l'illustre en procédant à la façon de l'époque qui veut qu'on offre aux dieux des animaux pour un sacrifice dans lequel on brûlera la graisse et les os, parce que les parfums leur sont agréables, pendant que les hommes se réserveront la consommation de la chair, ce qui permet de réunir l'utile du sacrifice et l'agréable du banquet… Dieu punirait alors l'affranchissement de la tradition et bénirait la coutume.

Devant la colère de Caïn, Dieu l'exhorte à contenir sa passion, à refréner sa jalousie, à Lui obéir. Mais le fils aîné ne l'entend pas de la sorte et tue son frère. Dieu maudit le premier meurtrier : « Errant et fugitif tu seras sur la terre » (4.12). Condamné à l'exil, donc au nomadisme lui aussi, Caïn craint qu'on le tue ; Dieu le marque d'un signe pour qu'il n'en soit rien, il ne sera pas exécuté. Il se marie, a un enfant et met fin à son exil, à son nomadisme, à son errance, en créant une ville qui porte le nom de son fils : Hénoch. Selon le récit biblique, voilà donc la première ville de l'histoire de l'humanité. Caïn, à qui on doit l'origine de l'architecture et de l'urbanisme, donne aussi naissance à une génération qui invente la musique, le tissage et la forge. Adam eut à nouveau un enfant pour remplacer Abel, Seth.

On l'imagine, ce récit a donné lieu à de multiples interprétations ! Je ne les connais pas toutes, bien sûr, c'est une encyclopédie vieille de plus de deux mille ans, mais je propose celle-ci, qui existe peut-être déjà quelque part – car personne n'invente jamais rien…

Adam et Ève ont été créés par Dieu : Adam à partir d'une terre animée par son souffle, Ève avec l'une des côtes de son compagnon. Caïn et Abel n'ont pas été créés par Dieu mais par des humains déchus. Comment le fils aîné d'un couple maudit pourrait-il échapper lui aussi à la malédiction ? Cet anathème qui prend la forme d'un fratricide concerne le premier homme créé par des humains.

Il touche Caïn qui tue et Abel qui est tué. Mais la descendance de Caïn, la nôtre, produit la civilisation. L'un de ses fils, Yubal, est l'ancêtre des musiciens, un autre, Toubal, celui de la maîtrise des métaux par le feu, Hénoch celui des villes, Nahama invente le tissage…

Résumons : Caïn, fils aîné d'Adam et Ève, tue son frère cadet Abel parce que Dieu a préféré son offrande classique, des agneaux, à celle de son frère, inédite : des fruits et des légumes de la terre. Caïn est l'enraciné, le paysan, l'éleveur, le cultivateur. Exilé, nomade, errant, il met fin à son errance en se fixant dans une cité dont il invente le principe. Abel est le pasteur qui plante sa tente un soir et la plie le lendemain pour quitter le lieu où il était parce que son troupeau doit chaque jour brouter une herbe fraîche. Le paysan Caïn est l'homme de l'histoire; le berger Abel celui de la géographie. Et Dieu choisit l'histoire – il a raison, car, sinon, rien n'aurait été possible pour lui…

Ce qui se joue dans cette allégorie, c'est la relation entre le nomade et le pasteur, entre l'homme d'un lieu, d'un sol, d'une terre et celui d'un espace, d'un territoire, d'une étendue. Caïn est un point, Abel une surface. L'un rend possible la puissance de la civilisation, l'autre perpétue la tradition. Avec Caïn, le monde peut être, se développer, durer; avec Abel, il serait condamné à se répéter. En faisant tuer Abel par son frère, Dieu prend le parti de Caïn. Il peut ainsi s'inscrire dans l'histoire.

Une civilisation produite par Abel aurait ressemblé à celle du désert et de l'islam des origines.

Cette histoire originaire fait du couple nomade et sédentaire un archétype de l'intersubjectivité sociale : du côté des nomades, on trouve les exilés, les vagabonds, les mendiants, les chemineaux, les émigrés, les expatriés, les fugitifs, les proscrits, les bannis, les relégués, les apatrides, les voyageurs, les romanichels, les cosmopolites, les comédiens, mais également les Juifs, qu'on songe à la légende du Juif errant puni depuis deux mille ans, dit-on, pour n'avoir pas donné à boire à Jésus lors de l'ascension du Golgotha; les sédentaires sont les paysans, les agriculteurs, les éleveurs, les maraîchers, les jardiniers, les laboureurs, les ruraux, les campagnards, les provinciaux, les pêcheurs; entre les deux: l'animosité de l'enraciné qui voit le déraciné venir chez lui comme une menace, celle du villageois qui craint le romanichel assimilé à un voleur de ses poules, celle du campagnard qui envisage le voyageur, le chemineau, le vagabond comme autant de menaces pour ses biens, celle du défenseur des clôtures et des frontières qui fait du cosmopolite un ennemi, celle du catholique attaché au clocher de son église qui transforme le Juif, jadis condamné comme déicide, en menace pour son identité locale, régionale, nationale, civilisationnelle.

L'éthologie permet de conceptualiser la chose, elle fournit une généalogie de ces passions tristes. On sait au moins depuis *L'Origine des espèces* (1859), et plus précisément avec *La Filiation de l'homme* (1871) de Darwin, que le mammifère humain est un animal de territoire et que le marquage constitue l'alpha et l'oméga de son activité... Le sédentaire dispose d'un territoire, c'est celui de son habitat – le fameux *habiter* heideggérien –, celui de ses ancêtres et de ses morts, le cimetière, celui de ses commerces, de ses lieux de fêtes, de cérémonies, de sacré, de prière. C'étaient, jadis, dans le village traditionnel : les maisons d'habitation, les commerces essentiels du boulanger, de l'épicier, du boucher, du charcutier, du bistrotier, c'étaient, non moins essentiels, pour la République, la mairie, l'école, le monument aux morts, mais également : la salle des fêtes, le jardin public, la place, c'étaient l'église et le cimetière, autant de lieux habités ou occupés, y compris par les défunts, c'est-à-dire : marqués. Caïn le paysan est un animal de territoire, une bête de terrier.

Abel le pâtre est un animal déterritorialisé. Il annonce ceux qui arrivent dans le village et qu'on regarde d'un mauvais œil : l'étranger, le rémouleur, le forain, le romanichel, le voyageur de commerce, le marcheur... Aux yeux du sédentaire, le nomade est une menace : il apporte le mouvement, la dynamique, les fluides, les échanges, les flux dans un petit monde où l'on chérit plus que tout l'ordre, la répétition, la paix du chaque chose à sa place. Abel et ses lointains petits-enfants menacent le groupe avec une *extravagance*, au sens étymologique, qui met en péril la tradition.

Or, cette menace, ou cette crainte de menace, génère une peur chez tout animal de territoire – voilà la généalogie de toute xénophobie. Et cette peur active animalement, donc naturellement, et *vice versa*, des mécanismes de défense : mise en alerte, déclenchement des instincts de protection les plus primitifs, les cinq sens sont exploités à leur maximum, le sédentaire regarde, écoute, renifle le nomade. Il épie, il guette, il surveille, il fait le guet. Il associe la plupart du temps la puanteur de l'animal à celui qu'il craint. Kant, Hegel et Schopenhauer, tout philosophes qu'ils soient, entretiennent dans leurs livres les plus sérieux de la mauvaise odeur des Juifs et des Nègres, c'est également celle des pauvres, des vagabonds ou des mendiants – les anciens clochards devenus sans domicile fixe, puis SDF, l'acronyme étant une bonne occasion de laisser croire qu'on a fait disparaître la chose en abolissant le mot…

Il existe dans tout groupe des hiérarchies établies après marquages de territoires. Celles-ci ont nécessité des combats, des affrontements, des oppositions, des luttes réelles ou symboliques, physiques ou allégoriques, à l'issue desquelles chacun occupe une place. Le sédentaire obéit à la loi des plus forts qui doivent leur force à la puissance, au lignage, à l'argent, à la ruse, à la tradition, au nombre.

S'il fallait un modèle réduit de cette structuration éthologique de la société, ce serait la mafia : un parrain, sa garde prétorienne armée sans foi ni loi qui préserve le mâle dominant et sa famille, un territoire conquis par la violence, mort comprise, une mainmise sur tout ce qui circule dans cet espace, argent, femmes, drogue, alcool, nourriture, autrement dit le carburant de la vie, de toute vie – la vie la plus sauvage…

Sous le règne du sédentaire, la fameuse « Race de Caïn » de Baudelaire, tout *étranger* s'avère une menace pour l'ordre établi. Il est un mâle dominant potentiel qui arrive dans la horde, le troupeau, la tribu. Il faut donc épier les moindres faits et gestes de cette puissance inquiétante. La « Race d'Abel », quant à elle, celle des pasteurs sans domicile fixe, porte avec elle un ferment potentiel de décomposition sociale.

Tant que l'on n'aura pas démontré que Darwin se trompe et que nous ne sommes pas des mammifères territoriaux, la réalité, hélas, sera celle-ci : les descendants de Caïn le paysan sédentaire n'auront de cesse d'empêcher la domination et l'empire de la parentèle de leur frère nomade le berger Abel. Mais, revers de la médaille, les fils et filles d'Abel, informés par l'histoire de leur grand ancêtre, feront des caïnites, nommons-les comme ça, leurs ennemis héréditaires.

Les enracinés et les déracinés n'habitent pas mêmement la terre, car ils n'habitent pas la même terre. Sauf à déraciner les enracinés pour les contraindre à habiter un même monde urbain, la malédiction régnera sans fin entre les hommes enracinés et les déracinés.

2

Venons-en à l'histoire de la tour de Babel.

On en trouve la narration dans la même Genèse. La plupart du temps, on fait de ce récit le support à une réflexion sur l'origine des langues. Ce n'est pas complètement faux, mais la généalogie divine du langage ne satisfait que les théologiens, les croyants, pas au-delà… Sûrement pas les linguistes, encore moins les philosophes rationalistes.

Outre cette question de l'origine des langues, je vois bien plutôt dans ce passage de la Bible une méditation sur le caractère toxique des villes, autrement dit : sur le poison de l'entassement des hommes dans une même surface restreinte.

Allons au texte.

Les hommes parlaient une seule et même langue quand ils se sont mis en tête de construire en plein désert une tour allant jusqu'aux cieux. Ces hommes étaient nomades et venaient de l'Orient, ce qui correspond à l'est d'Éden – où Caïn a été envoyé en exil…

La raison de cette ville ? « Pour se faire un nom » (11.4), proclament les bâtisseurs. Qu'est-ce que vouloir se faire un nom si ce n'est l'inscrire dans l'éternité, ce qui est proprement menacer Dieu qui s'en réserve la jouissance ? Il ne s'y trompe pas et, voyant le péché d'orgueil qu'il avait déconseillé à Caïn, il se met à son tour en colère…

Pour punir les hommes, car Dieu punit beaucoup, c'est d'ailleurs à ça qu'on le reconnaît, il décrète la confusion des langues afin que plus personne ne puisse comprendre les ordres donnés sur le chantier, ce qui interdit la construction d'un projet commun… Puis il éparpille les hommes («Yahvé les dispersa à la surface de toute la Terre» 11.18), ce qui est une façon d'inventer la diaspora, l'exil, les migrations, donc le migrant, l'immigré, l'émigrant.

En dix versets, la Bible propose donc sa généalogie de la ville, l'orgueil des hommes, et, dans la foulée, sa critique de ceux-ci accompagnés de deux malédictions : la fin d'un langage unique et la confusion des langues, puis la malédiction qui consiste à transformer un peuple uni par la même langue en peuples éparpillés incapables de se comprendre.

La lecture de cette allégorie comme une détestation divine des villes pensées en lieux de la dépravation n'est pas courante. Pas plus qu'avec les commentaires de Caïn, je n'ai lu la totalité de ce qui s'est écrit sur ce sujet, mais il m'est avis que les glosateurs, qui sont souvent gens des villes (du moins ils sont rarement gens des champs et, s'ils l'ont été un jour, ils ne le demeurent pas, car ils vont se cultiver après de professeurs, dans des écoles où se trouvent des bibliothèques, donc dans les cités), n'en diront pas du mal. La déliaison entre gens de savoir et gens de la campagne est une malédiction pour le savoir – pas forcément pour les campagnes…

Dieu est conservateur ! Il aime donc la tradition pastorale associée aux sacrifices animaux en même temps, c'est logique, qu'il ne goûte pas particulièrement les cités, les agglomérations, les villes que l'on doit à Caïn, d'une certaine manière le patron des architectes. Elles sont des lieux de perdition, voyez Babylone, Sodome ou Gomorrhe. Abel vivant, il n'eût pas construit la première ville, il aurait continué à vivre sous sa tente dépliée le soir et repliée le matin avant le départ des moutons.

De la même manière qu'on peut effectuer une lecture éthologique de l'histoire de Caïn et Abel (les sédentaires territorialisés redoutent *a priori* le nomade déterritorialisé qui met en péril leur territoire), on peut mobiliser ces mêmes catégories pour expliquer l'allégorie de Babel (la concentration de nomades sédentarisés dans les villes s'avère toxique).

On a hélas beaucoup oublié les travaux d'Henri Laborit qu'Alain Resnais avait en son temps génialement cinématographiés dans *Mon oncle d'Amérique* (1980).

Laborit était un scientifique qui philosophait et popularisait, au bon sens du terme, l'éthologie. Il expliquait par exemple comment se comporte un mammifère, un humain donc, une fois soumis à une situation de stress : soit il peut fuir (l'un de ses livres a pour titre *Éloge de la fuite*), alors tout se passe bien ; soit il ne le peut pas, il existe dans ce cas deux hypothèses : *seul,* il somatise et déclenche toutes les maladies possibles et imaginables – cardiovasculaires, cancéreuses, dermatologiques, AVC, ulcères à l'estomac, dépressions, insomnies, etc. ;

accompagné par un rat ou plusieurs, il agresse son prochain qui ne lui a rien fait, le mord, le griffe, le blesse et, au prix de cette violence, il évite la somatisation…

Pour illustrer ces thèses à l'écran, Laborit a savamment construit son film – que j'ai vu des dizaines de fois avec mes élèves quand j'étais professeur dans un lycée technique, ce qui m'a permis d'en mesurer l'ingénieuse et géniale complexité architectonique… – en blocs dans lesquels s'insèrent d'autres blocs, les blocs se répétant sur un mode contrapuntique. Dans l'un d'entre eux, les personnages du film incarnés par de grands noms du cinéma que l'on voyait dans un autre bloc, apparaissent avec leurs corps, leurs costumes, mais avec un masque de rat en lieu et place du visage. Mis en scène dans des situations de stress, ils étaient montrés y échappant, ce qui assurait leur équilibre, ou ne pouvant y échapper, autrement dit : somatisant ou bien encore agressant leurs congénères innocents.

Resnais et Laborit présentent la genèse éthologique de la violence : elle ne vient pas de n'importe où, elle n'est pas l'effet du péché originel, elle n'est pas l'étrange produit d'un non moins étrange « mal radical » kantien ou d'une « pulsion de mort » freudienne, elle surgit quand, dans le territoire, les mammifères que nous sommes se trouvent soumis à un stress auquel ils ne peuvent échapper par la fuite.

Un pays est un territoire, de même dans le cas d'un village ou d'un continent ; l'immigration qui met en péril son partage et son occupation traditionnelle constitue un stress identitaire. Que faire de ce stress ? Le nier n'a aucun sens, c'est se mettre la tête dans le sable. Le réel n'a pas de double ni de contraire, c'est d'ailleurs sa définition.

Reprenons Laborit.

La *fuite* n'est pas possible – on ne quitte pas son pays sous prétexte que d'autres y entrent.

La *somatisation* est pensable : des pathologies sociales existent sur le même principe que les pathologies individuelles. Une société peut connaître les affres de la maladie : un cancer qui la ronge tout autant qu'une névrose ou une psychose qui la ravagent, un infarctus qui la menace, sinon un AVC qui l'a abîmée – le totalitarisme, le nihilisme, l'égotisme, le relativisme…

L'*agressivité* est inévitable. Et l'on se dispensera ici de lister dans le détail ce qui, de l'incivilité la plus banale au terrorisme le plus sanglant, en passant par les affres du communautarisme ou dudit séparatisme, sans oublier la délinquance ordinaire, témoigne en faveur de cette thèse. Ceux qui se trouvent nommés les « territoires perdus de la République » ne le sont pas que pour la République, ils le sont aussi et surtout pour les valeurs humanistes de la civilisation judéo-chrétienne.

On peut aussi penser que le stress est évitable. Ni fuite, ni somatisation, ni agressivité, mais force de la maîtrise et maîtrise de la force : on peut vouloir en effet apprivoiser puis dompter ce qui nous menace en préservant ce qui nous préserve, *notre civilisation.* On peut en effet la constater, la connaître, la vouloir, l'aimer, la défendre et ne pas tenir pour rien Montaigne et Gesualdo, Galilée et Descartes, Dom Pérignon, Corneille et Le Brun, Voltaire et Mozart, Swift et Rubens, Nietzsche et Dostoïevski, Pasteur et Leopardi, Antonin Carême et de Gaulle…

Ce stress identitaire de qui voit son monde en péril concerne des mammifères inquiétés dans leur être. L'étranger est indépendant de sa couleur de peau, de sa nationalité, de sa religion, de son sexe, de ses opinons, de son âge, de son passé : ce qui inquiète en lui, c'est justement son étrangeté qui fait craindre une menace pour le projet de tout vivant qui veut *être et persévérer dans son être.* En deux millénaires, le judéo-christianisme a produit une identité dans le sang, la sueur, les larmes, dans son être et sa façon de persévérer dans son être avec sa mise en cause, son dépassement et sa contradiction ayant généré sa plasticité après la Renaissance et les Lumières : vouloir franchement la permanence de cette identité n'est pas un vain projet.

En cette fin de civilisation judéo-chrétienne, le stress recouvre la zone géographique de notre espace spirituel : l'Europe géographique. Depuis un demi-siècle, les habitants de ce territoire voient en effet arriver massivement non pas des individus issus d'une même civilisation, des Italiens et des

Polonais, des Portugais et des Grecs, des Danois et des Allemands, des Anglais et des Finlandais, des Russes et des Roumains, comme ce fut le cas au XIXe et au XXe siècle, mais des personnes qui, venues d'autres zones culturelles, apportent avec elles une autre civilisation sans avoir le projet d'en changer pour adopter celle de l'hôte qui les accueille. L'immigration intra-européenne est homogène d'un point de vue civilisationnel : elle ne pose aucun problème. Une personne qui arrive d'une même civilisation, fût-elle extra-européenne, pourvu qu'elle soit judéo-chrétienne, je songe par exemple aux Australiens, aux Néo-Zélandais, aux Américains des deux Amériques, s'avère une richesse pour la civilisation, une énergie, une force, une puissance de congruence.

Le cas de l'immigration massive, donc non raisonnée, sinon déraisonnable, qui fait affluer dans le grand corps malade d'une civilisation judéo-chrétienne bien abîmée quantité de personnes n'ayant pas le projet de changer de valeurs pour épouser celles du continent qui les accueille mais qui revendiquent en revanche d'imposer leur mode de vie à ceux qui les accueillent, voilà qui pose un problème.

Par ailleurs, il existe des civilisations qui ne se construisent pas dans le désir d'en détruire une autre ou d'autres, sinon les autres. Si l'islam politique ne fait pas mystère de son universalisme anti-judéo-chrétien et, en vertu du principe coranique

que « le paradis est à l'ombre des épées », de son choix des armes pour imposer sa loi, le continent asiatique, hindouiste ou bouddhiste, sinon confucéen ou shintoïste, animiste, ne se pose pas, lui, en civilisation remontée contre l'Europe judéo-chrétienne, ni en civilisation alternative, de remplacement, mais en civilisation pacifique qui ne demande pas l'hospitalité pour prendre possession de la maison qui l'accueille, mais pour y vivre non sans respecter ses lois propres, ses us et coutumes, ses traditions, sa langue, mais dans le cadre républicain français. Si le communautarisme n'est certes pas la solution qui reste l'assimilation, il l'est bien plus que le séparatisme qui refuse l'assimilation de l'étranger en France avec agressivité et véhémence et souhaite en revanche celle de la France dans le monde de sa culture, sinon dans sa civilisation – je parle de l'islam politique, rappelons-le, et pas de l'islam comme religion privée. La France se fait de qui veut la faire, étrangers compris bien sûr; elle se défait de qui refuse de la faire, pas seulement les étrangers.

Ça n'est donc pas l'immigration qui pose un problème en tant que telle, *essentialisée*, et qui serait soit une chance, si l'on en croit la « gauche », soit une malédiction, si l'on écoute la « droite », car, *historicisée*, l'immigration est une chance quand elle permet de faire être et persévérer dans son être une civilisation, mais une malédiction quand elle travaille à détruire cette civilisation dans son être et sa durée.

On peut, comme c'est mon cas, préférer la *liberté* à la servitude et à la soumission, l'*égalité* à l'inégalitarisme ontologique, par exemple entre hommes et femmes, croyants et mécréants, musulmans et infidèles, hétérosexuels et homosexuels, la *fraternité* universelle au patriarcat tribal, la *laïcité* à la domination du clergé d'une religion dans le quotidien de la vie, le *féminisme* à la toute-puissance phallocentrique, le *rationalisme* à la soumission aux articles de foi, l'*humour* et l'*ironie* de Rabelais et Voltaire au sérieux des ministres d'un Dieu.

Je ne veux pas d'une civilisation construite sur des valeurs qui ne sont pas les miennes : la servitude, l'inégalité entre les sexes et les sexualités, la séparation et l'opposition belliqueuse entre les coreligionnaires et les autres, la domination des hommes sur les femmes, des pères sur leurs filles, des frères sur leurs sœurs, la soumission aux diktats religieux, le refus du rationalisme – autrement dit, je ne souscris pas à une culture qu'au XVIIIe siècle on nommait les anti-Lumières. Cette civilisation qu'on nous propose, nous en venons après nous en être arrachés : y aller, ce serait un regrès mais nullement un progrès.

4

DÉSURBANISER L'ÉCOLOGIE

1

ADIEU À LA RAISON
La menace de Sparte

L'écologie est un mot récent, on connaît sa date de naissance, 1866, et son créateur, Ernst Haeckel, un biologiste philosophe qui définissait ainsi une « science qui étudie les milieux où vivent et se reproduisent les êtres vivants, ainsi que les rapports de ces êtres avec le milieu ». La chose n'est guère plus récente, car un signifié précède souvent de peu son signifiant. Il faut attendre les ravages de la planète par la révolution industrielle conjuguée à la technique libérée de tout usage éthique dans les domines civils et militaires pour obtenir une véritable conscience écologique politique.

Le XXe siècle a inventé les moyens d'effacer toute vie sur la surface de la planète avec la bombe atomique. On parle assez peu des effets ontologiques de la création d'une arme nucléaire et de son double essai à Hiroshima et Nagasaki. Pour la première fois dans l'histoire de l'humanité, les hommes se sont offert, avec force génie scientifique, les moyens de se suicider collectivement et se sont comportés comme des enfants jouant avec des allumettes dans un magasin à poudre.

Outre cette bombe atomique, il y eut également des bombes au napalm qui, certains le prétendent, auraient été utilisées pour la première fois par les Américains en Normandie dans les semaines qui ont suivi le débarquement du 6 juin 1944. On sait qu'ensuite cet armement qui incendiait les hommes, les bêtes et les forêts où se cachaient les Vietnamiens a été utilisé avec la même désinvolture écologique.

Le productivisme qui fut l'horizon indépassable de la gauche et de la droite pendant des dizaines d'années, du marxisme-léninisme au national-socialisme, le natalisme, une idéologie également partagée par les mêmes, ont l'un et l'autre contribué à épuiser la planète et à faire naître un sentiment écologique.

Le nucléaire civil fut aussi de la partie : l'explosion de la centrale atomique soviétique de Tchernobyl a moins généré dans le grand public et chez un grand nombre d'intellectuels une critique de l'impéritie soviétique qu'une condamnation du nucléaire dans l'absolu.

Enfin, un certain nombre de catastrophes industrielles, comme des naufrages de pétroliers, qu'on songe au *Torrey Canyon* en 1967, à l'*Amoco Cadiz* en 1978, à l'*Exxon Valdez* en 1989 ou à l'*Erika* en 1999, ont achevé de convaincre les peuples du péril que le cynisme marchand fait courir à la nature.

En Allemagne, Günter Anders, Karl Jaspers ou Hans Jonas abordent politiquement la question écologique. Anders publie *L'Obsolescence de l'homme* en 1956, Jaspers *La Bombe atomique et l'avenir de l'homme* en 1963 et Jonas *Le Principe responsabilité : une éthique pour la civilisation technologique* en 1979.

La France philosophante se montre à la traîne : côté thuriféraires de l'écologie, Félix Guattari, qui a adhéré aux Verts en 1985, publie ses *Trois écologies* en 1989 ; Michel Serres fait paraître son planant *Contrat naturel* en 1990. Côté critique, et plutôt critique féroce, Luc Ferry publie son *Nouvel Ordre écologique* en 1992, et Pascal Bruckner *Le Fanatisme de l'Apocalypse. Sauver la terre, punir l'homme* en 2011.

La pensée écologiste dispose d'une bible, elle est allemande. Il s'agit du *Principe responsabilité* de Hans Jonas (1903-1993). Le philosophe âgé de soixante-dix ans constate que ni le communisme ni le capitalisme n'ont pris en charge la question du destin de la planète. Au contraire, ces deux idéologies productivistes ont largement contribué à la détruire. La social-démocratie n'a pas fait mieux pour la bonne et simple raison que ce régime politique se trouve dans l'incapacité d'agir autrement qu'en regard des échéances électorales qui reviennent souvent et régulièrement. Pour cela, il lui faut faire assaut d'une démagogie auprès des citoyens pensés comme des électeurs qui ne permet pas de traiter véritablement et radicalement le problème. Empêcher le saccage de la nature suppose en effet de prendre des mesures drastiques et impopulaires.

Hans Jonas est un penseur juif disciple... de Martin Heidegger. En bon théiste, il croit que Dieu a créé le monde. Sur la fin de son existence, il prendra des distances avec cette foi du charbonnier pour lui préférer une célébration de la sagesse des prophètes de la Torah. L'éthique de Jonas repose sur des fondations théologiques. On se doute bien que la Raison n'est pas son amie, ni même la philosophie des Lumières...

Quel est l'idéal de Jonas ? Une « nouvelle ascèse » pour sauver la planète. Quelle est sa méthode ? Ce qu'il nomme « une heuristique de la peur ». Qu'est-ce à dire ? Non pas raisonner, instruire, éclairer, argumenter, débattre, penser, réfléchir, examiner, disputer, mais *faire peur* – c'est le sens de cette formule pour philosophe. Il ne souhaite pas convaincre, persuader, construire un raisonnement à même d'emporter l'avis d'autrui, non, surtout pas, il veut effrayer, effaroucher, émouvoir, inquiéter, terrifier, la gravité de la situation l'exige. L'émotion en lieu et place de la raison ? De Nicolas Hulot à Greta Thunberg en passant par Al Gore et Yann Arthus-Bertrand, chacun reconnaît la méthode des écologistes.

Hans Jonas est un philosophe sinon conservateur, du moins réactionnaire. Il fustige le projet annoncé par Descartes dans son *Discours de la méthode* de « se rendre comme maître et possesseur de la nature ». Il associe à sa réprobation le philosophe Francis

Bacon dont le scientisme a produit les ravages de la nature, la dilapidation des ressources naturelles, la pollution de la planète, l'affolement de la production, le consumérisme débridé, l'hédonisme généralisé, le matérialisme adoubé, la technique emballée, la folie prométhéenne déchaînée. Jonas annonce et prophétise des génocides, des guerres, des cataclysmes. Seule une éthique pourra stopper cette folie. Laquelle ? Une éthique de la responsabilité.

Comment appliquer cette éthique ? Hans Jonas qui ne croit pas à la raison ne manifeste pas plus de dilection pour la démocratie. Il ne porte pas dans son cœur la discussion, le débat, la délibération, l'élection et autres pratiques associées au fonctionnement démocratique. Ce ne sont pour lui que procrastinations qui entravent l'action politique exigée par l'urgence écologique. Le penseur tourne le dos à la rationalité des Lumières au profit de la prophétie biblique. Il effraie, tonne et maudit, il effarouche, peste et angoisse, il affole, terrifie, inquiète, il menace.

Jonas assoit son discours sur un postulat. On eût préféré une démonstration. Il affirme en effet que tout le monde a des enfants et tient plus que tout à eux. Il ajoute qu'engendrer est une obligation éthique sans imaginer une seule seconde que ce puisse être un choix et qu'on puisse s'y soustraire en ne souhaitant pas procréer – après tout, cesser de faire des enfants serait une bonne méthode pour économiser la planète ! Bonne et très efficace.

Le philosophe affirme également, mais une fois encore sans le démontrer, que l'enfant oblige ses géniteurs à lui procurer les moyens de son être et de sa persévérance dans son être sous forme de nourritures spirituelles, affectives et matérielles. Si les besoins matériels sont la plupart du temps faciles à satisfaire, que dire des besoins spirituels et affectifs ?

Jonas n'est pas sot… Il va au-devant des remarques qui pourraient lui être faites par des lecteurs qui apporteraient quantité de preuves du caractère péremptoire de ces affirmations qui relèvent plus d'une construction idéologique que de vérités constatables. Il est en effet facile de contester la validité empirique de telles assertions et de constater que le penseur prend ici ses désirs pour la réalité.

Cette rhétorique qui est aussi une sophistique a généré l'un des arguments du militantisme écologique : il nous faudrait prendre soin de la planète que nous léguons à nos enfants et aux générations futures ! La propagande qui utilise la publicité montre *ad nauseam* des adultes tancés par des enfants qui leur font remarquer qu'ils font du mal à la planète en laissant couler leurs robinets, en ne mangeant pas écoresponsable, en lavant leurs voitures, en utilisant des dosettes de café non biodégradables, etc. La transformation de Greta Thunberg en égérie de cette heuristique procède de ces extrapolations.

Sans plus de souci de démontrer, Jonas glisse du père de famille au chef de l'État ! Le premier serait à sa famille ce que le second est à ses sujets... Pareille pensée semble inconcevable après que la théocratie a été abolie, qui faisait du roi le père de ses sujets entendus comme ses enfants, puis remplacée par la république qui fait du contrat social la base d'une société de citoyens constitués en souverains et non en enfants ! Pour Hans Jonas, la Révolution française n'a jamais eu lieu...

Le Père et le Chef de l'État sont obligés par le principe de responsabilité, car ils ont en charge l'avenir de leurs protégés. Jonas écrit : « Nous vivons dans une situation apocalyptique, c'est-à-dire dans l'imminence d'une catastrophe universelle, au cas où nous laisserions les choses actuelles poursuivre leur cours. » Voilà pour quelle raison le philosophe propose « la suprême obligation de la conservation ». L'écologisme s'avère bel et bien un conservatisme.

Toutefois, ce conservatisme paraît d'un genre particulier puisque Jonas en appelle au marxisme pour le réaliser ! Il effectue un droit d'inventaire à l'endroit de la pensée de Marx. Par exemple, dans le marxisme, il ne souscrit ni au prophétisme, ni au messianisme, ni à l'eschatologie, ni à la religion du progrès couplée à celle de la technique, ni au positivisme scientiste, ni au caractère utopique d'une société un jour débarrassée de toutes ses contradictions.

En revanche, il voit d'un très bon œil la dictature du prolétariat pour imposer les mesures nécessaires au salut de la planète ! Il estime que le peuple croupit dans un consumérisme hédoniste avachi et que les mesures d'ascèse, de frugalité, d'austérité rendues nécessaires par la situation dramatique obligent à écarter toute solution démocratique.

L'Archipel du Goulag de Soljenitsyne paraît en 1979, nonobstant cela, Hans Jonas écrit la même année : «Puisque la tyrannie communiste existe déjà et qu'elle fournit pour ainsi dire une première, et pour l'heure une unique proposition, nous pouvons dire que du point de vue de la technique du *pouvoir* elle paraît être mieux capable de réaliser nos buts inconfortables que les possibilités qu'offre le complexe capitaliste-démocratique-libéral.»

Jonas aime également dans le marxisme cette idée qu'on peut vouloir sacrifier une génération si c'est pour réaliser un projet qui le mérite – pour les communistes, la société sans classe, pour les écologistes, une nature sans crasse. Où l'on voit un philosophe faire l'éloge de la dictature au détriment du peuple pourvu qu'elle s'effectue au nom du salut de la planète.

L'auteur du *Principe responsabilité* ne s'arrête pas en si bon chemin dans son éloge du modèle soviétique : il apprécie également que l'URSS ait mis au goût du jour l'ascèse et la frugalité. Voilà un peuple qui, lui, ne se vautre pas dans l'hédonisme, le consumérisme, l'individualisme et le matérialisme associés au capitalisme. Merci Lénine, merci Staline !

Ce peuple-là se sacrifie-t-il vraiment pour le bien-être de la planète ? Il ne vient pas à l'idée de

Jonas que ce qu'il prend pour une décision volontaire pourrait bien sanctionner l'impéritie d'une politique productiviste à l'extrême, mais qui pourtant se trouve incapable de produire des biens de consommation courante. L'URSS feint de refuser ce qu'elle est incapable de produire. Elle est frugale comme le vagabond, le mendiant ou le misérable le sont, par nécessité, pas par vertu.

Jonas veut que les humains réduisent leur niveau de vie, consomment moins, répartissent différemment les richesses de la planète, diminuent leur confort, produisent moins, renoncent à la prospérité, en finissent avec l'hédonisme consumériste et, ce faisant, sapent l'individualisme des sociétés industrialisées.

Pour réaliser ce projet écologiste, Jonas propose d'instaurer « une tyrannie bienveillante » sans imaginer une seule seconde que cet oxymore pose un problème : qu'est-ce qui constitue le caractère affable d'une dictature ? la nature accorte d'un régime autoritaire ? L'intention. Si c'est pour sauver la planète, tous les moyens sont bons, y compris ceux que la morale et la démocratie réprouvent.

Jonas endosse les atours de Kant quand il énonce les impératifs catégoriques de son éthique écologiste nouvelle : « Agis de façon que les effets de ton action soient compatibles avec la permanence d'une vie authentiquement humaine sur Terre. » Ou : « Agis de façon que les effets de ton action ne soient pas destructeurs pour la possibilité future d'une telle vie. » Ou : « Ne compromets pas les conditions pour la survie indéfinie de l'humanité sur Terre. » Ou : « Inclus dans ton choix actuel l'intégrité future de l'homme comme objet secondaire de ton vouloir. » Mais, sous couvert de pureté kantienne, on ne fait pas disciple plus achevé de Machiavel que lui.

Le temps passe. Quatre ans après la parution de son livre, ses idées n'ont toujours pas été prises au sérieux. Hans Jonas s'impatiente. Il avait en effet écrit : « Si, comme nous le pensons, seule une élite peut éthiquement et intellectuellement assumer la responsabilité pour l'avenir que nous avons indiquée, comment une telle élite est-elle produite et comment est-elle dotée du pouvoir de l'exercer ? » Mais personne n'a compris qu'il proposait ses services pour conduire cette élite. Jonas souscrit à cette vieille lune platonicienne du roi-philosophe, il reste à trouver, ou du philosophe-roi, il est tout trouvé, il a écrit un livre qui s'appelle *Le Principe responsabilité* !

Avec le temps, le philosophe a également compris que son idylle intellectuelle avec l'Union soviétique n'était peut-être pas la meilleure de ses idées. Il cherche un autre paradigme pour faire avancer son attelage. Il regardait vers Moscou, il avait tort : c'est vers Berlin qu'il fallait scruter l'horizon.

En 1980, le chancelier allemand Helmut Schmidt répond à la presse sur ses lectures de vacances. Ce sera *Le Principe responsabilité* de Jonas. Le doigt sur la couture du pantalon, les sociaux-démocrates allemands font de ce livre leur ouvrage de référence. Vacances studieuses… Ça n'est pas Leonid Brejnev qui aurait eu cette élégance à l'endroit du philosophe. Hans Jonas va devenir le maître à penser de la gauche sociale-démocrate et la référence en matière d'écologie pour toute l'Europe de l'Ouest.

Le Bundestag devient une agora philosophique. Jonas est un philosophe allemand emblématique : il n'a pas été par hasard l'élève de Martin Heidegger. Sa prose est lourde, contournée, chantournée, indigeste, obscure. L'exégèse s'impose. Par ailleurs, voilà la gauche confite en dévotion à l'endroit d'un homme qui n'a rien d'un progressiste !

Jonas prend position contre l'euthanasie, contre la contraception, la stérilisation et l'avortement individuels, contre les grèves, contre la réduction du temps de travail, contre la civilisation des loisirs, contre l'époque avec son libertinage sexuel et sa consommation de drogues, contre l'excentricité et « la démence collective », c'est sa formule, contre les procréations médicalement assistées, contre l'expérimentation sur le vivant, contre les OGM, contre les thérapies géniques, contre les biotechnologies, mais la gauche en fait tout de même sa référence.

Hans Jonas construit le logiciel écologiste européen : il s'avère clairement ennemi de la Raison et des Lumières : « l'heuristique de la peur » se veut en effet une négation de la maxime des Lumières telle que définie par Kant dans *Qu'est-ce que les Lumières ?* : « Aie l'audace de te servir de ton propre entendement » ; il revendique clairement le lignage prophétique juif, donc la religion, contre le lignage philosophique laïc, baconien et cartésien en l'occurrence ; il récuse le modèle républicain qui abolit la théocratie en fondant la souveraineté de façon démocratique *via* le contrat social ; il tourne le dos à la délibération démocratique pour lui préférer un régime qu'on dirait aujourd'hui illibéral, pour ne pas dire autoritaire – qu'est-ce d'autre que la dictature du prolétariat selon Marx ? Il tient la volonté du peuple pour quantité négligeable parce qu'il lui préfère un genre de despotisme éclairé conduit par une élite elle-même pilotée par des principes dont on devine qu'ils sont les siens ; il fait de l'ascèse et de la frugalité l'impératif catégorique de la vie quotidienne ; il valide tout à fait la méthode machiavélique qui veut qu'une fin moralement légitime justifie des moyens pas toujours moraux – en un mot, comme Jean-Jacques Rousseau, il joue Sparte contre Athènes ; de même un certain Robespierre disait le 18 floréal an II (7 mai 1794) : « Sparte brille comme un éclair dans les ténèbres immenses. » Elle brillait d'un feu glacial.

Tous ceux qui ont eu la cité lacédémonienne pour modèle n'ont été vertueux que tant qu'ils n'ont pas eu l'occasion de se monter vicieux. Le municipalisme écologiste laisse ces temps-ci entrevoir un peu du mufle de la bête. Elle ne se montre guère sympathique.

2

TECHNIQUE DU CHEVAL DE TROIE
Le traquenard d'Ulysse

Chacun connaît l'histoire devenue proverbiale : le cheval de Troie permet aux Grecs de vaincre la ville assiégée en vain depuis dix années. C'est à Ulysse qu'on doit ce subterfuge assimilable à une ruse de guerre – la *métis.* La Métis grecque définit un ensemble de ruse et de raison, de tromperie et de sagesse. Dans l'iconographie elle apparaît comme un petit personnage caché sous le siège de Zeus et porte deux visages… Complotisme, forcément complotisme.

Le cheval de Troie apparaît dans l'*Odyssée,* mais l'*Énéide* du Romain Virgile augmente et précise l'histoire.

La machine de guerre contient dans ses flancs des guerriers grecs après que ceux-ci ont donné aux Troyens assiégés l'impression d'abandonner la guerre et de se retirer. Les Grecs laissent donc sur le sable ce cheval dont certains philologues expliquent qu'il s'agissait bien plutôt d'un navire dont la proue arborait une face hippique. D'autres disent qu'il s'agissait d'une machine de guerre dont on aurait perdu les plans. Ce qu'il faut retenir du cheval de Troie, c'est qu'un faux déserteur, Sinon, venu des rangs des Grecs, annonce aux Troyens qu'il faut accepter l'offrande. Ils y consentent. Une fois le cheval tracté dans la ville et les portes refermées sur lui, les Troyens festoient tard dans la nuit. Endormis, ivres, embrumés, ils cuvent leur vin quand les soldats grecs ouvrent les flancs de l'animal, en descendent, vont déverrouiller les portes de la cité, permettant ainsi aux Grecs d'y entrer, de massacrer une partie de la population et de se rendre maîtres de la cité.

La ruse de guerre consiste donc à laisser croire une chose, c'est un présent, pour mieux en cacher une autre, c'est un subterfuge, autre chose qu'un cadeau.

Je pose l'hypothèse que l'écologie politique est le cheval de Troie des tenants d'un projet de civilisation qui passe par l'instauration d'un gouvernement planétaire qui aurait la forme d'un État total dans lequel les individus seraient des quantités négligeables transformées en marchandises. Ce que vise ce projet de civilisation des siècles à venir ? La réification de l'homme en chose susceptible d'être transformée, manufacturée, clonée, dupliquée, afin de pouvoir être louée, vendue, achetée, mais également traitée comme un produit : acquis, utilisé, recyclé, jeté, broyé.

Propos de Cassandre ? Si l'on veut, je dirai quand, comment et pourquoi plus tard…

Quand Elon Musk – l'homme le plus riche du monde, qui peut désormais envoyer des fusées dans l'espace, ce que les États-Unis ne peuvent plus assurer financièrement, c'est dire la puissance – met au point, *via* sa société Neuralink, un processus pour fabriquer la chimère d'une truie animée par un programme informatique implanté dans son cerveau, il ne dit pas qu'il se propose de réaliser le genre de chose qu'Aldous Huxley nous invitait à craindre dans *Le Meilleur des mondes* : un vivant conduit par un logiciel, ce qui s'avère une monstruosité au sens premier du terme, mais qu'il travaille à faire reculer les maladies neurodégénératives. Il n'avoue bien sûr pas qu'il fabrique un monstre mais un humain transfiguré à même d'ignorer la maladie d'Alzheimer, celle de Parkinson, et toute forme de sénescence associée à des personnes qui, vivant plus longtemps, paient en qualité effondrée une quantité de vie augmentée. Nul ne peut moralement vouloir un humain conduit par un programme mis au point par les Gafam, mais tout le monde souhaite de façon empathique un mortel vivant dans un grand âge plus loin repoussé et épargné par les pathologies du vieillissement.

Pour éviter que la raison ne regimbe et rechigne, du moins pour ce qui reste de raison dans une époque qui la traque comme une ennemie, mieux vaut en appeler aux passions, aux bonnes passions et non aux passions tristes : personne ne veut de grands-parents séniles, donc tout le monde souhaite des ancêtres vaillants, avec une jeunesse poursuivie, une fraîcheur conservée, une vitalité intacte.

Elon Musk, le grand prêtre de cette religion transhumaniste à venir, force le trait empathique – les deux visages de la *métis* grecque. Aux vieillards baveux et mutiques, tremblants et ressassants, perdus et absents qu'il prend en otages, il ajoute les polytraumatisés de la route et de l'accident vasculaire cérébral : les paralysés, hémiplégiques ou paraplégiques, auxquels il propose, *via* ses techniques, de recouvrer une fonction perdue – la mobilité, la parole, la mémoire, etc. Qui peut refuser pareil humanisme ? Quelle Cassandre aurait le front de douter de la générosité d'un pareil philanthrope ?

On sait aujourd'hui qu'il est possible de donner à des souris le souvenir de choses qu'elles n'ont pas vécues. C'est bien sûr dans un laboratoire américain, au Massachusetts Institute of Technology (MIT), que cette expérience a été menée à bien par le professeur de biologie et de neurosciences Susumu Tonegawa. Cette manipulation tératologique date de 2013, il y aura donc bientôt dix ans. On imagine ce qui s'est joué depuis en la matière dans le secret de laboratoires gorgés d'argent ! C'est par manipulation génétique de cellules nerveuses de l'hippocampe que ce Docteur Folamour, par ailleurs Prix Nobel de médecine en 1987, a obtenu ces résultats. Désormais, les psychanalystes ne sont plus les seuls à pouvoir prétendre créer des souvenirs de choses qui n'auront pas été vécues... Xu Liu, qui travaille dans l'équipe du professeur Susumu Tonegawa, ajoute que son prochain objectif consiste à effacer les souvenirs pénibles de la mémoire de polytraumatisés psychiques. Qui pourrait aller contre l'annulation des souvenirs pénibles d'un enfant battu, d'une femme violée, d'un soldat détruit par ce qu'il a vu au combat, d'une victime du terrorisme, d'un accident de la route, d'une personne qui a accompagné un mourant ou perdu un enfant, et autres situations traumatisantes ?

Où l'on voit que le cheval de Troie, en la matière, consiste à annoncer un cadeau, abolir les affres de la vieillesse, supprimer les souffrances d'un handicap neuronal, effacer les traumatismes existentiels, afin de mieux placer un produit toxique à même d'assurer le contrôle ultime de la pensée d'un individu : créer des souvenirs de choses non vécues et effacer le souvenir de choses vécues. On peut ainsi formater un cerveau au catéchisme d'une idéologie en même temps qu'on effacerait en lui ce qui résisterait à ce catéchisme. Facile d'injecter les œuvres complètes de BHL dans un cerveau et de diluer dans l'acide de ces laboratoires le souvenir d'une lecture attentive du *Discours de la servitude volontaire* de La Boétie.

Le cheval de Troie le plus accompli pour l'heure en la matière est une truie... Ce cheval s'appelle Gertrude. C'est le cochon pucé par Neuralink. Elon Musk annonce à grand renfort de publicité devant des journalistes qui rapportent la parole du Prophète qu'il s'agit pour lui de travailler à rendre la mobilité aux paraplégiques, de redonner la parole aux aphasiques, de restituer la mémoire aux amnésiques, ce qu'en son temps un certain Jésus pratiquait avec succès. Elon Musk a obtenu l'autorisation des autorités sanitaires américaines pour ce dessein. Qui en aurait douté ?

Facebook finance de son côté le projet de traduire en mots l'activité du cerveau *via* des algorithmes : les datas conservées d'un individu mort pourraient ainsi, à terme, être réinjectées dans la puce cérébrale de la cochonne, donc de n'importe quel autre mammifère, humain compris bien sûr, c'est le but, et ce afin d'assurer l'immortalité de l'être (mais quel être et dans quel état ?) réduit à sa trace numérique téléchargée dans un cerveau matriciel. Chaque cerveau humain serait ainsi connecté à un immense ordinateur – piloté par qui ? Quand la mémoire sera ainsi contrôlée, on ne pourra même plus (se) poser la question.

« Vous pourrez sauvegarder vos souvenirs et aussi potentiellement les télécharger dans un autre corps ou dans un robot », dit Elon Musk qui conclut ainsi son prêche : « Le futur va être bizarre. » On ne le lui fait pas dire…

Cette civilisation à venir, celle du transhumanisme, agit selon la méthode du cheval de Troie et ce sur tous les fronts : on vient de le voir, elle veut *abolir la mémoire*, donc les conditions de possibilités de l'intelligence, afin de fabriquer des sujets dociles, soumis, obéissants au Grand Programmeur.

Elle veut également *abolir la nature humaine* en prétendant, contre toute évidence – mais que reste-t-il de l'évidence quand l'intelligence manque pour la révéler ? –, qu'elle n'existe pas biologiquement, physiologiquement, anatomiquement, sous prétexte qu'il n'y aurait qu'artifice, artefact culturel. La théorie du genre agit en cheval de Troie de cette idéologie. Pas de mâle pas de femelle, pas d'homme pas de femme, pas de pénis pas de vagin, pas de testostérone pas de progestérone, pas de spermatozoïdes pas d'ovules, pas de clitoris pas de testicules. Toutefois, quand un homme (qui n'existe pas) veut devenir une femme (qui n'existe pas), il doit subir un traitement hormonal avec injection de progestérone ou de testostérone (qui n'existent pas) et une ablation chirurgicale du pénis (qui n'existe pas) ou la construction d'un vagin (qui n'existe pas) afin de changer de sexe (qui n'existe pas). Tout va pour le mieux dans le meilleur des mondes d'Elon Musk et des siens ! Le corps n'existe pas mais on peut tout de même le marchander, le louer, le vendre, le cloner, l'élargir, le détailler à l'organe, le céder à l'encan et le transplanter à loisir sur un autre support, numérisé ou non.

De même, cette civilisation transhumaniste naissante aspire aussi à *abolir la liberté de penser* en faisant transiter toute réflexion par le canal numérique des réseaux sociaux et des médias numériques contrôlés par les Gafam qui sélectionnent ce qui peut exister, selon leur charte déontologique et morale – on rit de voir pareils mots utilisés par ces acteurs du pandémonium… –, ou ce qui ne le peut pas. Indexés sur l'idéologie du politiquement correct, les Gafam fabriquent l'opinion à coups de slogans idéologiques. La pensée binaire, je *like* ou je nique, bien ou mal, bon ou mauvais, oui ou non, *in* ou *out*, vénère ou super, c'est-à-dire le contraire de la pensée qui a besoin de nuances, de subtilités, de détails, d'argumentations, d'esprit de finesse et pas seulement d'esprit de géométrie, cette pensée binaire est facile à trier : sur la rampe où elles arrivent, à gauche celles qu'on envoie à la mort, à droite celles qu'on destine à la vie. Ici, on peut exister, là, on ne le peut pas. La criminalisation de la pensée non conforme en est à ses débuts. Quelques hommes résistent quand même encore un peu. Quand les *muskiens*, appelons les ainsi, auront obtenu gain de cause, le Grand Programmeur, *via* ses algorithmes, effacera Orwell et inculquera BHL – qu'on me permette de filer ma métaphore…

Parce que cette civilisation muskienne réinvestit la vocation universaliste du judéo-christianisme – l'Homme Nouveau de saint Paul est son schéma mental… –, elle souhaite surtout *abolir les frontières.* Voici venu le cheval de Troie écologique.

Depuis toujours, les seigneurs de guerre ont voulu créer des empires à leur main et ce aux limites du monde connu. Les hordes primitives dont Darwin raconte les us et coutumes dans *La Descendance de l'homme* elles aussi ont souhaité instaurer leur territoire jusqu'aux limites du monde connu par elles. Probablement, à l'époque, un espace limité par d'infranchissables barrières naturelles – un glacier, un fleuve, une montagne, un précipice, une forêt.

Pour le commun des mortels, le lundi (étymologiquement le jour de la lune…) 21 juillet 1969, l'image du monde connu s'est trouvée modifiée. Certes, les astrophysiciens ont modélisé des mondes, voire la pluralité des mondes, mais il en allait là de modèles conceptuels, discernables dans des formules mathématiques celées au non-spécialiste. Tout le monde connaît $E=mc^2$ mais qui est capable de dire ce que cet énoncé signifie concrètement sur le terrain astrophysique ?

Pourquoi cette date ? Parce que, ce jour-là, Neil Armstrong d'abord puis Buzz Aldrin sont les premiers humains à poser le pied sur la Lune. Chacun connaît la phrase qu'Armstrong délivre aux millions de gens qui regardent cette aventure en direct, j'en étais, j'avais dix ans : « C'est un petit pas pour un homme mais un bond de géant pour l'humanité. » Aldrin quant à lui s'est contenté d'un : « Belle vue »… Le même raconte que son premier geste a été de donner un coup de pied dans un tas de poussière lunaire et le second, on a peine à y croire tant la symbolique est grande, d'uriner dans le slip collecteur de matières excrémentielles de sa combinaison spatiale… Cet homme ignorait sûrement que compisser un lieu c'est, pour un animal, le marquer et signaler aux autres mâles qu'il est le mâle dominant – il lui fallait également faire passer la pilule éthologique du fait que ce premier homme sur la Lune était en fait le second ! Le premier pas fut pour Armstrong, la première giclée de pisse d'un mammifère fut pour Aldrin. On doit également à ce même homme cette phrase consternante : « Armstrong a peut-être été le premier homme à marcher sur la Lune, mais j'ai été le premier à faire pipi sur la Lune. » Sans commentaire. Un marquage éthologique plus culturel eut lieu avec la pose d'une plaque attestant que les États-Unis avaient conquis la planète aux cratères avec ce texte : « Ici des hommes de la planète Terre ont pris pied pour la première fois sur la Lune, juillet 1969 apr. J.-C. Nous sommes venus dans un esprit pacifique au nom de toute l'humanité. » Bien sûr, un drapeau devait parfaire le message destiné à l'humanité, voire plus, selon lequel les Américains avaient gagné cette bataille de la guerre froide contre l'Union soviétique – car ce fut le motif majeur de cette conquête. En effet : que fut-il fait de cette appropriation depuis plus d'un demi-siècle ? Rien. La mission Apollo XI fut à sa manière un cheval de Troie elle aussi : celui du combat symbolique contre le communisme soviétique…

L'homme a donc conquis la Lune en juillet 1969. Il a marqué son territoire avec une plaque commémorative et un drapeau, mais également avec l'urine de l'un des astronautes. Depuis, près de 180 tonnes d'ordures ont été laissées sur la Lune !

On y trouve, donc, quatre-vingt-seize poches d'urine, mais aussi des poches de vomi, deux balles de golf, un javelot, des caméras, une branche d'olivier doré, un coupe-ongles, une épingle à cravate, des sondes, des outils scientifiques, un télescope et un réflecteur lunaire, cinq drapeaux américains, douze paires de bottes, un disque de silicone avec les messages de 73 chefs d'État, les cendres d'un géologue de la NASA qui rêvait d'aller sur la Lune, une étiquette de nuits-saint-georges 1969 et jusqu'à une bible, le tout laissé par les douze hommes ayant foulé le sol lunaire entre 1969 et 1972. Soit 809 objets dont 70 engins spatiaux. Pisser et vomir sur la Lune, la transformer au plus vite en poubelle, en gros, voilà le bilan.

Il existe un autre bilan de ce moment historique : moins trivial, il est épistémologique, existentiel, ontologique, écologique aussi.

En son temps, 1957, Alexandre Koyré a publié un ouvrage sur les effets philosophiques des découvertes héliocentriques de Copernic, Galilée, Kepler et Newton. Ce livre avait pour titre *Du monde clos à l'univers infini*. Outre des questions purement scientifiques concernant les formes données à l'univers, ce livre examine les conséquences éthiques et métaphysiques de ces changements de paradigmes formels. Ce passage du monde clos d'Aristote à l'univers infini des scientifiques de la Renaissance conduit, dit Koyré, à une crise de la conscience judéo-chrétienne. L'homme n'est plus au centre du monde, habitant une terre située au centre de l'univers, il se retrouve décentré, en marge, en périphérie d'un monde dont le centre est partout et la circonférence nulle part pour détourner une image de Pascal.

Une même analyse mériterait d'être conduite en profondeur sur les effets du premier pas de l'homme sur la Lune. Pour la première fois dans l'histoire des hommes, des *Homo sapiens* vivaient en dehors de la Terre et posaient le pied sur un astre qui n'était pas celui de leur naissance et ne serait pas celui de leur mort. Cet exploit supposait une perfection technique inégalée – j'ai vu Columbia, le module de commande d'Apollo IX, au musée de l'Espace à Washington, il est pourtant en apparence confondant d'apparente simplicité…

L'image de la Terre photographiée de la Lune : voilà qui a radicalement modifié les consciences. D'un seul coup d'un seul, aux yeux de millions de téléspectateurs, ou de lecteurs de revues qui publiaient cette photo, la Terre apparaissait comme ce qu'elle était : petite, fragile, périssable, facile à détruire avec l'arme atomique, mais aussi avec une démographie affolée, une technologie exercée sans conscience, une exploitation éhontée des ressources naturelles, une industrialisation du vivant. Les hommes ayant marché sur la Lune, ne l'oublions pas, ont marqué leur territoire avec Bible et drapeau, gadgets et brimborions, mais aussi et surtout avec de l'urine et du vomi. Ce qui, bien sûr, ne fut pas dit sur le moment : il fallait entretenir le récit légendaire et ne pas le polluer avec ce que les hommes sont et font.

Cette image a beaucoup fait pour la création d'une légitime conscience écologique – d'autant que l'industrialisation de l'agriculture activant un productivisme à même de faire face au développement démographique de la population ravageait sols et sous-sols, terres et mers, ciel et atmosphère, souillaient les nappes phréatiques et lessivait les champs avec les arrachages de haies sous prétexte de remembrement – démembrement s'avère plutôt le mot exact…

Il n'est pas étonnant qu'un candidat aux élections présidentielles puisse surgir dans cette configuration-là. Le premier pas sur la Lune date de juillet 1969 ; le général de Gaulle laisse le pouvoir, à la surprise de tous, à la suite d'un référendum perdu le 27 avril 1969 – il quitte la politique le lendemain. Pompidou est élu lors d'une consultation électorale dans laquelle ne se trouve aucun candidat écologiste. On sait que Pompidou meurt le 2 avril 1974 et qu'aux présidentielles suivantes, en mai 1974, un candidat écologiste attire l'attention sur lui parce qu'il brise les codes médiatiques du moment : c'est René Dumont. Qui est-il ?

René Dumont porte un éternel pull rouge, pas de complet veston et de cravate donc, il fait ses déplacements à vélo et dit : « La voiture ça pue, ça pollue et ça rend con. » Ce septuagénaire, ingénieur agronome de formation, utilise son temps de parole à la télévision en montrant une pomme et un verre d'eau pour sensibiliser l'électeur à la cause écologique. Il rassemble 1,3 % des suffrages sur son nom. Dumont, qui était républicain, laïc, pacifiste, antinucléaire, antimilitariste, avait écrit une grosse douzaine d'articles dans la presse vichyste, *La Terre française*, un journal maréchaliste et collaborationniste, ouvertement antisémite.

Par la suite, l'écologie politique va coaguler une myriade de gens intellectuellement issus de Mai 68. Pacifisme, lutte contre le nucléaire civil et militaire, droit des minorités, dont les homosexuels, défense de la pédophilie, de l'amour libre, du féminisme, des communautés, du retour à la nature, de l'immigration, de consommer des drogues, aussi bien douces que dures, célébration des cultures alternatives, souvent issues de la contre-culture américaine, dont la pop, le rock, la BD, le cinéma. Cette écologie se gauchise. Elle produit des effets micro-politiques que Félix Guattari théorise dans *Les Trois Écologies* en 1989. Avec cet ouvrage, Guattari – qui s'est fait compagnon de route de Mitterrand après mai 81 – mesure l'imposture politique de cet homme qui, en mars 1983, trahit la gauche et la convertit au libéralisme… de Giscard d'Estaing ! Il raconte sa désillusion dans *Les Années d'hiver (1980-1985)*.

Après voir gouverné vingt-deux mois à gauche, pas plus, François Mitterrand annonce une parenthèse : le tournant de la rigueur. La gauche socialiste n'en est toujours pas sortie. Après le renoncement de Mitterrand au socialisme en 1983, la chute du mur de Berlin en 1989, l'effondrement de l'empire soviétique et la disparition du PCF dans les eaux troubles du défunt soviétisme en 1992, il a fallu à cet homme issu de l'extrême droite qui fit un Parti socialiste à sa main pour accéder au pouvoir constituer une idéologie de remplacement. Ce fut l'européisme qui s'avère également le projet du Grand Capital.

Je ne m'attarderai pas sur cet abandon du peuple *old school* par une gauche qui a trahi la classe ouvrière au profit de la création d'un peuple de substitution constitué de marges sexuelles, ethniques, religieuses, le tout en vue d'une France postnationale devenue communautariste et multiculturelle, j'ai beaucoup raconté les mécanismes de ce dispositif ailleurs…

Mais je m'attarderai à ceci : dans cette idéologie de substitution à la gauche ancien modèle, l'écologie a été elle aussi instrumentalisée pour agréger au mitterrandisme fissuré de partout après des années de pouvoir personnel une variation sur le thème de gauche. Or, toute la gauche du XXᵉ siècle a été productiviste : socialistes, communistes, autogestionnaires ou trotskistes, tous ont communié dans un productivisme qui était aussi la loi des régimes communistes, URSS en tête, Chine ensuite… L'écologie, le communisme ou les radicaux de gauche ont été instrumentalisés par Mitterrand comme forces d'appoint à l'être et à la durée de son règne monarchique.

L'Union de la gauche avec laquelle il accède au pouvoir est suivie, *via* Lionel Jospin, par une gauche plurielle dans laquelle des concessions faites au pot catalytique, aux éoliennes, aux pistes cyclables, aux bus roulant au colza, aux panneaux photovoltaïques, à la promesse de fermeture des centrales nucléaires permettent de truster des places de ministres, de secrétaires d'État, de chargés de mission, de conseillers ministériels, d'élus locaux, départementaux et régionaux en échange de soutiens électoraux et de voix reportées aux seconds tours.

Ajoutons à cela d'autres concessions faites au communautarisme écologiste qui permet à la gauche un compagnonnage de plus en plus évident avec l'islamo-gauchisme ou le néofascisme intersectionnel racialiste, ethniciste, LGBTQ+, antisioniste. Ainsi, la gauche instrumentalise l'écologie depuis un demi-siècle et troque des postes, à Matignon ou à Bruxelles, pour des progrès homéopathiques de la cause… Sur le fond, cette gauche-là tranche toujours en faveur du nucléaire et du glyphosate, de l'industrialisation de l'agriculture et des traités de libre-échange commerciaux tel le CETA qui mettent le marché au-dessus de l'avenir de la planète. Elle refuse le maïs transgénique mais accepte la transgenèse humaine. Une plante fourragère semble avoir plus d'importance et de dignité qu'un être humain !

Or, cette écologie urbaine portée par des militants surdiplômés mais surtout fortement idéologisés, qui apprennent la nature en lisant Rousseau ou en écoutant les conférences de Pierre Rabhi, qui seraient bien en peine de distinguer dans un champ une vache, un taureau, un bœuf, un veau, une génisse, une amouillante, ou bien encore, *in situ*, du blé, de l'orge et de l'avoine, voire d'expliquer la différence entre Lune montante et Lune croissante, Lune descendante et Lune décroissante, ont de la nature une vision anthropocentrée compatible avec le narcissisme et l'égotisme de l'époque – sinon le leur… J'aimerais demander à Leonardo DiCaprio ou Marion Cotillard, Sylvester Stallone et Elton John, des dévots de Pierre Rabhi qu'ils ont côtoyé lors d'un dîner entre 7500 et 150000 euros le ticket d'entrée, s'ils savent distinguer la luzerne du sainfoin…

Et le cheval de Troie dans tout ça ?

Voir la planète fragile flottant dans l'éther du cosmos, perdue dans un univers dont on sait de mieux en mieux qu'on en sait de moins en moins, en suspension dans une matière noire qui est tout et dont on ignore tout, voilà qui ne pouvait qu'aggraver la crise de la conscience européenne déjà diagnostiquée en 1935 par Paul Hazard et formulée comme on le sait désormais par Alexandre Koyré en 1957.

Dans la perspective d'une idéologie de remplacement au socialisme puis au communisme, après le double effondrement intellectuel des paradigmes sociaux-démocrates (1983) et marxiste-léniniste (1992), le faire-valoir écologiste a gagné des points à la Bourse des visions du monde alternatives. René Dumont est mort; Daniel Cohn-Bendit, Antoine Waechter, Dominique Voynet, Brice Lalonde, Noël Mamère, José Bové, Nicolas Hulot, Corinne Lepage, Jean-Vincent Placé, Eva Joly, Cécile Duflot manifestent désormais autant d'activé neuronale que le commandant Cousteau, Haroun Tazieff ou Alain Bombard aujourd'hui réunis. Quel progrès théorique doit-on à tous ceux qui sont allés à la mangeoire de la gauche plurielle? Aucun... La lumière virginale et juvénile venue du nord et portée par Greta Thunberg a renvoyé tout ce monde-là dans les ténèbres de l'histoire.

Car, aux antipodes de cet opportunisme carriériste de Verts supplétifs d'une gauche en état de coma dépassé, les idéologues de la civilisation à venir ont bien compris quel intérêt il y avait à utiliser l'écologie pour faire avancer leur projet politique. Voici revenir le cheval de Troie...

L'écologie politique française fonctionne aujourd'hui en idiote utile du projet, *contradictoire avec ses fondamentaux*, d'un capitalisme dévot de croissance qui industrialise et marchandise le monde, y compris le ventre des femmes, le sperme et les ovules des humains, les utérus des nouvelles prolétaires du sexe qui louent leurs ventres pour accueillir de façon vétérinaire des produits manufacturés par des couples infertiles pour des raisons naturelles mais aussi culturelles, des êtres humains dont on peut se défaire s'ils s'annoncent ou naissent avec des malformations ou, comme dans un haras en saison de monte, dont on peut choisir sur catalogue la couleur ou telle ou telle qualité physique ou psychologique supposée. N'a-t-on pas un temps parlé d'une banque de sperme de Prix Nobel ? En d'autres temps et en d'autres lieux, on nommait cette façon de faire *eugénisme* et, quand elle avait encore la mémoire des faits et gestes du docteur Mengele, médecin d'Auschwitz, la gauche luttait contre. Désormais, elle milite en sa faveur et traite de fasciste quiconque conserve la mémoire de cette gauche qui ne craignait pas de se dire humaniste. Aujourd'hui, la mort de l'homme foucaldienne étant passée par là, elle roule pour l'au-delà de l'humanisme qu'est le transhumanisme. C'est ici et ainsi qu'on voit le cheval de Troie écolâtre[1] à l'œuvre.

Rappelons qu'à ce jour, sur proposition de « la gauche », avec le soutien des écologistes, le tout enveloppé dans le papier gras macroniste, donc de gauche, l'Assemblée nationale a voté, entre le mois de juillet et d'août 2020, un projet de loi qui, sous prétexte de « détresse psycho-sociale », autorise à

1. Qu'on me permette ce néologisme ironique pour définir les dévots contemporains de la religion écologiste puisqu'un écolâtre, à l'époque médiévale, nomme le maître d'école scolastique dans le monastère ou la cathédrale.

euthanasier un fœtus jusqu'à quelques jours avant sa naissance[1].

En même temps que cette régression civilisationnelle cyniquement présentée comme un progrès, il est symptomatique qu'une élue écologiste de la ville de Strasbourg, ayant le souci d'épargner la vie des punaises de lit ou des rats d'égout par préoccupation du bien-être animal, ne trouve rien à redire au meurtre d'enfants dans le ventre de leurs mères sous prétexte de détresse psychologique et/ou sociale ! Un enfant à quelques jours de sa naissance vaudrait-il donc moins qu'un rat d'égout, qu'une punaise ou quelque autre « animal liminaire », comme ils disent, pour un écologiste dans cette bonne ville de Strasbourg ou ailleurs ? Si l'on en croit telle ou telle déclaration[2] : oui.

L'image de la Terre prise ce jour de juillet 1969 par les astronautes, petite boule ronde, nimbée d'azur, mais perdue dans l'immensité d'un éther noir, a contribué à cette dépravation morale. Comment ? En collaborant au travail d'abolition généralisée, la *cancel culture*, dont j'ai précisé plus haut qu'il était le fondement de cette nouvelle

1. https://www.lefigaro.fr/vox/societe/img-jusqu-au-9e-mois-pour-detresse-psychosociale-le-danger-d-un-motif-imprecis-20200812

2. Voir les élucubrations de l'élue verte Marie-Françoise Hamard, conseillère municipale déléguée aux animaux dans la ville de Strasbourg, qui invite au vivre ensemble avec « les animaux liminaires », autrement dit avec les rats et les punaises de lit. https://www.dna.fr/politique/2021/03/01/a-strasbourg-la-regulation-des-rats-devient-une-question-piege

idéologie. Abolir l'intelligence, abolir la mémoire, abolir la pensée, abolir la nature humaine, abolir la liberté d'expression, de pensée et de conscience, afin de réaliser le grand projet cosmopolite stoïcien de citoyens du monde par l'abolition des frontières.

De la même manière que Youri Gagarine, cosmonaute soviétique, crut fonder empiriquement l'athéisme marxiste-léniniste en disant que, dans l'espace, en regardant par son hublot, il n'avait pas vu Dieu, les tenants de l'idéologie transhumaniste pensent que, depuis leur hublot, ils n'ont pas vu de frontières, juste une planète unique et totale, globale et finie, et que tout cela constituait une bonne image de propagande à leur cosmopolitisme de la marchandise humanisée (le téléphone portable investi comme un doudou d'adulte par exemple...) et des hommes marchandisés (la femme qui porte l'enfant d'un tiers). Cette planète était donc sans frontières, sans barbelés, sans miradors, sans douaniers, sans policiers, sans États, elle était donc sans nations, sans pays, sans civilisations, sans cultures, sans le Divers cher à Victor Segalen : elle était un Grand Tout dont il fallait organiser le culte sur le mode païen. Il fut alors question de Gaïa. La Terre devenait un être vivant, humain. Michel Serres en parlait presque comme d'une femme dans *Le Contrat naturel* en 1990. C'était Dame Nature...

S'il existe un incontestable réchauffement de la planète, ça n'est pas parce que la Terre est un tout petit fragment d'un grand tout avec lequel elle entretient des relations encore mystérieuses, le cosmos, dans lequel, bien avant même qu'il y eût des hommes, il a existé une alternance de cycles de réchauffements et de refroidissements – ce dont témoignent la géologie, la géographie, la géomorphologie, la climatologie, « la Science » pour détourner le vocable prophétique de Greta Thunberg –, non, c'est parce que les hommes sont méchants et que la nature se venge ! Parce que les *Homo sapiens* font le mal et que la Terre se rebiffe contre ses péchés. Parce que, à force de chasses d'eau trop remplies, de cheminées trop fumantes, de pets de vaches (si, si !) trop carbonés, de nourritures trop grasses, trop sucrées, trop riches, trop carnées, de moteurs trop polluants, les hommes ont sali la planète qui se révolte avec force tsunamis, tremblements de terre, tempêtes, éruptions volcaniques, fonte de glaciers et autres catastrophes non pas naturelles, car la nature n'existe plus ! mais culturelles. Gaïa pleure, Gaïa sanglote, Gaïa renifle.

Ce retour païen de Lady Gaïa fournit les bases d'un sacré pour un temps sans sacré, d'une religion pour une époque sans religion, d'une transcendance pour une ère sans transcendance. Le discours en faveur de la planète est rempli de bons sentiments : il faut l'aimer, la chérir, la préserver, la sauver, la protéger, la respecter, la défendre – comme un petit animal blessé, plus qu'un enfant sans protection, ou, selon la désormais jurisprudence strasbourgeoise, comme une gentille punaise de lit ou un mignon rat d'égout.

Or, le cheval de Troie laisse sortir de son flanc des gens qui se moquent comme d'une guigne de la planète. À la façon d'Ulysse le rusé, cette engeance a trouvé la bonne affaire morale pour imposer la version verte de son capitalisme, la version éthique et écoresponsable de sa marchandisation du monde. Avec force bons sentiments, elle nous refourgue ses produits acquis par le consommateur converti à l'écologie avec la bonne conscience de qui croit faire un bon geste pour la planète : acheter des voitures électriques qui nécessitent des matériaux rares dont l'extraction suppose l'exploitation des sous-sols de certains pays africains avec des méthodes ultra-polluantes ; produire des déchets de ces produits construits avec ces métaux rares qui s'avèrent impossibles à recycler ; imposer une présence néocoloniale sous prétexte de lutter contre le terrorisme qui menacerait la France alors qu'elle assure, sous protection militaire, le pillage géologique de ces pays mis en coupe réglée ; acquérir dans un vortex compulsif du matériel pour être connecté sans cesse à la machine centrale du contrôle : des ordinateurs fixes ou portables, des tablettes, des téléphones dits « intelligents », les objets connectés de la domotique, des écrans de télévision, des GPS, des montres Apple ; consommer des énergies dites douces et renouvelables qui, sans l'appui de l'électricité fournie par le nucléaire ou l'énergie fossile, s'avèrent nulles et non avenues – *quid* en effet de l'électricité produite par les éoliennes dans un temps sans vent, d'autant qu'on ne sait stocker l'électricité qu'il faut donc utiliser quand elle se trouve produite ? ; détruire les paysages avec des champs d'éoliennes dont chaque semelle suppose près de mille tonnes de béton coulés dans un ferraillage de trente tonnes d'acier et avec la destruction de centaines de milliers de kilomètres carrés de terres arables et dont les turbines consomment elles aussi les fameux métaux rares ; générer une pollution sonore avec brassage des infrasons et diffusion des ondes sur de grandes distances – on n'en finirait pas de lister le caractère écocide de l'écologie de marché, du capitalisme vert et du projet européiste ardent à diffuser cette idéologie par tous les moyens, dont le matraquage publicitaire lénifiant et l'endoctrinement scolaire.

Le capitalisme est plastique : il est né avec les hommes, il mourra avec eux, il prend des formes différentes à chaque époque. La vulgate marxiste veut que le capitalisme dispose d'une date de naissance afin, sur le principe anthropomorphique, de pouvoir annoncer et croire à une potentielle date de décès induite *via* la révolution annoncée dans le *Manifeste du Parti communiste* en 1848. Le capitalisme aurait donc été une parenthèse avec un avant et un après sans capital. Quel naïf peut croire une pareille billevesée ? Pour le seul XXe siècle, indissociable du capitalisme de la révolution industrielle du siècle l'ayant précédé, le capitalisme a pris des formes diverses : militaro-industriel en 1914-1918, mais aussi, dans le même esprit, fasciste, nazi, soviétique, puis américain *via* la société de consommation, financier avec les *traders*, numérique à l'heure des capitaux flottants... Aujourd'hui vert, faussement vertueux, ce nouveau capitalisme prétend sauver la planète alors que, vraiment vicieux, il continue de l'exploiter.

La preuve, ce capitalisme vert n'est pas malthusien, et pour cause, un contrôle des naissances radical envisagé pour la planète entière correspondrait à une fonte radicale des consommateurs de ses produits, donc de ses bénéfices ; il ne condamne pas les vols en jets privés, les véhicules préférés des seigneurs de guerre du capital, mais les vols commerciaux du *vulgum pecus* ; il ne bannit pas davantage les cargos qui transportent des conteneurs de produits à vendre et à acheter sur toutes les mers du monde et qui polluent chacun autant que des villes entières, mais les voitures particulières antédiluviennes des plus modestes ; il ne travaille pas à la démilitarisation et à la dénucléarisation du monde mais vend des armes et des combustibles nucléaires ; il n'incite pas à la décroissance qui serait la mort de son commerce, ce qui témoignerait d'un authentique souci de la planète, mais au consumérisme le plus débridé ; enfin, il cible les citoyens aux revenus modestes, le germe des Gilets jaunes, en taxant leurs pleins de gasoil mais pas les hélicoptères privés par exemple.

L'écologie s'avère donc bel et bien l'excipient d'un capitalisme non pas vertueux, mais cynique : il invoque la préservation de la planète à tout bout de champ mais pour mieux refourguer ses produits asservissants et polluants : des voitures hybrides ou électriques, des parcs d'éoliennes avec leurs millions de tonnes de béton, des téléphones portables, des ordinateurs, des produits dits écoresponsables, des vélos électriques avec leurs composants en métaux rares, des panneaux photovoltaïques à durée de vie limitée fabriqués en Chine au prix d'une incroyable pollution au silicium, de la production bio massivement acheminée par avion, du matériel informatique à l'obsolescence programmée gisant une poignée d'années après sa mise en service dans d'immenses tas d'ordures pour cause d'incompatibilité voulue avec les programmes de mise à jour – etc.

Il n'est pas jusqu'au business de l'inhumation qui ne se trouve concerné par l'écologie : des études comparent en effet l'impact écologique de la crémation et de l'inhumation. D'un côté, les vingt-sept litres d'essence utilisés pendant une heure et demie dans l'incinérateur, le dégagement de dioxine dû aux soins thanatopracteurs ou le mercure des plombages dentaires, les 160 kg de CO_2 rejeté dans l'atmosphère, le bois du cercueil ; de l'autre, toujours le bois du cercueil, la décomposition de produits chimiques des soins donnés au mort dans la terre, les 39 kg de CO_2, les pesticides et l'arrosage des fleurs tombales.

La religion écologique tranche : ni l'un ni l'autre mais bien plutôt l'humusation, autrement dit la transformation des cadavres en humus. On place le mort sur un lit de copeaux et de sciure dans un endroit ventilé, on l'arrose d'une solution aqueuse sucrée pour produire une fermentation, la température monte à 60°, les bactéries du corps dégagent des enzymes qui détruisent les tissus. Le corps s'enfonce dans les copeaux. Quatre à six semaines plus tard, plus si l'on veut également traiter les os, on obtient un compost dans lequel on peut planter des fleurs sur la tombe de qui n'aura pas opté pour cette décomposition écoresponsable. L'État de Washington a donné son feu vert ; la France pas encore, question de temps.

L'usage de l'écologie comme d'un cheval de Troie de l'idéologie mondialiste paraît plus évident encore quand on sait que, dès les années SOS Racisme, celles qui servent d'idéologie de remplacement à Mitterrand après son renoncement à la gauche, un « droit d'asile écologique » est invoqué pour justifier la disparition de la Nation française assimilationniste au profit d'une France cosmopolite faisant l'éloge du métissage, de l'immigration sans contrôle, du communautarisme qui transforme les Français dits de souche en minorité parmi d'autres – du moins : dans le fond du panier de toutes les minorités.

Le nom des Le Pen fonctionne depuis presque un demi-siècle comme un répulsif à ce projet, car toute défense de l'identité française, de la république assimilationniste, de la civilisation occidentale, même venue d'ailleurs que de cette tribu, se trouve assimilée à un projet nationaliste, donc belliciste, xénophobe, antisémite, raciste, à quoi il faut ajouter pour être raccord avec notre époque : homophobe, transphobe, misogyne, phallocrate…

Ce droit d'asile travaille à la suppression de l'État de droit en France puisque les dizaines de milliers de réfugiés clandestins, qui sont donc en contrevenance avec le droit français, sont présentés comme des victimes d'un système assimilé à la France vichyste qui pourchassait les Juifs. Les sans-papiers ayant franchi la frontière en toute illégalité ne relèvent donc plus du traitement juridique de cette délinquance particulière ressortissant à la police des frontières mais du traitement droit-de-l'hommiste infusé de moraline à saturation. L'illégalité devient moralité et les partisans de cette dilution de la France ne manquent pas d'ajouter : comme il était moral de lutter contre les lois de Vichy – en oubliant que les lois de Vichy conduisaient à la chambre à gaz alors que celles de l'État de droit français en la matière, au pire, préconisent la reconduction en avion dans le pays d'origine, au mieux, avalisent le *statu quo.* Partir pour le four crématoire ou rentrer chez soi n'est pas, me semble-t-il, la même chose.

L'Église catholique, cornérisée depuis Vatican II, souffrant d'une désaffection manifeste des croyants de moins en moins pratiquants et de plus en plus œcuméniques ou syncrétiques, débordés par des lois franchement antichrétiennes – avortement, pacs, mariage homosexuel, procréation médicalement assistée, gestation pour autrui –, apportent leur pierre à cet édifice mondialiste ardemment porté par le capital ! La franc-maçonnerie et la libre-pensée avancent bras dessus bras dessous avec l'épiscopat français, main dans la main avec les associations de juifs ou de musulmans. Le syndicalisme et les partis de gauche acquiescent, les maastrichiens de droite et de gauche jubilent, l'extrême gauche défile avec le patronat français. Pareille unanimité devrait pourtant inquiéter...

Or, l'écologie entre pour assez peu, sinon pour rien du tout, dans cette immigration-là. Ce ne sont pas les tornades, les éruptions volcaniques, les glissements de terrain, l'augmentation du niveau de la mer, le réchauffement climatique et autres caprices de Lady Gaïa qui conduisent massivement en Europe les populations subsahariennes et d'autres proche et moyen-orientales. Des guerres civiles, des guerres tribales, des régimes corrompus, des États voyous sont plus probablement la cause de ces mouvements de migration. Mais la cause de ces causes, c'est le capitalisme, y compris et surtout bien sûr dans sa version verte, qui paupérise les peuples de ces pays en exploitant leurs sous-sols (pour ses voitures électriques et ses éoliennes notamment...), en les vidant de leurs talents, en les asséchant intellectuellement, industriellement, démographiquement, humainement – en un mot : en poursuivant la vieille aventure coloniale. Le casque colonial existe toujours, mais il est vert, écoresponsable, compatible avec la transition écologique, recyclable, décarboné, bio, non polluant. On peut le manger sans crainte comme n'importe quel autre chapeau.

Les réfugiés afghans, irakiens, syriens, maliens, mauritaniens, soudanais, algériens, marocains, tunisiens ne sont pas mus par la fonte des glaciers, la disparition des oiseaux et des insectes, la déforestation ou la pollution de leurs nappes phréatiques, mais par le désordre mondial, présenté par le capital comme un nouvel ordre mondial, organisé par lui et qui s'offre une vertu en organisant *en même temps*, si l'on voit ce que je veux dire, le culte de la religion écologique et le cynisme du marché écocide.

Autre cheval de Troie : le véganisme paradoxalement propédeutique à l'industrialisation polluante de l'agriculture.

Le prétexte est donc, comme toujours, moral; mieux, c'est le même mot en grec, mais il fait plus sérieux : éthique. Les végans, on le sait, ont pour Bible les textes du philosophe utilitariste anglais Jeremy Bentham revus et corrigés par le penseur australien Peter Singer qui enseigne aux États-Unis et ne voit rien à redire à des relations sexuelles entre les hommes et les animaux pourvu que les premiers n'infligent pas de douleur aux seconds. Singer au lit avec une truie, oui; avec une poule, non.

Où l'on voit que faire ou ne pas faire souffrir ne saurait constituer l'horizon indépassable d'une éthique conséquentialiste[1]. C'est pourtant cette éthique qui sert de soubassement ontologique aux végétariens et aux végans : ne générer aucune souffrance animale. D'où un refus de l'alimentation carnée pour les premiers, un refus étendu à l'utilisation des produits issus des animaux pour les seconds – lait, beurre, crème, fromage, miel, fruits

1. Précisons qu'il existe deux types d'éthique, l'une, plutôt européenne et, ici comme ailleurs, sous influence allemande, kantienne plus particulièrement, l'autre, plutôt anglo-saxonne, sous le signe utilitariste de Bentham et Stuart Mill. Pour la première, dite « déontologique », il existe un Bien donc un Mal en soi, dans l'absolu : un humain ne couche pas avec un animal, point à la ligne, la chose ne souffre aucune exception ; pour la seconde, dite « conséquentialiste », il existe non pas un Bien et un Mal, mais du Bon et du Mauvais eu égard à un principe : ce qui permet de le réaliser est bon, ce qui ne le permet pas est mauvais. En vertu du principe qu'il ne faut pas faire souffrir un animal, la relation sexuelle entre un homme et un animal est bonne si l'animal ne souffre pas, mauvaise dans le cas contraire. Peter Singer, auteur de *La Libération animale*, théorise la chose dans *Cahiers antispécistes* en février 2003 sous le titre « Amour bestial ». Lisons : « Il arrive que des hommes utilisent des poules comme objets sexuels en insérant leur pénis dans le cloaque (un canal à tout faire où passent à la fois les excréments et les œufs). Cela est habituellement fatal à la poule, qui est parfois délibérément décapitée pour intensifier les contractions de son sphincter. C'est de la cruauté pure et simple. (Mais [*sic*] est-ce pire pour la poule que de vivre un an ou plus, entassée avec quatre ou cinq congénères dans une triste cage métallique, si petite qu'elles ne peuvent pas étendre leurs ailes, d'être ensuite fourrée [*sic*] avec d'autres dans des caisses pour être conduites à l'abattoir, puis suspendue tête en bas sur une bande transporteuse, et enfin tuée ? Si la réponse est non, alors ce n'est pas pire que ce que les producteurs d'œufs infligent en permanence à leurs poules.) » Traduction : plutôt sodomiser une poule et la décapiter que la mettre en cage dans un élevage industriel. Peter Singer est bien sûr végétarien.

de mer, coton, soie, laine, cuir, fourrure, plumes, nacre, ivoire, corne, perles, mais également, pêle-mêle, refus des animaux domestiques, des chiens d'aveugle, des courses de chevaux ou de lévriers, des combats de coqs, de la corrida, de la chasse, des cirques, des zoos, des aquariums, etc.

Le végan et le végétarien pourraient passer pour des technophobes, des défenseurs de la nature, des amis de la Terre. Certains le sont sincèrement, je n'en doute pas, mais leur mouvement général travaille dans le sens du transhumanisme dont l'impératif catégorique est la marchandisation du monde.

Les végans – j'utiliserai désormais ce terme, car un végan est aussi végétarien, l'inverse n'étant pas vrai – fonctionnent en cheval de Troie de ceux qui veulent abolir l'agriculture de la terre pour la remplacer par une industrie de la chimie. L'agriculture cellulaire à laquelle ils travaillent avec des budgets colossaux, notamment ceux des Gafam, a besoin de laboratoires, d'éprouvettes, de tubes à essai, de matériel informatique haut de gamme, d'étuves, de frigidaires, de congélateurs – des « bioréacteurs » et autres « incubateurs de viande ».

Le lobby de la viande artificielle[1] remplace le paysan jadis derrière son cheval, aujourd'hui sur son tracteur, par un physicien moléculaire ; il abolit la terre et les saisons au profit d'une paillasse et d'un chimiste ; dans un vaste holocauste planétaire,

1. Gilles Luneau, *Steak barbare*, La Tour-d'Aigues, L'Aube, 2020.

il supprime le berger, le vacher et le porcher qu'il remplace par l'informaticien et le biologiste ; dans une même furie destructrice, il bétonne les herbages, les pâturages, les prairies, les alpages, les champs, les bocages pour y installer ses usines *high-tech*; il extermine les troupeaux et les basses-cours, les étables et les bergeries, pour les remplacer par des cultures tissulaires, des clonages, des manipulations génétiques ; il détruit la nature, présentée comme conservatrice et réactionnaire, et voue un culte à la culture, associée au progrès, au modernisme, au sens de l'histoire ; il méprise le cycle des saisons et celui des nuits et des jours, il n'a que faire de la pluie et du soleil, de la neige et des orages, du vent et de la lumière naturelle, car il ne croit qu'à l'éclairage perpétuel des néons, à l'air climatisé, aux surfaces carrelées et aseptisées des laboratoires planétaires où se prépare l'avenir transhumaniste. Il met au feu *Les Travaux et les Jours* d'Hésiode, les *Géorgiques* et les *Bucoliques* de Virgile en même temps qu'il jubile, auprès d'une cheminée à l'éthanol, de lire et relire *1984* d'Orwell et surtout *Le Meilleur des mondes* d'Aldous Huxley.

Le projet de ces transhumanistes qui instrumentalisent les végans consiste à cloner les cellules souches d'animaux afin d'obtenir un genre de mousse carnée présentée comme un bifteck cuisiné comme tel. Outre que les végans devraient crier au loup, si je puis dire, car il en va avec ce genre de clonage d'une exploitation animale comme une autre, ils devraient également savoir que cette industrialisation de l'agriculture suppose la destruction radicale de la nature qu'ils prétendent vouloir sauver. À terme, un immense congélateur avec des cellules souches remplacera tous les troupeaux de la terre et tous les poissons de la mer. Que deviendront ces animaux sans la chaîne naturelle des prédateurs qui assure l'homéostasie de la nature ? Ils disparaîtront purement et simplement… Dans la configuration d'une sortie de la planète, un autre vœu transhumaniste, l'agriculture cellulaire représente l'avenir ! Un immense laboratoire dans l'espace pourra fournir de la « viande » sans animaux…

Quelques cellules souches peuvent donc être dupliquées à l'infini pour produire cet espuma (une scie musicale dans la restauration haut de gamme qui s'adresse déjà aux palais d'enfants sans dents ou de vieillards avec dentier…) qui, d'un point de vue anatomo-pathologique, s'apparente à une prolifération cancéreuse de cellules à manger. Les cuisines deviennent un mixte de services oncologiques et de morgues réfrigérées. Qui, en dehors de la science-fiction, aurait pu rêver un tel pandémonium ? Les transhumanistes aux bras des végans.

Bien sûr, cheval de Troie oblige, pareil projet infernal se trouve présenté sous des atours philanthropiques : cette viande cellulaire supprimerait la pollution due aux élevages industriels, à l'agriculture productiviste, à la trace carbone des fermes ; elle ferait l'économie des pets de bovins, qui soucient tant les écologistes, de leur urine et de leur lisier, de leur purin et de leur fumier ; elle éradiquerait toute souffrance animale, mais pas toute exploitation comme je viens de le préciser : plus d'élevage en batterie, plus de transports routiers de ces animaux vers l'abattoir, plus d'abattage, plus de sang versé ; elle permettrait de répondre au défi de l'augmentation de la population planétaire, donc de l'augmentation exponentielle du besoin de consommer de protéines ; elle arrêterait le ravage de la surpêche et de l'impossibilité de reconstituer les stocks de la faune sous-marine ; elle ouvrirait l'ère d'abondance sur le principe rousseauiste et marxiste : de la viande cellulaire pour tous, dans tous les pays.

Mon œil…

Car il n'est bien sûr pas dit qu'en régime transhumaniste cette agriculture tissulaire nourrirait les élites planétaires qui manifestent clairement leur projet de quitter cette planète devenue infréquentable par une pollution généralisée (y compris par leurs projets…) pour vivre hors de la Terre dans des stations spatiales, sur des exoplanètes, sur la Lune transformée en ghetto transhumain, ou sur Mars qui, il n'y a pas de mystère, intéresse tant les tenants de ces projets financés par les Gafam, Elon Musk en tête, Neuralink et Space X sont bien sûr l'avers et le revers de la même médaille.

Cette pollution que ces amis des végans prétendent combattre, ils l'augmentent bien sûr : car les laboratoires avec leurs bioréacteurs, leurs incubateurs, leurs ordinateurs bientôt quantiques, leurs microscopes aux performances inédites, leurs frigidaires et leurs congélateurs dantesques, leurs produits chimiques, leurs besoins en électricité, les exigences numériques de leur armée de processeurs qui travaillent à l'intelligence artificielle, tout cela suppose une effroyable trace carbone. Les métaux rares[1] qui induisent le néocolonialisme contemporain, le pillage du sous-sol des pays pauvres, d'où une présence militaire sur place sous prétexte de lutter contre le terrorisme islamiste, la pollution nécessaire à l'extraction de ces minerais, l'impossibilité de les recycler, la lutte contre la Chine qui dispose du monopole de ces métaux rares – tout cela n'est pas *lutte contre* le réchauffement climatique mais alimentation et *augmentation durable* du réchauffement climatique.

De même, l'agriculture cellulaire travaille au grand projet de l'État total, du gouvernement planétaire par le Marché, puisqu'il signifie la fin de toute souveraineté alimentaire et le remplacement de l'agriculture terrienne et naturelle par une agriculture industrielle et culturelle. Dans ce cas de figure, l'alimentation de la planète se trouverait concentrée entre les mains de multinationales qui travaillent à ce projet d'abord sur la côte ouest des États-Unis, ensuite dans nombre de laboratoires de la planète engagés dans une même course à ces bénéfices inouïs. Or, des multinationales soucieuses

1. Voir l'excellent livre de Guillaume Pitron, *La Guerre des métaux rares*, Les Liens qui libèrent, 2019.

de ne pas polluer, de ne pas exploiter, de ne pas souiller la nature, de ne pas contribuer au réchauffement climatique, soucieuses également de l'homme, de philanthropie, d'altruisme, de générosité, voilà autant de vues de l'esprit !

On comprend que l'endoctrinement des jeunes dès le plus jeune âge, dans les salles de classe même de l'école républicaine qui se fait le relais de cette idéologie avec l'argent du contribuable, dans les médias dominants publics ou possédés par des milliardaires, indistinctement subventionnés par l'impôt des Français, dans la publicité, dans le cinéma, notamment *via* des acteurs de la gauche caviar, dans le *show-biz*, par les Gafam, on comprend donc l'intérêt d'endoctriner la jeune génération pour qu'elle devienne végétarienne ou végan au nom du bien-être animal et travaille à l'insu de son plein gré, comme on dit, à faire entrer le cheval de Troie éthique dans la ville de Troie, la vieille civilisation judéo-chrétienne, dont la perte a été jurée. On comprend aussi que Greta Thunberg puisse chevaucher ce fameux animal avec autant de relais médiatiques planétaires.

Cessons là.

L'écologie prend donc paradoxalement une part importante dans la constitution de la civilisation transhumaniste. On peut me répondre que je tiens là des propos de Cassandre. Rappelons que Cassandre avait le don de connaître l'avenir mais qu'Apollon, parce qu'elle se refusait à lui, avait associé ce talent au fait que personne ne lui accorderait de crédit. Elle est donc moins coupable de ce qu'elle dit, qui est juste et vrai, que victime de l'incroyance de ceux à qui elle révèle en vain ses vérités.

Je ne vois pas ce qui pourrait arrêter ce qui est présenté par le politiquement correct comme un progrès alors qu'il s'agit en vérité d'une course à l'abîme. La fameuse « science sans conscience » de Rabelais fait désormais la loi ; elle était, ajoutait-il, « ruine de l'âme ». Quelle conscience serait à même d'arrêter cette science qui vise à descendre au plus profond des abysses ontologiques ? Quelle loi morale ? Quel surmoi éthique ? Quelles forces humanistes pour conjurer la perspective d'une âme ruinée ? Ce qui est techniquement faisable sera hélas concrètement réalisé. Rien ne peut désormais se mettre en travers de la route des acteurs du transhumanisme. Cercle vicieux, les Gafam fournissent à ce projet démoniaque l'argent créé par les esclaves que nous sommes tous, nous qui sommes tenus de passer par leurs services sous peine de ne plus obtenir quoi que ce soit – réserver un train, acheter son billet, obtenir un rendez-vous chez le médecin, déclarer ses impôts, etc.

Les États-Unis saluent désormais Elon Musk comme un nouveau Christophe Colomb. Ils ont raison, mais sa découverte ne sera pas l'« Amérique » ou le Pérou ou le paradis. Rappelons-le, cet homme déjanté qui travaille à ce futur déjanté annonce que « le futur va être bizarre ». Il ne manquera pas de l'être en effet !

La question n'est plus, comme au XIXe siècle, la mort de Dieu, mais la mort de l'homme. Non pas la mort du sujet construit au Grand Siècle par le *cogito* dont Foucault annonçait la fin dans les dernières lignes des *Mots et les Choses* (1966), mais celle de l'*Homo sapiens* nu dont Darwin raconte l'odyssée évolutive. À cette heure, il semble que cette courbe qui conduisait du singe à l'homme soit une courbe de Gauss : nous sommes au moment de sa descente, en direction de la reconstitution des hordes primitives des débuts de l'humanité. Ce qui est annoncé et présenté comme un progrès s'avère un regrès. Le triomphe écolâtre des punaises de lit et des rats d'égout sur le fœtus de neuf mois témoigne : le cheval de Troie écologiste travaille pour l'homme à un avenir de rat de laboratoire ou de punaise des ruines. Les dresseurs de ces bestioles à venir attendent leur heure patiemment. Elle viendra, elle vient.

5

RÉINVESTIR LE RÉGALIEN

1

THÉORIE DU BOURREAU

L'idéal eût été que l'homme fût bon, cependant, il ne l'est pas, et de loin. Dès lors, il faut un dispositif éthique, ontologique, politique, juridique à même de contenir cette méchanceté, afin de la prévenir, de l'empêcher, de la détourner, sinon de la punir. C'est ce qui définit le *régalien*, le pouvoir du roi, du souverain dépositaire de la volonté générale en tant qu'elle est la somme des intérêts particuliers exprimés eu égard au bien de la cité.

Ce pouvoir régalien nomme la violence d'État qui interdit la violence privée : c'est la violence sanglante du soldat, du militaire, du guerrier qui contiennent l'ennemi extérieur ; c'est la violence armée du policier, du gendarme, du CRS qui retiennent l'adversaire de l'intérieur ; c'est la violence feutrée des agents de renseignement et des services secrets qui travaillent à la prévention de toute négativité sociale ; c'est la violence hiératique du juge, du magistrat, du directeur de prison et de ses gardiens qui interdisent la plus grande nuisance de l'homme décidé à mal faire ; c'est le glaive dont la pointe équilibre les plateaux de la balance de la justice ; *in fine*, c'est le pouvoir qu'a le soldat de faire couler le sang.

Dans toute cité, la délégation du régalien s'avère nécessaire, comme les métiers d'égoutier, d'éboueur, de croque-mort, de vidangeur, de dératiseur. Le mieux serait en effet une cité sans eaux usées, sans poubelles, sans ordures, sans cadavres, sans cloaques, sans rats. Mais la perfection n'étant pas de ce monde, ces soutiers de la sanie s'avèrent indispensables à l'être et à la persévérance de l'être social, sauf à vouloir une cité recouverte d'immondices – or, il existe des humains stercoraires… Ces temps-ci d'ailleurs, ils pullulent.

1

Le monde se partage entre les tragiques et les naïfs. Les premiers croient ce qu'ils voient, le spectacle est rarement reluisant ; les seconds voient ce qu'ils croient, leurs visions sont toujours délirantes. Les uns savent que l'homme sent la sueur, le suint et le sang, le sperme et la crasse, qu'il est fait de la boue des passions tristes, déformé par l'envie et la jalousie, la convoitise et la haine, la méchanceté et l'agressivité ; les autres croient que les hommes évoluent éthérés dans un champ de roses parfumées ! Ici, l'on sait qu'il faut composer avec une bête qui ne sera jamais totalement humanisée ; là, on croit que l'humain s'améliorera sans fin ! Hobbes croit ce qu'il voit ; Rousseau voit ce qu'il croit. L'un et l'autre, on s'en doute, n'ayant pas la même vision du monde, n'ont pas non plus la même conception de la façon de s'y comporter.

Hobbes reprend la phrase célèbre de Térence extraite de *L'Asinaire ou la Comédie des ânes* : « L'homme est un loup pour l'homme. » On ne saurait être plus clair. L'état de nature est un état de violence et de sauvagerie perpétuel. C'est la « guerre de tous contre tous », écrit-il dans *Du citoyen* (I.14), la loi de la jungle où le plus fort a raison du plus faible, le plus rusé du moins malin, le plus vicieux du plus vertueux, le plus décidé à nuire du moins déterminé au mal. Dans l'état de nature « ce n'est qu'un perpétuel brigandage et on est exposé à la violence de tous ceux qui voudront nous ôter les biens et la vie » (X.I). Ce qui domine alors, c'est *la peur.* Et toute la politique de Hobbes consiste à en finir avec cette peur qui règne dans l'état de nature mais aussi dans l'état civil où prévaut l'anarchie. Pour abolir la peur, Hobbes propose de transfigurer le pouvoir négatif et naturel de nuire de tous contre tous en pouvoir positif et culturel pour quelques-uns de nuire pour le bien de la communauté, par le contrat social. C'est le mécanisme généalogique du monopole de la violence légale. Le contrat détruit l'état de nature, qui est celui de la sauvagerie primitive des hommes entre eux, au profit d'un état de culture où les hommes renoncent à leur liberté de nuire au bénéfice d'une liberté de vivre en paix et en sécurité avec leurs semblables.

La police, la prison, l'armée, le régalien pour le dire en un mot, travaillent à ce projet contractuel pacifique et sécuritaire. À défaut, si le souverain n'est pas en mesure de le mener à bien, les citoyens peuvent recouvrer leur liberté pour assurer eux-mêmes leur paix et leur sécurité. Dans l'état de nature, la liberté est licence, pouvoir de faire ce qu'on veut, quand on veut, contre qui on veut, il n'y a ni bien ni mal, ni bon ni mauvais, mais des forts qui soumettent des faibles, des rusés qui assujettissent des naïfs, des violents qui dominent des pacifiques, des brutes qui contraignent des gens policés et civilisés. Dans l'état de culture, la liberté dissolue d'avant laisse place à la liberté résolue par le régalien soutenu par le droit.

Hobbes n'ignore pas la nature foncièrement méchante des hommes. Il inscrit sa pensée matérialiste et déiste, sensualiste et empirique, dans un schéma hérité du judéo-christianisme : toutefois, il ne renvoie pas au péché originel qui fournit une généalogie mythique du mal mais à des considérations anthropologiques. Il ne pense pas l'homme à partir de ce que les Écritures en disent mais eu égard à ce que l'expérience lui enseigne. Il y a des garnisons avec des soldats à l'entrée des villes entourées de murailles pour se protéger du bellicisme des hommes ; des verrous aux portes pour se prémunir des voleurs ; des serrures chez soi pour se garantir du vol des domestiques ; des épées ou des armes pour riposter aux détrousseurs dans les rues. Hobbes écrit deux siècles avant Darwin, mais il appuie son anthropologie sur la biologie : les hommes ne sont pas méchants à cause du péché originel, explication théologique, mais, explication naturaliste, « de ce qu'ils naissent animaux » – préface au *Du citoyen*. Ils le demeurent quand l'éducation, la discipline et la raison, sinon la discipline de la raison, ne sont pas parvenues à les humaniser, à les civiliser. Le mal en l'homme surgit quand l'éducation au bien ne l'a pas réduit. Ce mal résiduel, c'est le régalien qui le contient. La police, les tribunaux, la prison, la torture même, les guerres également, n'existent que pour empêcher ce mal résiduel.

Nombreux sont ceux qui parlent de Hobbes sans l'avoir lu intégralement. Même ceux qui devraient avoir tout lu de lui pour écrire un livre oublient la plupart du temps une idée majeure qui permet de le penser d'une façon radicalement nouvelle. Le philosophe anglais passe en effet pour un théoricien de l'État fort, sinon pour un penseur de la monarchie absolue. C'est totalement faux : *Hobbes est un penseur de l'individu fort en cas d'État faible.* Il laisse au citoyen, en un paragraphe en effet, mais quel paragraphe, la possibilité de recouvrer sa liberté naturelle de se protéger si le souverain n'assure pas ou plus sa protection.

On lit en effet dans le *Léviathan* : « L'obligation qu'ont les sujets envers le souverain est réputée durer aussi longtemps, et pas plus, que le pouvoir par lequel celui-ci est apte à les protéger. En effet, le droit qu'ont les hommes, par nature, de se protéger, lorsque personne d'autre ne peut le faire, est un droit qu'on ne peut abandonner par aucune convention. La souveraineté est l'âme de la République : une fois séparée du corps, cette âme cesse d'imprimer son mouvement aux membres. La fin que vise la soumission, c'est la protection : cette protection, quel que soit l'endroit où les hommes la voient résider, que ce soit dans leur propre épée ou dans celle d'autrui, c'est vers elle que la nature conduit leur soumission, c'est elle que par nature ils s'efforcent de faire durer » (XXI). Ce qui ouvre légalement un droit à l'insurrection et à l'insoumission.

Toute ressemblance avec l'état actuel des choses ne serait pas fortuite…

2

On s'en doute, ma préférence va à cette pensée qui garantit l'individu contre le souverain quand celui-ci ne souveraine plus si l'on me permet ce néologisme… Quand la souveraineté du souverain n'est plus souveraine, alors l'individu redevient souverain pour assurer sa défense. Les militants pour le droit au port d'armes, ceux qui assurent une police privée du genre « Voisins vigilants », ne le font que face à la défaillance du souverain qui sape l'État national dont il veut la fin au profit d'une Europe supranationale qui a besoin pour ce faire de diluer les nations dans l'acide des incivilités, de la délinquance encouragée, de la justice idéologique, du laxisme pénal, de la machine grippée des prétoires faute de moyens, sinon de son nihilisme volontairement actif. Quand le premier geste d'un ministre de la Justice, juste après avoir été nommé, consiste à se faire applaudir par des prisonniers dans la prison de Fresnes, il révèle clairement aux médias sa feuille de route : assurer de sa solidarité ceux qui ont rompu le pacte social au mépris de ceux qui en ont été les victimes.

Nul doute que Jean-Jacques Rousseau fait partie des références de cet avocat devenu ministre après avoir dit de façon véhémente qu'il refuserait ce qu'il a accepté dès qu'on le lui a proposé. L'auteur du *Contrat social* est en effet la référence de qui refuse de voir le réel tel qu'il est, comme Hobbes, pour lui préférer sa vision idéologique sous-tendue par des fictions anthropologiques.

Car c'est une fiction anthropologique d'écrire : « l'homme [est] naturellement bon[1] » ! Puis d'ajouter : c'est la société qui l'a rendu méchant et plus précisément : la propriété ! Lisons : « Avant que ces mots affreux de *tien* et de *mien* fussent inventés ;

1. Dernière réponse du *Discours sur les sciences et les arts*, dans *Œuvres complètes*, Gallimard, coll. « Bibliothèque de la Pléiade », III.80.

avant qu'il y eût de cette espèce d'homme cruels et brutaux qu'on appelle maîtres, et de cette autre espèce d'homme fripons et menteurs qu'on appelle esclaves; avant qu'il y eût des hommes assez abominables pour oser avoir du superflu pendant que d'autres hommes meurent de faim; avant qu'une dépendance mutuelle les eût tous forcés à devenir fourbes, jaloux et traîtres; je voudrais bien qu'on m'expliquât en quoi pouvaient consister ces vices, ces crimes qu'on leur reproche avec tant d'emphase. » Autrement dit : la cruauté, la brutalité, la friponnerie, le mensonge, la fourberie, la jalousie, la traîtrise des hommes ne proviennent pas des hommes en général mais des propriétaires en particulier ! Par conséquent, abolissez la propriété et vous abolirez le mal. Et comment mieux abolir la propriété qu'en décapitant les propriétaires, dira Robespierre qui les assimilera tous aux aristocrates et aux religieux !

Cette fable est une fiction… au dire de Rousseau lui-même ! On lit en effet dans le *Discours sur l'origine et les fondements de l'inégalité parmi les hommes* cette phrase sidérante : « Commençons par écarter les faits » (III.132). C'est une façon nouvelle de procéder en philosophie qui s'ouvre ici : le philosophe n'aura donc que faire des faits, autrement dit du réel, du concret, de ce que nous apprennent l'histoire et la sociologie, la politique et la psychologie, la biologie et l'anthropologie, et toute autre science, pour leur préférer l'imagination, l'invention, la fable, le mythe, la fantaisie, le caprice…

Le philosophe genevois propose ni plus ni moins de revenir à la pensée mythologique.

Il met en pratique sa méthode régressive à propos du *bon sauvage* et annonce qu'il va privilégier « des raisonnements hypothétiques et conditionnels » (III.133). Les faits pourraient lui donner tort, ce qui induirait une réflexion plus et mieux ajustée, mais il ne prend pas le risque des faits. À quoi bon une pensée juste ? Les hypothèses et le conditionnel ne risquent pas de lui donner tort… Rousseau décrit les hommes dans l'état de nature : aux antipodes de Hobbes, il peint une vision champêtre des choses, c'est Cythère vue par Watteau ! Les hommes sont heureux, ils chassent, pêchent, cueillent des fruits dans la nature, boivent l'eau fraîche des ruisseaux, mangent à l'ombre des arbres des produits bio en circuit court, décarbonés, pour parler le langage du jour, ils ignorent le mal, la méchanceté, ils vivent en paix, heureux comme s'il s'agissait d'un paradis sur Terre ! Emporté par sa fiction, Rousseau se calme un peu en écrivant que ces hommes ne se sont « jamais trouvés dans un état de pure nature » (III.132). Dans cet état de nature qui n'a jamais existé mais qui existe tout de même, on ne trouve donc ni forts ni faibles, ni robustes ni malingres, ni grands ni petits, ni malins ni bêtas, ni rusés ni balourds, ni intelligents ni crétins. L'inégalité arrive ensuite, après, avec la propriété : « Le premier qui, ayant enclos un terrain, s'avisa de dire, *ceci est à moi*, et trouva des gens assez simples pour le croire, fut le vrai fondateur de la société civile » (III.165) – et du mal. Mais comment peut-on écrire pareilles sottises ? Car, si dans cet état de nature où tous sont libres et égaux, l'un enclôt le terrain, invente la propriété, en exclut d'autres dont Rousseau nous dit qu'ils sont assez naïfs pour le laisser faire et le croire, c'est qu'il existe, avant la pose de la première clôture, dans l'état de nature donc, des forts et des faibles, des conquérants et des conquis, des maîtres et des esclaves ! C'est le même Rousseau qui, ne craignant pas la contradiction, écrit : « les plus forts [*sic*] furent vraisemblablement les premiers à se faire des logements qu'ils se sentaient capables de défendre » alors que « les faibles [*sic*] trouvèrent plus court et plus sûr de les imiter que de tenter de les déloger » (III.167). Dans l'état de nature où les hommes sont égaux, il y a donc des « forts » et des « faibles »… Dans une copie de bac, il y aurait du rouge dans la marge !

De même, comment peut-on dire que, dans l'état de nature où tous sont égaux, certains, finauds, auraient construit des maisons qui leur appartiennent et d'autres, bêtas, non ? Vérité de La Palice : la clôture clôt ce qui lui préexiste : ce n'est donc pas la propriété qui est en jeu mais l'esprit d'entreprise. La barrière arrive après la maison qui, elle, procède de l'initiative individuelle.

Cette histoire ne tient pas debout : l'homme n'est pas naturellement bon ; la propriété n'est pas la source de l'inégalité ; l'inégalité est naturelle, Rousseau le montre lui-même après avoir proclamé le contraire, elle oppose moins ceux qui possèdent et ceux qui n'ont rien que ceux qui prennent des initiatives et les autres ; l'abolition de la propriété privée n'abolirait pas les inégalités naturelles. L'homme n'est pas le bon sauvage fictionné par Rousseau après la lecture du chapitre intitulé « Des cannibales » de Montaigne. Il est ce que Hobbes a dit : un loup pour son semblable…

Cette idéologie de l'homme naturellement bon corrompu par la propriété s'avère également une fiction, car on voit difficilement comment le mal, installer des barrières, peut procéder du bon, un homme qui le serait naturellement. Comment le mauvais peut-il procéder du bon ? Dans sa fiction, les paralogismes font la loi.

Il n'y aurait là rien de grave si ce délire fictif, hypothétique, conditionnel, légendaire, chimérique, mythologique n'était devenu vérité scientifique et parole d'Évangile depuis que la Révolution française en général et les Jacobins en particulier en ont fait le socle de leur édifice républicain.

Le *Discours sur les sciences et les arts*, le *Discours sur l'origine et les fondements de l'inégalité parmi les hommes* couplés au *Contrat social* font de Rousseau l'homme qui assimile la propriété privée au péché originel et qui indique une rédemption possible par la constitution d'un souverain obtenu contractuellement. Le Rousseau du *Discours sur l'origine et les fondements de l'inégalité* aurait dû lire le Rousseau du *Discours sur les sciences et les arts* qui écrit :

«Les hommes sont pervers» (III.15) : le seul contrat social ne suffirait pas à rendre l'homme bon.

D'autant que Rousseau fournit les éléments de langage au discours qui inverse la culpabilité et la fait passer de l'individu à la société. Dans la logique judéo-chrétienne, l'homme est pourvu d'un libre arbitre, il est donc responsable de l'usage qu'il en fait, il est donc coupable des forfaits qu'il accomplit. Il s'avère donc punissable y compris par la peine de mort – que Rousseau légitime par ailleurs…

Dans la logique rousseauiste, la culpabilité incombe à la société qui a créé des victimes du système par son caractère inique – capitaliste pour le dire dans un vocable plus récent… C'est donc la société qu'il faut punir. Or, comment mieux la punir qu'en ne punissant pas, ou peu, ou mal, celui qui travaille à la saper ? L'acclamation d'un ministre de la Justice faisant sa première sortie dans une prison valide cette hypothèse. Par son salut, le garde des Sceaux transforme les délinquants incarcérés en pauvres victimes du système.

Le penseur de la question régalienne est Joseph de Maistre. Ce philosophe contre-révolutionnaire élabore une *théorie du bourreau* qui éclaire la logique pénale judéo-chrétienne et, par-delà cette modalité spécifique, toute logique pénale.

Dans le premier entretien des *Soirées de Saint-Pétersbourg*, il parle de l'« un de ces hommes pervers nés pour le malheur de la société ; un de ces monstres qui fatiguent la terre ». Qu'en faire ? Ceux qui font le mal sont-ils d'une autre nature que ceux qui lui préfèrent le bien ? Faut-il laisser la justice de Dieu s'exercer dans l'au-delà ? Doit-on s'arranger pour qu'un peu de cette justice *post mortem* existe *ante* ? Pourquoi « le bonheur des méchants, le malheur des justes », ce scandale ? Pourrait-on se contenter d'une justice toujours rendue par Dieu et jamais par les hommes ? Et les athées qui ne croient pas en Dieu, comment pourraient-ils craindre un jugement après leur mort ?

Le comte répond : il n'y a pas de prospérité au vice et de malheur à la vertu. Car, comme les projectiles à la guerre, les méchancetés tombent au hasard sur tel ou tel, Dieu n'y est pour rien, car si le mal ravage aveuglément la Terre, ça n'est pas de son fait mais de celui des hommes et parmi eux du premier d'entre eux ! Si la vertu était toujours récompensée et le vice toujours puni il n'y aurait aucun mérite à être vertueux et tout le monde le serait. La justice étant accomplie sur Terre par des hommes, il lui faut un bras armé. Et ce bras armé qui tient la hache, c'est le bourreau.

Le bourreau est « un être inexplicable » mis au ban de la société, sulfureux, pestiféré, vivant seul « avec sa femelle et ses petits ». Il tranche la tête des hommes et mène son existence de ce fait en marge d'eux. Lisons Joseph de Maistre : « Ôtez du monde cet agent incompréhensible ; dans l'instant même l'ordre fait place au chaos ; les trônes s'abîment et la société disparaît. Dieu qui est l'auteur de la souveraineté, l'est donc aussi du châtiment. »

La théorie pénale chrétienne se trouve ramassée dans ces quelques mots : « Le mal étant sur la Terre, il agit constamment; et par une conséquence nécessaire il doit être constamment réprimé par le châtiment. » Certes, il y a des erreurs judiciaires et des punitions infligées à tort, mais, poursuit le comte, c'est minoritaire, quantité négligeable, le principe ne s'en trouve pas affecté. Il vaut mieux, dit-il, un innocent qui périt qu'un coupable qui y échappe.

Dans ses *Éclaircissements sur les sacrifices*, de Maistre consacre un chapitre à la « Théorie chrétienne des sacrifices » et la met en relation avec l'ancienne idée, à laquelle il souscrit, de la « rédemption par le sang ». Et qui mieux que la figure du Christ pour incarner cette théorie de la faute rédimée par le sacrifice et le sang versé? À l'appui de sa thèse, de Maistre cite saint Paul, Tertullien, Origène, Jean Chrysostome. Il estime que la mise à mort du coupable permet une « communion par le sang ». Reprenant la *Liturgie de la messe*, de Maistre affirme : « le sang théandrique pénètre les entrailles coupables pour en dévorer les souillures ». Le bourreau est donc l'indispensable prêtre de la religion sociale.

Or, Joseph de Maistre n'ignore pas que la Révolution française a eu lieu, il a suffisamment écrit contre! Et que la théocratie a laissé la place à la démocratie. La souveraineté n'est plus une affaire de transcendance mais de pure immanence.

En 1792, date de naissance de la République, Dieu a laissé la place aux hommes.

Dès lors, le sang ne saurait laver quelque affront, quelque offense ou quelque crime que ce soit... Tuer un homme pour lui faire payer un meurtre constitue un paralogisme sanglant. Beccaria a tout dit sur ce sujet. Mais le même philosophe italien aurait dû poursuivre dans sa dynamique intellectuelle : la souffrance de la prison à vie, la mise en état de servitude, l'existence vécue dans une cage et dans les fers que préconise son traité *Des délits et des peines* ne sauraient constituer des choix. Pas plus le nihilisme de Foucault selon lequel il n'y a ni bourreaux ni victimes, ni vice ni vertu, ni normal ni pathologique et qu'il faut abolir le système pénal tel qu'il est pour le remplacer par... rien !

Il faudrait un État fort qui restaure les prérogatives du régalien. Cet État devrait être soutenu par une anthropologie moins jean jacquiste qu'hobbienne. La prison devrait se vider de ceux qui n'ont rien à y faire pour se remplir de ceux, rares, dont c'est la place parce qu'ils sont véritablement toxiques pour les autres et la société. Il faudrait destiner les prisonniers affectés par des souffrances psychiques, nombreux, à des structures adaptées dans lesquelles la camisole chimique ne ferait pas la loi. Les peines légères et les premières condamnations devraient être remplacées par une resocialisation que je dirais « musculaire » dans des dispositifs de reconstruction sociale où l'activité physique haut de gamme tiendrait un rôle architectonique. Là où il ne sert à rien de donner des leçons de morale, construire un groupe par la dépense corporelle ouvre une piste. La psychiatrie ne devrait plus s'aligner sur les options nihilistes du freudo-marxisme foucaldien, un véritable nihilisme, ou sur celles, sacrificielles et théocratiques, des contre-révolutionnaires du jour, mais sur un beccarisme nouveau. Ceux qui contiennent le mal ne sont pas ceux qui le produisent, ceux qui arrêtent la sauvagerie ne sont pas des sauvages, ceux qui retiennent la barbarie ne sont pas des barbares : les policiers, les gendarmes activent des forces légales qui s'opposent aux violences illégales et ne les créent aucunement. La magistrature devrait se défaire d'une idéologie dominante issue d'une dévotion au catéchisme rousseauiste : non, l'homme n'est pas naturellement bon ; non, la société n'est pas toujours coupable ; non, l'abolition de cette société n'entraînerait pas l'émergence d'une autre pacifiée et édénique – les tribunaux révolutionnaires de la Révolution française montrent qu'il s'agit d'une impasse, ceux des prétoires des pays marxistes-léninistes également ; non, le bourreau n'est pas une victime et la victime n'est pas un bourreau ; non, une nouvelle société ne supprimerait pas la délinquance comme l'URSS le fit croire pendant un demi-siècle ou comme l'Iran le prétend également aujourd'hui.

Le péché originel n'existe pas, mais, Schopenhauer avait raison, « l'homme est un animal frappeur ». La raison n'en est pas sociale ou sociologique, même si la sociologie doit jouer un rôle majeur dans cette refondation, mais anatomique, biologique. Darwin a tout dit sur ce sujet. L'homme qui envisage aujourd'hui de poursuivre sa vie sur Mars reste malgré tout le contemporain des hordes primitives décrites par le naturaliste. Il nous faut revenir à un Beccaria dépoussiéré, faire l'économie de la radicalité nihiliste de Michel Foucault et de la radicalité sanguinaire de son double Joseph de Maistre pour penser une théorie pénale postchrétienne et postnihiliste afin que *force revienne à la loi.*

Est-ce un vœu pieux ? Possible, plausible, probable…

Car, à l'heure où j'écris, l'évolution de l'humanité ressemble à une involution : le schéma d'un temps linéaire qui conduirait vers une acmé progressiste laisse place à un schéma circulaire de retour vers les origines. En France, dans des milliers de territoire perdus de la République, le paradigme ressemble à ces bandes vaguement restituées au cinéma par *La Guerre du feu.* Dans ces cas-là, ce qui est à craindre, c'est ce que Nietzsche raconte dans *La Généalogie de la morale* : la création d'un autre droit et d'une autre loi par les plus sauvages. *Quid* alors de l'esprit de ces lois ? La promesse de barbaries inédites.

2

L'UBÉRISATION DE L'INQUISITION
La jurisprudence Michel Foucault

L'Occident judéo-chrétien a produit une théorie de la justice qui a sévi des débuts de l'Empire chrétien jusqu'à sa décadence aux portes de la Révolution française. Disons : du code de Justinien, rédigé au début du VIe siècle de notre ère, jusqu'à *Des délits et des peines* de Beccaria qui paraît en 1764.

Le premier temps de la théorie du droit en Occident relève de la *théologie pénale* ; saint Augustin fournit le matériau conceptuel et les éléments de langage de cette doctrine dans sa *Cité de Dieu*. Le deuxième, celui de la *raison pénale*, procède de l'*Encyclopédie*, des Lumières, de la philosophie en général et de Montesquieu et Helvétius en particulier; c'est donc celui de Beccaria. Le troisième incarne le *gauchisme pénal* ; la doctrine est fournie clés en main par Michel Foucault dans *Surveiller et punir* (1975). L'ouvrage propose une généalogie du droit et de la loi selon la règle du gauchisme culturel. C'est le régime intellectuel sous lequel nous vivons encore en matière de philosophie du droit.

Entre les foudres du Dieu biblique et les inversions de valeurs du diable gauchiste, entre le tribunal de l'Inquisition brûlant des bûchers de Torquemada et le Tribunal révolutionnaire jacobin rougi par la guillotine de Fouquier-Tinville, sans oublier les tribunaux populaires maoïstes des années 1970, notamment à Bruay-en-Artois, qui procèdent de l'un et de l'autre et qui recueillaient la sympathie publique de Foucault, une place existe pour une philosophie du droit qui ne soit ni théologique ni nihiliste.

1

Le récit mythologique biblique fournit une anthropologie chrétienne qui définit l'homme comme peccamineux. Le péché originel marque en effet l'âme des hommes depuis la faute du premier d'entre eux – pour être plus précis : de la première d'entre eux – et ce jusqu'au dernier vivant que la planète portera. On n'entrera pas dans le détail de cette narration généalogique, mais je rappelle que dans le Paradis originel vit un serpent qui incarne le mal ! Étrangement, il ne vient à l'idée de personne de s'interroger sur cet étrange Éden dans lequel le Mal a élu domicile fixe et peut produire ses effets quand il le souhaite. Un paradis dans lequel se trouve l'enfer ? Drôle de géographie !

On sait également que, pour laver les péchés du monde, le Christ a subi la Passion, qu'il est mort supplicié sur la croix, qu'on l'a battu, humilié, flagellé, qu'on a percé son flanc avec une lance, déchiré son front avec une couronne d'épines, qu'on l'a abreuvé de vinaigre, qu'on a brisé son corps en lui faisant porter la croix, l'instrument de son supplice, jusqu'au sommet du mont Golgotha. Dans les peintures de crucifixion, on trouve parfois au pied de la croix le crâne d'un homme : c'est celui d'Adam rédimé par le sacrifice du Fils de Dieu.

Le schéma chrétien est donc simple : il y a le bien, obéir à Dieu, le mal, opter pour le choix du diable, le libre arbitre, l'homme a le choix entre le bien et le mal, et l'assentiment au serpent puni par la damnation, puis racheté par la torture et la mise à mort. La faute est donc expiée sur Terre par la souffrance et le sang versé. Au ciel, si le repentir fut sincère, le pécheur peut voir s'ouvrir devant lui les portes du salut dans le paradis où il connaîtra les jouissances d'un corps glorieux vivant une vie éternelle.

Saint Augustin théorise le passage du récit mythologique chrétien à la théorie pénale *ad hoc.* Dans une lettre à Macédonius, il écrit : « Sans doute ce n'est pas en vain qu'ont été institués la puissance du roi, le droit du glaive et de la justice, l'office du bourreau, les armes du soldat, les règles de l'autorité, la sévérité même d'un bon père. Toutes ces choses ont leurs mesures, leurs causes, leurs raisons, leurs avantages : elles impriment une terreur qui contient les méchants et assure le repos des bons » (Ép.153.16). Puis ceci : « Il n'est pas inutile que la terreur des lois retienne l'audace humaine, afin que l'innocence demeure en sûreté au milieu des pervers et que, dans les méchants eux-mêmes, la contrainte imposée par la peur des supplices détermine la volonté à recourir à Dieu et à devenir meilleure. » Pour qui n'aurait pas compris, Augustin précise qu'on peut « faire mourir pour venger, comme le ferait un juge, ou pour obéir à un ordre légal, comme le ferait le bourreau ».

À qui remarquerait que le sixième commandement « tu ne tueras point » en prend un coup dans l'aile, Augustin a prévu une réponse dans *La Cité de Dieu* : « La même autorité divine qui a dit : *Tu ne tueras pas,* a établi certaines exceptions faites à la défense de tuer l'homme. Dieu ordonne alors, soit par la loi générale, soit par précepte privé et temporaire, qu'on applique la peine de mort. Or, celui-là n'est pas vraiment homicide qui doit son ministère à l'autorité, il n'est qu'un instrument, comme le glaive dont il frappe. Aussi, n'ont aucunement violé ce précepte *Tu ne tueras pas* les hommes qui ont fait la guerre sur l'ordre de Dieu, ou qui, représentant la puissance publique, ont puni de mort les scélérats, conformément aux lois, c'est-à-dire au commandement de la très juste raison » (I.21).

En conclusion, toute la rhétorique et la sophistique du Père de l'Église débouche sur ce paralogisme : « Tu ne tueras point, sauf quand le pouvoir te le demandera. » On reconnaît la méthode des cochons qui ont pris le pouvoir dans *La Ferme des animaux* d'Orwell qui décrètent l'égalité, y compris pour certains décrétés plus égaux que d'autres.

Le corpus doctrinal augustinien débouche sans problème sur la politique pénale du tribunal de l'Inquisition. Les différents manuels des inquisiteurs, de Bernard Guy (1323), de Nicolas Eymerich (1376), de Torquemada (1484) ou *Le Marteau des sorcières* de Sprenger et Institoris (1486), n'entrent pas du tout en contradiction avec la doctrine du Père de l'Église. Avec cette littérature inspirée de la Bible, des Pères de l'Église, de saint Augustin, de Thomas d'Aquin, la délation, la poursuite, la torture, l'aveu, le châtiment, la punition, la peine, la prison, le bûcher, la mort deviennent les nouvelles vertus de la religion de l'amour du prochain.

Augustin rend philosophiquement et politiquement possible le césaro-papisme qui s'appuie sur l'idée formulée par saint Paul dans son Épître aux Romains : « tout pouvoir vient de Dieu » (13.1). Dieu interdit de tuer, mais il peut autoriser qu'on tue, si c'est au nom des « règles de l'autorité » pour reprendre la formulation d'Augustin. Le soldat, le bourreau, le juge, donc l'inquisiteur, ne tuent pas quand ils tuent, ou ne font pas tuer quand ils font tuer : ils exercent un office divin, ils rendent la justice, ils imposent la loi de Dieu, ils font triompher le bien sur le mal, ils décapitent le serpent.

Le tribunal de l'Inquisition fournit la matrice d'une justice à charge : le « commissaire inquisitorial » est moins choisi pour ses compétences juridiques que pour sa foi avérée et ses mœurs exemplaires; il reçoit les « délations, informations et accusations de qui que ce soit » ; il cite à comparaître ; il convoque les témoins et les suspects ; il arrête les prévenus ; il reçoit les témoignages et les aveux, il les examine ; il appelle, ou pas, les témoins ; il peut aussi : « torturer, avec monsieur l'évêque, pour obtenir des aveux » ; il incarcère. L'inquisiteur affirme clairement : « Dans les affaires de foi, la procédure doit être sommaire, simple, sans complications et sans tumultes ni parades d'avocats et juges. On n'y est pas tenu de montrer d'acte d'accusation à l'accusé, ni d'y introduire débat. On n'y admet pas d'appel dilatoire ni d'autres choses de ce genre. » Nicolas Eymerich écrit que tous les moyens sont bons pour obtenir l'aveu, torture et ruse comprises, le tout « en tenant toujours pour coupable l'accusé »… Pas bien sûr que Jésus y ait retrouvé les siens ; en revanche, saint Paul, l'homme au glaive, si. Robespierre, lui, adorera.

2

Le dispositif mis au point par le tribunal de l'Inquisition fournit la matrice de la philosophie juridique et pénale de la civilisation judéo-chrétienne. L'homme est libre de choisir le bien ou le mal ; s'il choisit le bien, on le récompense, s'il préfère le mal, on le punit ; la punition est calquée sur le schéma salvifique de la Passion : souffrir, saigner, mourir, donc expier, payer, rédimer.

Le Christ a montré la voie. Les racines du droit chrétien sont dans le ciel. Le droit pénal a pour fondation le discours théologique. Mais, comme dans la nouvelle de Kafka *La Colonie pénitentiaire*, il s'inscrit dans le corps du sujet : une herse grave dans la chair le motif de la punition. Il s'agit d'atteindre l'âme par la chair.

En matière pénale, la révolution s'effectue avant la Révolution française, en l'occurrence avec le traité *Des délits et des peines* de Beccaria. Ce petit livre est souvent cité mais peu lu intégralement ; il est encore moins mis en relation avec la pensée utilitariste – au sens philosophique du terme – du philosophe. Ceux qui le citent sans l'avoir lu sortent de l'ouvrage les pages devenues classiques contre la torture et la peine de mort. Quand il se trouve présenté par Robert Badinter pour une collection de poche, l'image d'Épinal rutile. Mais il y a loin de l'image d'Épinal à la réalité…

Beccaria fait descendre sur la Terre des hommes le droit qui se trouvait avant lui dans le ciel de Dieu. Il laïcise la loi ; il installe le pénal sur le terrain de l'immanence ; il abolit la domination de la transcendance ; il ne nie pas Dieu, il n'attaque pas les princes, il ne méprise pas la morale ou la vertu, il veut donner à la loi une autonomie par rapport à la religion et à la théologie.

Si l'on convient qu'il faut des délits et des peines, juger et punir, et si Dieu ne fait pas la loi des hommes, sur quoi repose l'édifice pénal ? Sur un projet politique concret qui se propose de réaliser « le plus de bonheur possible réparti sur le plus grand nombre ». La loi n'est pas là pour dresser par la punition divine mais pour rendre possible la vie des hommes entre eux dans un monde où certains n'ont que faire de ce projet parce qu'ils poursuivent leur seul intérêt sans souci d'autrui, malgré lui, voire contre lui.

Beccaria s'inscrit dans le courant contractualiste. Moins rousseauiste qu'hobbien, en tragique insensible aux fictions romanesques de l'homme naturellement bon de Rousseau, il sait que « tout homme se regarde comme le centre de toutes les combinaisons du globe ». Il estime que l'état de nature est un état de violence résolu par le contrat généalogique de la loi qui protège des « passions individuelles » opposées « à l'intérêt général ». Le droit de punir a donc pour légitimation la protection de la société contre ceux qui en voudraient la dilution.

Ce qui n'empêche pas, écrit Beccaria, que Dieu s'occupera de punir selon ses principes dans son royaume. Ici-bas, sur Terre, seul le législateur – qui est l'émanation du souverain, à savoir le dépositaire de la volonté générale – est habilité à produire la loi. Les hommes sont les obligés de la société ; mais la société est également l'obligée des hommes, y compris des plus modestes. La loi n'a pas besoin d'être cruelle ; il lui suffit d'être juste, autrement dit : de faire le nécessaire pour protéger les hommes des méfaits de tel ou tel des siens. Beccaria en appelle à la logique pour abolir le théologique en matière pénale : « En présence de tout délit, le juge doit former un syllogisme parfait : la majeure doit être la loi générale, la mineure l'acte conforme ou non à la loi, la conclusion étant l'acquittement ou la condamnation. » Il parle également d'« arithmétique politique », de « calcul de probabilités », de « précision mathématique ». Là où saint Augustin fait découler la loi de la volonté de Dieu, Beccaria affirme qu'elle procède des hommes ; le premier invoque le ciel et la transcendance, le second les hommes et l'immanence. L'un cite les Écritures ; l'autre les théoriciens du contrat social. Le Père de l'Église pense en théologien de la punition ; le philosophe, en logicien de la peine.

On se doute que mobiliser le syllogisme invite à tourner le dos au schéma punitif judéo-chrétien. Pas question, pour Beccaria, de justifier la souffrance, la torture, le sang versé, la peine de mort. C'est un incontestable progrès. Faire souffrir n'empêche pas que le délit ait été commis. Dès lors, à quoi bon infliger des souffrances au prévenu ? Il ne s'agit pas de se venger d'une souffrance par une autre souffrance mais d'en prévenir le retour. Beccaria invoque « je ne sais quelle raison métaphysique et incompréhensible prétendant que la torture purge l'infamie » – on pourrait presque ajouter : elle l'augmente bien plutôt… Beccaria feint bien sûr ici d'ignorer ce qu'il dénonce vraiment : la justification théologique de la peine.

La torture est pratiquée pour faire avouer un prévenu; elle concerne donc un homme qui n'a pas encore été jugé coupable; elle s'avère un authentique déni de droit et de justice; elle est même une injustice commise à l'endroit d'un présumé innocent jusqu'à preuve du contraire, la tâche incombant au tribunal d'établir sa culpabilité et non à ce qu'on nommait alors la « question ». Cette fois-ci, Beccaria propose une franche généalogie de ce paralogisme : il renvoie explicitement à la religion chrétienne, qui souscrit à cette idée que la punition corporelle la plus sanglante permet la rédemption. Il met également en relation la logique de l'aveu et celle de la confession. On ne peut mieux mettre en cause le Dieu d'Abraham, d'Isaac, de Jacob et de Moïse, surtout quand on vient d'entretenir de l'Être suprême. Beccaria dissocie le droit et la loi du théisme chrétien, il l'associe au déisme philosophique. La justice ne relève pas de l'ordalie superstitieuse, mais d'une syllogistique du droit.

Avec raison, Beccaria dénonce ce que l'on pourrait nommer aujourd'hui la justice de classe. Un siècle avant lui, le grand La Fontaine avait déjà fait savoir dans *Les Animaux malades de la peste* que, selon qu'on est puissant ou misérable, les jugements de cour nous rendent blancs ou noirs. La justice pour les nobles n'est pas la justice pour les manants. Si Sade n'avait pas été marquis, il aurait été bien vite décapité ! Beccaria constate que, la plupart du temps, le vol commis a pour cause

« la misère et le désespoir ; il est le fait de cette classe d'hommes infortunés à qui le droit de propriété (droit terrible et qui n'est peut-être pas nécessaire) n'a laissé qu'une existence dénuée de tout ».

Beccaria n'en estime pas moins que le vol doit être puni : sanctions pécuniaires s'il n'y a pas eu de violence, sinon « asservissement temporaire du travail et de la personne du coupable à la société, afin de la dédommager » – les travaux d'intérêt général de notre époque. Si le vol est commis avec violence, Beccaria préconise « un mélange de servitude et de châtiment corporel ».

Le philosophe italien n'est pas laxiste ! Il propose de punir les injures personnelles contraires à l'honneur par l'infamie ; il envisage le bannissement et l'accompagne si besoin est par la confiscation totale ou partielle des biens contre ceux qui troublent l'ordre public ; il ne veut pas des châtiments rigoureux mais « une sévérité inexorable qui, pour être une vertu efficace, doit aller de pair avec une législation clémente » – plutôt la certitude d'une punition modérée que la crainte d'une punition terrible anéantie par l'espoir de l'impunité.

Beccaria est surtout connu pour avoir argumenté contre la peine de mort alors que nombre de philosophes la défendent : Platon, Aristote, Cicéron, saint Augustin, Thomas d'Aquin, Voltaire, Locke, Rousseau, Diderot, Montesquieu, Kant, mais aussi, après lui, Stuart-Mill, Hegel, Schopenhauer, Sartre aussi ou Badiou quand elle est au service d'un gouvernement révolutionnaire…

La société interdit que l'homme se donne la mort, elle criminalise en effet le suicide, mais elle autorise qu'un homme puisse en mettre à mort un autre ! La peine de mort est « une guerre de la nation contre un citoyen qu'elle juge nécessaire ou utile de supprimer ». Or, cette mort est inutile quand le délinquant se trouve en prison et dans l'impossibilité de nuire.

Beccaria, précisons-le, n'interdit pas la mort d'un citoyen si c'est le prix à payer pour stopper « une menace pour la sécurité de la nation, et si son existence peut provoquer une révolution dangereuse pour la forme du gouvernement établi » – ce qui ne témoigne pas en faveur d'une abolition de la peine de mort par principe mais, de façon conséquentialiste, autorise son recours si elle empêche un désordre social grave… Lisons, c'est clairement dit : « La mort d'un citoyen devient donc nécessaire quand la nation est en train de recouvrer sa liberté ou de la perdre, ou dans une époque d'anarchie, quand c'est le désordre qui fait la loi. » La peine de mort est également légitime quand elle s'avère « unique moyen de dissuader les autres de commettre des crimes » (XXVIII).

Nous sommes loin d'un Beccaria iréniste président abolitionniste de la Célesteville de Babar ! Car, si Beccaria n'est pas un pur abolitionniste mais un partisan sévère de l'usage de la peine de mort dans les cas précités, il défend des punitions qu'on n'imagine pas célébrées en régime de Lumières ! Il milite contre « le spectacle terrible mais momentané de la mort » et pour l'exemple du « tourment d'un homme privé de sa liberté, transformé en bête de somme et qui paie par ses fatigues le tort qu'il a fait à la société »...

Cette réduction du coupable à un destin de *bête de somme* n'est pas très foucaldienne ! La peine de mort n'est pas dissuasive, elle ne terrorise pas, elle n'inquiète pas, elle n'empêche pas les nuisibles potentiels de nuire réellement, elle génère un mélange de compassion et de mépris : rien qui permette ce que la loi doit obtenir : dissuader de commettre le mal.

Beccaria propose donc des peines plus dissuasives : « la perte totale et définitive de [la] liberté » en général et sur le principe ; ce qui donne, dans les actes et les faits, « les fers et les chaînes, [vivre] sous le bâton et sous le joug, dans une cage de fer » mais également « la détention perpétuelle » et « les travaux forcés à perpétuité ». Beccaria entend faire souffrir les condamnés toute leur vie plutôt que d'abolir leur souffrance par une mort rapide. La hache du bourreau est trop douce, le philosophe veut étendre la punition le temps que durera la vie du prisonnier. À qui lui dirait que la détention perpétuelle est *aussi* cruelle que la peine de mort, Beccaria répond d'avance qu'il souhaite non pas qu'elle soit autant cruelle mais... *plus* afin d'être réellement et véritablement dissuasive !

Le traité réprouve que la justice soit au service des nobles, des aristocrates, des riches, des oisifs qui exploitent le travail des autres et se montrent ainsi ennemis de la société – déniaisé par le spectacle de la Révolution française, il reviendra sur ce genre de pensées… Il se place aux côtés des plus exposés : il pense le vol, l'adultère, l'« infanticide » (comprendre : l'avortement…), l'homosexualité, le suicide sans morale, de façon sociale, sinon sociologique, en attirant l'attention sur les raisons de ces pratiques : la misère, la pauvreté, la promiscuité, la misère sexuelle, autant de délits faciles à supprimer par l'établissement d'une société dans laquelle on combat ce qui génère ce qu'on réprouve par une répartition équitable des richesses et des biens. La prospérité économique, les échanges, l'équilibre de la balance commerciale (!), mais aussi l'éducation, voilà ce qui entrave le surgissement du mal.

Ce qui n'empêche pas le philosophe milanais d'être réticent aux lois qui restreignent le port d'armes ! Il estime en effet qu'interdire les armes, c'est nuire à ceux qui n'auraient rien à se reprocher et envisageraient de s'en servir pour dissuader qu'on les agresse ou se défendre. La prohibition n'empêcherait pas les nuisibles de s'en servir pour commettre leurs forfaits ! Un homme sans arme est à la merci d'un homme armé : une loi qui oblige à ne pas être armé alors que d'autres le sont agit en faveur des délinquants. Qui dit que l'on trouve aussi dans le traité *Des délits et des peines* un plaidoyer en faveur du port d'armes pour tous ?

Certes Beccaria a écrit et argumenté contre la torture et la peine de mort, il n'a pas pensé la délinquance comme une volonté délibérée de choisir le mal contre le bien, il a mis en perspective sociologique ce qui passait pour criminel en son temps – vol, adultère, avortement, infanticide, homosexualité ; il s'est ainsi montré moderne. Mais il a également fait l'éloge du bannissement, de la confiscation des biens, de la prison à vie, des travaux forcés, de l'usage des fers, de la cage, du bâton, du joug et, surtout, de la peine de mort dans certains cas. Ces Lumières n'ont pas semblé assez puissantes à d'aucuns…

3

Ainsi Michel Foucault, dont on pourrait dire qu'il fut un Beccaria devenu fou – en écho à Diogène présenté jadis comme un Socrate devenu fou… Fou, car la machine à déconstruire le droit selon l'ordre de la théologie pour le fonder selon l'ordre des raisons conduit l'auteur de *Surveiller et punir* à emballer la mécanique et à tout détruire en inversant les valeurs. Augustin en appelait à Dieu, Beccaria aux hommes, Foucault quant à lui convoque le néant. La société contemporaine a, hélas, répondu positivement à sa convocation.

Les trois temps de cette dialectique racontent comment l'on est passé des instruments de l'Inquisition (l'âne espagnol, le chevalet, le brodequin, le berceau de Judas, l'estrapade, le broyeur de crâne, le pal, le séparateur de genoux, la poire d'angoisse, le supplice de l'eau...) à l'ubérisation de l'Inquisition (incivilités, violences, vols, viols, agressions, défenestrations, tournantes, dégradations, séquestrations, incendies, décapitations, menaces de mort sur le Net, tirs de mortiers, attentats, exécutions terroristes, attaques des forces de l'ordre, etc.). La peine de mort se trouve désormais entre les mains des particuliers, à leur discrétion, sans que l'État leur en conteste véritablement l'usage et le monopole.

La peine capitale a en effet été abolie par Robert Badinter mandaté par le président François Mitterrand le 18 septembre 1981, mais elle est devenue l'apanage de qui s'en réclame désormais pour son compte personnel avec la complicité idéologique d'une justice gramscienne qui a inversé les valeurs : le bourreau c'est la victime, la victime, c'est le bourreau[1]. La République ne tue plus mais certains citoyens tuent en sachant qu'ils n'encourent plus la peine de mort, ni la prison à vie, ni les travaux forcés, ni le bannissement, ni la peine d'infamie, ni la riposte d'un citoyen armé, toutes peines chères au cœur de l'auteur du traité *Des délits et des peines*. Beccaria, qui n'interdisait pas

1. À l'heure où j'écris, début juin 2021, la commissaire en chef de la circonscription de Sarcelles dans le Val-d'Oise distribue une note de service pour appeler les policiers à ne plus prendre en chasse les motards ou les automobilistes qui refusent d'obtempérer lors d'un contrôle sous prétexte que le trouble à l'ordre public serait généré par les policiers et pas par les délinquants...

la peine capitale « quand la nation est en train de recouvrer sa liberté ou de la perdre, dans une époque d'anarchie, quand c'est le désordre qui fait la loi », n'aurait pas reconnu ses petits[1]...

Avant Mai 68, Michel Foucault est un professeur d'université sagement costumé et cravaté de noir. Il a été communiste dans les années 1950 pendant trois années, compagnon de route gaulliste travaillant à la commission Fouchet avant 1968, gauchiste après, maoïste pour être précis, soutient du libéralisme de BHL et des Nouveaux Philosophes dans les années 1970, prêt à travailler avec les socialistes au pouvoir en juillet 1981 pour en obtenir un poste d'ambassadeur ou de direction de la Bibliothèque nationale, avant d'envisager la rédaction d'un livre contre les socialistes, défenseur de l'islam politique iranien en 1978, converti au libéralisme sur la fin de son existence[2]. Jamais en retard d'une mode, il fut, en philosophie, structuraliste en 1967 mais cesse de l'être en 1976 avant de préciser qu'il ne l'a jamais été. On lui doit une philosophie pénale qui fait peu ou prou la loi dans les chancelleries depuis Mitterrand et ses suivants.

En Mai 68, il est à Tunis où il vit depuis deux ans et enseigne à l'université. Si l'on en croit Guy Sorman, il s'accouple à de jeunes Tunisiens dans

1. Pour désamorcer l'activisme des bien-pensants qui supputeront sous ma plume un désir caché de restaurer la peine de mort, je précise que je suis un fervent opposant à ce châtiment suprême.

2. Jean-Marc Mandosio, *Longévité d'une imposture. Michel Foucault*, Encyclopédie des nuisances, 2010.

les cimetières et fume du haschich régulièrement. Son compagnon d'alors, Daniel Defert, lui fait écouter de Paris où il est resté la radio qui retransmet en direct les événements de Mai.

De retour à Paris, nommé par Edgar Faure ministre du général de Gaulle dans le gouvernement Couve de Murville, Foucault dirige le département de philosophie de Vincennes, l'université gauchiste qui constitue l'idéologie soixante-huitarde. Daniel Defert, qui milite avec les maoïstes de la Gauche prolétarienne, l'invite à jeter des ponts entre le monde intellectuel et celui de la politique militante. Les prisons, où sont incarcérés des militants gauchistes, entrent alors dans la vie du philosophe. Nous sommes fin 1970, début 1971. Il crée le GIP, Groupe d'information sur les prisons. Gilles Deleuze est de la partie.

Foucault a le projet d'abolir le magistère intellectuel de Jean-Paul Sartre, qui, vaguement maoïste pour être de son temps mais bien plutôt marxiste à l'ancienne, souhaite instaurer le communisme par une révolution sanglante sur le mode bolchevique. Foucault fait partie de ceux qui tournent le dos à cette conception vieillotte de la révolution au profit d'une radicalité gauchiste antimarxiste. La prison s'avère un marqueur de différenciation. Foucault n'a aucun souci du peuple, des ouvriers, des prolétaires, des travailleurs auxquels il préfère les marges ; il est fasciné par les criminels, les fous, les hermaphrodites, les homosexuels, les marginaux, les prisonniers donc, qu'il croit porteurs d'une autre façon de déclencher la révolution.

Dans un article paru dans *Combat* le 5 mai 1971 intitulé « La prison partout », Foucault livre sa feuille de route en matière de philosophie pénale. Il annonce le résultat de trois mois d'enquête du GIP auprès des détenus, ex-détenus, de leurs familles et des usagers de la prison. Il s'interroge : la prison « est un des instruments du pouvoir, et l'un des plus démesurés. De quel droit le pouvoir met-il au secret ? » – c'est la question déjà posée et résolue par saint Augustin et Beccaria…

Foucault raconte être allé avec ses amis du GIP le 1er mai devant les prisons de Fresnes et de la Santé pour discuter avec ceux qui attendaient l'entrée au parloir, distribuer des tracts et… offrir du muguet ! Gentil Michel.

Il donne ensuite sa version des faits, il n'y aura pas de récit contradictoire, c'est sa parole ou rien : la police arrive et les conduit au poste. Le philosophe conclut que « la rue est en train de devenir le domaine réservé de la police ; son arbitraire y fait la loi : circule et ne t'arrête pas ; marche et ne parle pas ; ce que tu as écrit, tu ne le donneras à personne ; pas de rassemblement. La prison débute bien avant ses portes. Dès que tu sors de chez toi ». Tudieu ! Si la prison est partout, elle n'est plus nulle part. Si dedans et dehors c'est pareil, à quoi bon vouloir rentrer dedans sans se contenter de dehors ? Si les conditions carcérales sont semblables à la vie en dehors de chez soi, c'est qu'elles ne sont pas si pénibles que ça eu égard à ce que l'on sait de dehors !

Les choses n'en restent pas là. L'intellectuel le dit : « La suite fut plus édifiante. » Au poste on lui demande de décliner son identité. Il rapporte des propos qui auraient été tenus par un policier : « Mais il y en a combien parmi vous qui ont un nom vraiment gaulois ? » À quoi une étudiante répond qu'en effet, son nom ne l'est pas et que, cas typique de *reductio ad hitlerum*, « on le lui avait fait remarquer pendant la guerre ; et qu'au bout de ces remarques, il y avait eu, pour sa famille, la déportation et le crématoire ». Après avoir affirmé que la vie en dehors de la prison, c'était aussi la prison, Foucault assimile le policier et son supposé propos à la police de Vichy, sinon à la Milice de Pétain, voire à la Gestapo française. Variation sur le thème du slogan CRS SS fait la loi. De sorte que, s'il faut en croire ce raisonnement de journaliste, on doit conclure que les prisonniers de 1975 et ceux qui défendent leur cause sous Giscard sont traités comme les Juifs sous l'Occupation ! Pour bien filer la métaphore et enfoncer le clou, Foucault met en scène un policier menaçant qui s'approche de la jeune femme dont on imagine qu'elle a un patronyme juif et lui demande si elle n'a pas fumé de haschich. Puis, « au bout d'un quart d'heure, faisant le geste de viser et de tirer avec un revolver imaginaire, il a crié "*Heil Hitler !*" ». Puis, Foucault et les siens se retrouvent dehors – c'est-à-dire nullement dans la prison comme c'eût été le cas sous Vichy et encore moins dans une chambre à gaz comme c'eût été le cas sous régime nazi. Foucault ne distinguant plus le dehors du dedans de la prison, disons qu'il se trouve remis en liberté dans sa prison à ciel ouvert où il a pu prendre un taxi et rentrer chez lui.

Mais les choses ne s'arrêtent pas là ! Foucault est déjà loin de la prison qu'un policier le rattrape et le frappe, dans le dos bien sûr. Puis il l'injurie. Ses collègues rattrapent ce policier agressif, l'éloignent, il se débat, Foucault ironise : « Violence à agent ? La loi est sévère, je crois, pour ce genre de délit. Ayons confiance. » Le philosophe porte plainte – comme, bien sûr, on pouvait le faire sous Vichy et sous le IIIe Reich…

Pour Foucault, la police effectue des contrôles au faciès, elle fonctionne à l'arbitraire, elle cible les gens de couleur, les ouvriers, les immigrés ; il souhaite l'abandon du casier judiciaire qui s'avère discriminatoire après la purgation de la peine ; dans *La Cause du peuple*, il entretient de « la sauvagerie et [de] la violence policières » (3 juin 1971) ; dans *Le Journal de Genève* (24-25 juillet 1971), il souhaite l'abolition des détentions provisoires ; il affirme que la catégorie des travailleurs sociaux procède de « la fonction de surveillance-correction. Surveiller les individus, et les *corriger*, dans les deux sens du terme, c'est-à-dire les punir ou les pédagogiser » (*Dits et écrits*, II. 331) ; dans *Actuel*, il énonce un programme clairement nihiliste : il souhaite purement et simplement « effacer cette frontière profonde entre l'innocence et la culpabilité» (novembre 1971), il élargit ce désir d'effacement aux malades mentaux et à ceux qui ne le sont pas : il ne voit pas au nom de quoi on proclamerait ces séparations, l'asile est comme la prison, un lieu sans aucune autre raison que la domination du pouvoir contre-révolutionnaire capitaliste et bourgeois. En disciple zélé de Georges Canguilhem, il estime nulle et non avenue la séparation entre le normal et le pathologique.

À un étudiant qui, après avoir entendu Foucault tenir ce discours nihiliste sur les asiles et les prisons, lui demande fort judicieusement : «Que mettre à la place?», le philosophe répond : «Je pense qu'imaginer un autre système, cela fait actuellement encore partie du système» (*ibid.*). Autrement dit : ce qui existe est caduc, mais il faut le remplacer par *rien*... Nous vivons à cette heure dans le triomphe de ce rien.

La pensée pénale de Foucault a cinquante ans. Depuis un demi-siècle elle fait la loi avec une accélération rendue possible par Robert Badinter qui parle de Michel Foucault avec des trémolos dans la voix. Badinter, qui fut l'ami de Mitterrand et le confident de sa vie cachée depuis la première heure – en l'occurrence des usages privés de fonds publics nécessaires à l'entretien de sa seconde famille, c'est dire combien il fut l'homme du droit comme il est dit dans la boutade qui l'oppose à maître Kiejman présenté comme l'homme du courbe –, dit, dans un volume d'hommages au philosophe publié à l'initiative de la CFDT en 1985 : « Quelquefois, privilège dont il ne faisait pas sentir le prix, il acceptait de partager un déjeuner pourvu que le repas fût à la mesure de sa frugalité. Nous traversions les décors baroques de la Chancellerie. Dans les salons aux soieries usées où l'on nous servait, je surprenais son regard vif, posé sur la pendule contournée ou appréciant la qualité d'un fauteuil oublié par les siècles. Il m'avouait qu'il n'était pas insensible à ces charmes ruinés parce qu'il y retrouvait la vieille séduction festive et la marque du temps écoulé. La dérive amicale un instant se faisait. Puis nous repartions, inlassables, vers ce qui était notre horizon commun, notre Alaska intellectuel, balayé de vents glacés – mais riche de trésors cachés : la Justice. » Un *Alaska intellectuel* ? Nous y sommes. On peut avoir légitimement envie d'en sortir et de ne plus se contenter d'offrir du muguet aux portes des prisons…

6

REPENSER
LA GAUCHE CONTRE LA GAUCHE

1

LE WOKISME, MALADIE INFANTILE DU COMMUNISME

Le wokisme est un gauchisme et le gauchisme fonctionne en matrice intellectuelle de toute la gauche, sans exception. Ce même wokisme s'avère également la matrice de la droite maastrichienne qui court depuis des décennies après la gauche maastrichienne, son double, comme un lévrier après une peau de lapin sur un cynodrome... De sorte qu'on compte sur les doigts d'une main invalide quiconque échappe à ce logiciel civilisationnel !

Toute lecture qui en appelle au couple *droite & gauche* active une métaphore horizontale et revendique clairement le terrain de l'immanence. On en connaît l'origine : lors de la Révolution française, la partie droite de l'Assemblée nationale veut la mort du roi, du moins sa mort assortie d'un veto qui en interdisait la décapitation concrète, pendant que le côté gauche vote la mort de Louis XVI, Saint-Just et Robespierre estimant même que le procès était inutile pour cause de culpabilité avérée – c'est le sens du « On ne peut point régner innocemment » du premier.

On oublie la plupart du temps que l'hémicycle à l'origine de cette partition horizontale est une invention du célèbre docteur Guillotin, franc-maçon qui humanise la guillotine, instrument égalitaire de la mort en douceur, qui prend son modèle sur les théâtres dans lesquels les médecins légistes disséquaient les cadavres.

Immanente, la métaphore *droite & gauche* témoigne que la Révolution française, qui abolit la théocratie au nom de la démocratie, qui anéantit le pouvoir de Dieu au nom du pouvoir des hommes, qui ruine la Cité de Dieu au nom de la Cité des hommes, qui efface la hiérarchie dont l'étymologie signifie le « pouvoir du sacré », que la Révolution française, donc, abolit la transcendance et ce qui va avec : le sacré. Nous vivons depuis dans la platitude d'un monde profane.

La guillotine coupe en deux le corps du roi. C'est un déicide pour qui croit à la liaison augustinienne entre les deux cités, à savoir tous les contre-révolutionnaires, Joseph de Maistre, Blanc de Saint Bonnet, Louis de Bonald. Une ère ontologique, philosophique et politique nouvelle s'ouvre également pour ceux qui sont sans Dieu.

La Révolution française acte la mort de Dieu, mais c'est aussi peu ou prou celle de l'Homme tel qu'on le concevait depuis plus d'un millénaire – et non depuis les dates fantasques données par Foucault dans *Les Mots et les Choses*.

Le fantasme paulinien de l'Homme Nouveau, un projet spirituel et religieux, devient alors un projet sociologique et politique : voici venu l'homme rousseauiste naturellement bon mais perverti par la société. C'est le temps du bon sauvage déjà fictionné par Montaigne dans son chapitre des *Essais* intitulé « Des cannibales », c'est la promesse d'une société sans péché originel où les hommes vivent d'amour et d'eau fraîche, ignorent l'exploitation et la guerre, existent sobrement et intelligemment, c'est la version immanente et païenne du paradis construite après la découverte des Amériques ! Il suffirait donc de changer la société pour obtenir un homme purifié. Rousseau pense ce projet en esthète atrabilaire, Robespierre le croit sur parole et veut réaliser ce fantasme à coups de tribunaux révolutionnaires sans droit à la défense, de guillotines qui infligent la mort de façon « rationnelle », de loi des suspects et de Terreur partout répandue. Le bolchevisme en Russie, le fascisme qui lui répond en Italie, puis le nazisme en Allemagne, le maoïsme en Chine, poursuivent le travail de l'auteur du *Discours sur l'origine et les fondements de l'inégalité parmi les hommes* : tous veulent réaliser le Nouvel Homme Nouveau.

Le wokisme s'inscrit dans ce lignage qui, c'est le moins qu'on puisse dire, baigne dans le sang depuis 1789. Le wokisme balbutie ; son bilan, d'autres le feront plus tard, mais gageons qu'il ne sera pas sans barbarie, car les premiers gestes de la *cancel culture,* alors qu'elle n'en est qu'à ses débuts, montrent à l'envi que la guillotine, pour l'heure intellectuelle, reste un horizon politique.

La « gauche » fait commencer la France et son histoire à la Révolution française ; la droite, à Clovis et à son baptême. La gauche croit l'homme naturellement bon et la société naturellement mauvaise ; la droite affirme que le péché originel marque l'homme de façon indélébile et que la société doit contenir les effets de cette faute du Premier Homme rédimé par l'Homme Nouveau.

Bien sûr, le péché originel peut être entendu comme une métaphore : Kant effectue le glissement du théologique au philosophique et raconte dans *La Religion dans les limites de la simple raison*, un ouvrage qui n'est pas publié par hasard en 1793, que l'homme est fait d'un bois courbe dans lequel il s'avère difficile de tailler une forme droite. Le philosophe allemand parle quant à lui du « mal radical ».

On comprend que cette « gauche » fasse commencer l'Histoire à 1789, car c'est *son* histoire. Mais ça n'est pas *toute* l'Histoire, et c'est sottise de croire qu'il n'y eut rien avant !

Allons donc voir son histoire, mais la véritable histoire : non pas la fiction présentée par elle comme l'Histoire. Car « 1789 » et les « Lumières » sont loin de représenter un Éden pensé comme le point zéro d'une nouvelle ère de l'Humanité. C'est catéchisme de penser ainsi. La généalogie de la « gauche » n'est pas sans surprise : elle ressemble étrangement à ce qui se trouve aujourd'hui nommé extrême droite !

La gauche a donc en Rousseau son penseur emblématique. Son *Discours sur l'origine et les fondements de l'inégalité parmi les hommes* (1755) est la nouvelle Bible appelée à supplanter l'Ancien et le Nouveau Testament. Saint Paul annonçait en effet la venue d'un « Homme Nouveau » (Épître aux Éphésiens, 4.24) qui définissait l'homme qui vivait selon le Christ ; Rousseau annonce quant à lui un genre de Nouvel Homme Nouveau, c'est l'homme qui vivra selon la nature… et les règles édictées par le *Contrat social*.

Rousseau commence en posant l'hypothèse d'un homme naturellement bon perverti par la société en général et, plus particulièrement, par le surgissement de la propriété qui corrompt tout. Puis, en quelques pages, il passe de cette *hypothèse de travail* à une *vérité avérée* qui devient *certitude universelle* sur laquelle il bâtit son édifice politique. On ne peut mieux dire qu'il prend ses désirs pour la réalité. C'est pourquoi il écrit cette phrase qui fonctionne en impératif catégorique de la « gauche » : « Commençons par écarter les faits. » Tout devient ensuite beaucoup plus facile en effet !

Le *Discours* de Rousseau fait donc naître un homme nu, sans racines, pur, propre, net, débarrassé bien sûr du péché originel qui passe de l'individu Adam à la société des propriétaires :

ça n'est pas l'individu qui porte les péchés du monde mais la parcelle enclose ! Il suffit d'abolir la propriété privée pour retrouver l'homme naturellement bon. Entre les mains de Robespierre et de ses suivants, cette idée s'avère terriblement mortifère.

Avant que Robespierre ne s'essaie à produire cette créature avec une boue faite du sang prélevé au pied des guillotines et de la viande arrachée aux tombereaux qui emportaient les cadavres au cimetière, cet Homme Nouveau s'est trouvé ontologiquement fabriqué par ce qu'il est convenu d'appeler « les philosophes des Lumières ».

Quelle est sa carte d'identité ?

C'est un homme sans Dieu. Soit parce que l'athée en nie l'existence, comme dans le cas du curé Meslier auteur d'un fameux *Testament* (1729) qui pose les bases de l'athéisme contemporain, ou du marquis de Sade, autre penseur des Lumières emblématique, soit parce que le déiste affirme, au contraire du théiste, que Dieu existe mais qu'il n'est pour rien dans les affaires du monde. C'est la jurisprudence Voltaire qui, prenant prétexte du tremblement de terre de Lisbonne, parle d'un Grand Horloger en estimant que, si la montre avance ou retarde, cela n'a strictement rien à voir avec l'Horloger ! Dieu a créé l'univers mais il se contrefiche de ce que sont et font les hommes. C'est un pas fait en direction de l'athéisme.

C'est un homme sans âme, un homme-machine tel que raconté par La Mettrie, qui ne publie pas seulement *L'Homme-Machine* (1747) mais aussi, plus inattendu, *L'Homme-Plante* (1748). L'homme n'est pas composé d'une partie matérielle, peccamineuse, et d'une autre immatérielle, l'âme, agent possible de son salut si elle s'émancipe vigoureusement de la chair, ce qui fonde habituellement le dualisme, car il n'est qu'une seule matière diversement modifiée. Il n'est pas une créature de Dieu mais, comme l'animal ou la plante, un produit de la nature réductible à une combinaison d'atomes. La nature est naturante et naturée, pour reprendre le vocabulaire spinoziste, elle prend la place de Dieu, voire elle est divine elle-même dans le cas des panthéistes.

C'est un homme sans libre arbitre. Le christianisme enseigne que l'homme est libre, qu'il peut donc choisir entre le bien et le mal, qu'il peut être récompensé quand il choisit le bien et puni quand il préfère le mal, c'est le sens du paradis et de l'enfer. Mais le Nouvel Homme Nouveau se trouve privé de libre arbitre, il n'est donc plus ni coupable ni responsable, mais juste la résultante d'un jeu de forces mécaniques. Bientôt, incapable d'être coupable, il sera présenté comme victime des déterminismes sociaux, historiques, familiaux, génétiques. Dans la logique rousseauiste, si l'homme est méchant, c'est parce qu'un jour l'un de ses semblables a planté des barrières sur le lopin de terre qu'il cultivait pour empêcher son voisin de profiter des fruits d'un travail qui n'était pas le sien.

Remarquons au passage que Rousseau a tort de faire de la propriété le début du mal puisque l'enclos arrive *après* l'initiative individuelle et *après* le travail d'hommes qui manifestent ainsi une inégalité naturelle, car les uns disposent de l'initiative qui permet l'invention de l'agriculture et de l'élevage, qui assure la sûreté, pendant que les autres se contentent de la chasse et de la cueillette, souvent génératrice de pénurie vu les caprices du climat. Avant l'enclos, il y a donc, dans l'état de nature, une inégalité naturelle qui ressemble assez peu au portrait idyllique qu'en fait le Rousseau bucolique. Et c'est cette inégalité naturelle qui génère la propriété. Ce que combat Rousseau n'est donc point la clôture du propriétaire mais le talent du cultivateur et de l'éleveur que n'aura pas l'homme sans résolution.

C'est un homme sans morale, il pense et agit par-delà le bien et le mal, il n'est pas immoral, c'est-à-dire contrevenant d'une morale, mais amoral, sans morale. Ce qui l'anime ne saurait être l'altruisme, le souci d'autrui, la sympathie, l'empathie, car il n'est naturellement mû que par son amour-propre, son égoïsme et son intérêt. Les moralistes du Grand Siècle l'avaient déjà bien expliqué, La Rochefoucauld et La Bruyère en tête. Helvétius reprend tout cela dans *De l'esprit* (1758) et *De l'homme* (1773).

C'est un homme sans humanité. Un siècle avant Darwin, Diderot écrit dans l'*Encyclopédie*, à l'article « Inné », que l'« on peut réduire l'homme à la condition de l'huître et élever l'huître à la condition de l'homme». Pour sa part, La Mettrie envisage un temps d'apprendre à parler aux singes en appliquant la méthode utilisée pour communiquer avec les sourds et muets. C'est dire… L'Homme Nouveau n'est donc plus la création de Dieu mais celle de la Nature. Montaigne avait ouvert la voie en disant que, de l'animal à l'homme, il n'y avait pas une différence de nature mais une différence de degré.

Ce Nouvel Homme Nouveau est donc une créature bien résumée dans l'œuvre de Sade : sans Dieu, sans âme, sans libre arbitre, sans morale, sans humanité, il est un héros des *120 Journées de Sodome*, un genre de machine désirante postchrétienne qui ne craint ni Dieu ni diable, qui ne croit ni au paradis ni à l'enfer, ni au Bien ni au Mal, qui sépare l'humanité entre prédateurs et bêtes de proie et qui n'est loup ou agneau que par le caprice de la nature contre laquelle il n'y a rien à dire. On comprend que Sade ait pu fasciner les penseurs antichrétiens du XXe siècle, déconstructeurs en tête : Bataille, Klossowski, Blanchot, Lacan, Barthes, Deleuze, Foucault ont fait de cet homme, dont le nom sert à nommer *le plaisir ressenti à infliger le mal*, un héros de leurs visions postchrétiennes du monde. La plupart du temps, elles sont dites de «gauche».

Il peut paraître paradoxal que cet homme, qui fut le dernier penseur féodal, puisse passer pour le premier philosophe de la modernité ! Il faudrait dire le rôle néfaste qu'Apollinaire a joué en composant une anthologie de morceaux choisis du marquis qui a longtemps servi d'ouvrage de référence en la matière[1] et qui, faute d'œuvre complète et d'une biographie digne de ce nom, présentait l'auteur de *Juliette ou les Prospérités du vice* comme un féministe libertaire, solaire et libérateur du genre humain, alors qu'il n'y eut pas plus misogyne, autoritaire, phallocrate et tyrannique que cet homme-là[2] ! Ce marquis sectionnaire aux Piques pendant la Terreur qui fit l'éloge du crime et en commit plus d'un, ce qui lui valut la prison sous la monarchie, sous la République et sous l'Empire, fut un drôle de modèle pour la « gauche » ! Il y eut pourtant quelques figures de gauche pour résister à cette crétinerie intellectuelle, dont Camus et Hannah Arendt qui ne sont pas par hasard des contempteurs de la gauche des barbelés.

La pensée soixante-huitarde, qui coïncide peu ou prou avec le déconstructionnisme, a communié dans cette idéologie du Nouvel Homme Nouveau : Foucault n'annonce pas par hasard « la mort de l'homme » dans *Les Mots et les Choses* (1966). L'antihumanisme a le vent en poupe avec les structuralistes.

1. En 1909 à Paris pour la maison d'édition Bibliothèque des curieux dans une collection intitulée… « Les maîtres de l'amour » (*sic*). Or, si quelque chose fut étranger au marquis de Sade, c'est bien l'amour !

2. Cf. pour plus de détail : Michel Onfray, *La Passion de la méchanceté*, Autrement, 2014.

Après Mai 68, la gauche laisse tomber le marxisme au profit du gauchisme. Le marxisme, c'est le marxisme-léninisme et le marxisme-léninisme, pour ceux qui ne veulent pas jeter à la poubelle le *Retour de l'URSS* (1936) de Gide, *J'ai choisi la liberté* (1947) de Kravchenko, *L'Homme révolté* (1951) d'Albert Camus et *L'Archipel du Goulag* (1973) de Soljenitsyne, c'est un totalitarisme qui n'a rien à envier à celui des nazis.

Ce gauchisme fait de l'homme sans Dieu, sans âme, sans libre arbitre, sans morale, sans humanité un modèle pour sa néorévolution qui tourne le dos à Marx & Staline, mais au profit de Mao & Trotski, Castro & Guevara qui ne valent guère mieux, alors que les seconds sont paradoxalement présentés comme des antidotes aux premiers.

Le structuralisme s'avère intellectuellement et politiquement le bras armé du gauchisme au point que la CIA[1] invite à transformer en vedettes de campus américains les tenants de cette école qui a le mérite de critiquer le bon vieux marxisme qui conserve son navire amiral avec Sartre et les sartriens et qui, lui, parce qu'il travaille toujours à l'avènement de la révolution et conjointement avec l'Empire soviétique et le bloc de l'Est, s'avère un danger pour les États-Unis. Cette même CIA applaudit aux Nouveaux Philosophes BHL et Glucksmann, faut-il s'en étonner ?

1. https://www.lemonde.fr/big-browser/article/2017/03/23/quand-la-cia-s-interessait-de-pres-a-foucault-derrida-et-althusser_5099574_4832693.html

Pour le structuralisme, au contraire de Sartre, l'Histoire n'existe pas, car seules comptent les structures, des liens invisibles et tout-puissants qui semblent avoir les qualités de Dieu, présent partout et visible nulle part.

Pour le structuralisme, l'individu, le sujet classique, l'Homme qui dispose d'une liberté et d'une conscience est caduc, il n'y a plus que nouages de structures, Barthes et Foucault annoncent même la mort de l'auteur dans des textes signés de leur nom mais ils ne refusent pas pour autant leurs droits… d'auteur !

C'est le début d'une sophistique dans laquelle nous sommes aujourd'hui envasés jusqu'au cou : les hommes sont des femmes, les femmes sont des hommes, les Blancs sont des Noirs, les Noirs sont des Blancs, les enfants sont des adultes, les adultes sont des enfants, car tout cela : homme, femme, Blanc, Noir, enfant, adulte n'est pas une affaire de biologie mais une affaire de volonté intellectuelle, une décision, un vouloir.

Pour le structuralisme, le projet politique n'est plus la technique du coup d'État visant l'appropriation violente des instruments de l'appareil d'État et la confiscation des biens du capital en vue d'une nationalisation permettant de cheminer vers le communisme, mais l'abandon de la lecture monolithique marxiste du monde : l'État n'est plus le seul lieu de la violence, car elle est partout. On passe du molaire étatique au moléculaire des fragments. Il n'existe que des microfascismes auxquels il faut répondre par des microrésistances. Le prolétariat conduit par son avant-garde éclairée n'est plus le moteur de l'Histoire du monde, car ce sont les minorités qui se retrouvent désormais investies du rôle révolutionnaire architectonique.

Deleuze et Foucault célèbrent ces marges : les schizophrènes, les fous, les prisonniers, les criminels, les homosexuels, les transsexuels, les immigrés, les femmes, les enfants. D'où les nouveaux héros de ce gauchisme culturel : Lewis Carroll qui aime les petites filles, Lacenaire escroc et criminel, mais surtout écrivain, Sade, je n'y reviens pas, Artaud pour sa folie, Herculine Barbin dite Alexina B. pour son hermaphrodisme, Pierre Rivière qui a égorgé sa mère, sa sœur et son frère, Jean Genet pour son homosexualité, le métis de Guy Hocquenghem, le petit garçon de Tony Duvert abondamment publié par les Éditions de Minuit.

Sartre est distancié, le marxisme aussi, le modèle soviétique disparaît, le PCF entame sa chute, il se raccroche aux branches du socialisme mitterrandien. François Mitterrand, qui eut une longue jeunesse à l'extrême droite factieuse non loin de la Cagoule, qui défila dans des manifestations antisémites avant guerre, qui reçut la francisque des mains du maréchal Pétain, qui fut vichyste, maréchaliste et trouva des vertus à la Milice[1], qui fut giraudiste, prit une option sur le Parti socialiste

1. Michel Onfray, *Vies parallèles. De Gaulle-Mitterrand*, Robert Laffont, 2020.

pour parvenir au pouvoir. Ce qu'il fit, on le sait, le 10 mai 1981 et ce pendant deux mandats, c'est-à-dire *quatorze années*… C'est assez pour marquer durablement la France.

Il gouverne vingt-deux mois à gauche : du 10 mai 1981 au 23 mars 1983. Meilleur lecteur de Rebatet et de Chardonne, sa bibliothèque témoigne – Danièle Mitterrand reliait avec soin en maroquin noir les œuvres de l'auteur des *Mémoires d'un fasciste* –, que des économistes, Mitterrand ne sait pas gouverner à gauche. Conduisant le pays à la faillite, il décide du « tournant de la rigueur » en 1983 – chacun devrait savoir qu'un tournant est un changement de direction ! Il sacrifie la gauche sur l'autel parfumé d'encens de son pouvoir personnel. Le pire n'est pas qu'il le fît mais qu'il y eût des hommes pour ne pas s'en apercevoir ou feindre de ne pas le voir pour mieux profiter des jouissances de satrapes au pouvoir.

Ce sacrifice du socialisme étant fait, Mitterrand se choisit une nouvelle mystique : celle de l'Europe maastrichienne qui assure de la dilution de la France en même temps qu'elle permet d'appliquer à la lettre le programme européiste et libéral de… Valéry Giscard d'Estaing. Sauf Jean-Pierre Chevènement et les siens, il n'y eut personne chez les socialistes pour s'offusquer de cette trahison mitterrandienne du peuple de gauche.

Bernard Tapie, un ancien chanteur de charme, grossier personnage spécialisé dans le nettoyage d'entreprises rachetées à bas prix après licenciement massif de leurs employés, devient le héros de la mitterrandie. Le président de la République en fait l'un de ses ministres. Jacques Séguéla, vendeur d'eaux minérales, de voitures et de café, devient le publicitaire d'un produit relooké « François Mitterrand ». Le même François Mitterrand accueille à l'Élysée la voyante Élisabeth Tessier auprès de qui il prend conseil pour décider de la pertinence des interventions françaises dans la guerre du Golfe. Il n'y a toujours personne, à gauche, pour refuser cette dérive d'un vieil homme cancéreux qui dirige, autant que faire se peut, les affaires de son pays du fond de son lit où il souffre le martyre.

Libération, journal gauchiste créé par Sartre et dirigé par July qui, dans les années 1970-1980, défendait la pédophilie, les drogués et les taulards, merci les déconstructionnistes, qui milite aujourd'hui pour la zoophilie et la coprophagie, mais aussi et toujours la pédophilie et les violences conjugales, sans oublier la location d'utérus et la vente d'enfants[1], publie un « Vive la crise ! » en février 1984, qui fait du mot de Guizot « Enrichissez-vous » l'horizon indépassable du mitterrandisme présenté comme une pensée de gauche.

Ceux qui ont sincèrement cru en Mitterrand déchantent et se réfugient dans l'abstention ou le vote Le Pen que le vieux chef de l'État

1. *Libération*, « Manifeste contra-sexuel », 17 janvier 2014.

instrumentalise, car il se sait moins fort de sa force effondrée que de la faiblesse d'une droite cassée en deux par le Front national. Mitterrand n'a aucun scrupule à faire monter Le Pen et le Front national en France[1]. À gauche, on regarde le doigt de Mitterrand, de ce fait, on loupe la lune de l'assassinat de la gauche.

Il faut à la gauche socialiste un logiciel de remplacement : le Mitterrand qui disait au congrès d'Épinay en 1971 : « Celui qui n'accepte pas la rupture avec l'ordre établi, avec la société capitaliste, celui-là, je le dis, ne peut être adhérent du Parti socialiste », ce Mitterrand-là est mort et enterré. Il est vrai qu'à cette époque, rusé comme un singe, fourbe comme il faut, François Mitterrand n'avait pas sa carte au Parti socialiste…

Ce logiciel est fourni par le *think tank* Terra Nova le 10 mai 2011 dans une note[2] qui invite à laisser tomber la gauche construite sur la classe ouvrière pour lui préférer les minorités : femmes, immigrés, jeunes, musulmans, « non-catholiques », diplômés, urbains, mères célibataires, habitants des quartiers, autrement dit : « un électorat progressiste sur le plan culturel » – à savoir les jeunes massivement endoctrinés depuis des années, et ce dès leur plus jeune âge, à l'école, par le gauchisme

1. Michel Onfray, *Vies parallèles. De Gaulle-Mitterrand, op. cit.*, p. 293-324.
2. https://tnova.fr/rapports/gauche-quelle-majorite-electorale-pour-2012

culturel qui fait la loi partout… Une fois de plus, merci les déconstructionnistes !

Si la gauche avait eu du courage et de la volonté, de l'intelligence et de la détermination, le goût du travail et le désir d'œuvrer pour l'Histoire, ce qui est beaucoup lui demander, elle aurait pu aller chercher dans le socialisme français du XIXe siècle matière à élaborer une nouvelle plate-forme intellectuelle et politique.

Au lieu de cela, elle a préféré importer clés en main l'idéologie des campus américains qui sont nourris au lait déconstructionniste français !

C'est d'autant plus sidérant que cette idéologie datée, les années 1960 et 1970 en France, a été dépassée elle-même par ses promoteurs : Lacan meurt trop tôt, en 1981, pour un repentir ; Althusser échappe à la justice après que l'ancien pétainiste Jean Guitton a plaidé le dossier de son ancien élève qui a étranglé sa femme en 1980 ; avec *Le Souci de soi* et *L'Usage des plaisirs* (1984), Foucault finit sa vie à réfléchir sur la constitution du sujet dont il avait annoncé la mort ; Deleuze publie un *Qu'est-ce que la philosophie ?* (1991) qui dépasse, déclasse et invalide le structuralisme en fournissant à une génération de professeurs dociles une définition très conventionnelle de la philosophie ; dans *Le Regard éloigné* (1983), Lévi-Strauss défend les classiques français, Poussin, Rameau, Debussy, et se bat contre la dilution et la disparition de notre civilisation ; Barthes, qui annonce la mort de l'auteur en 1968 dans un article retentissant, publie un *Roland Barthes par Roland Barthes* (1975) avec photo de sa maison natale, de sa mère, des grands-parents, de « la bonne », de la sœur de son père, de son père, du tramway de son enfance, de lui-même enfant, de lui-même en conférence, de lui-même à la tribune, de lui-même sur la plage, de lui-même avec ses amis, de lui-même en short, de lui-même à son bureau, de lui-même allumant une cigarette, de lui-même avec ses disciples réunis en séminaire, de pages manuscrites de lui-même, des dessins de lui-même ! Si l'auteur est mort, selon ses dires de 1968, il semble qu'il se porte encore très bien en 1975. Il n'est jusqu'à Alain Robbe-Grillet qui n'a pas été *stricto sensu* structuraliste mais qui, dans *Pour un nouveau roman* (1963), annonçait, dans le même esprit, la mort des personnages, de l'intrigue, de la psychologie dans le roman et qui avait intitulé un de ses chapitres « Nouveau roman, homme nouveau » (*sic*), qui se montre dans toute sa splendeur autobiographique dans *Le Miroir qui revient* (1985), *Angélique ou l'Enchantement* (1988), *Les Derniers Jours de Corinthe* (1994) – c'est *Le Château de ma mère* et *La Gloire de mon père* pour les Nuls ! Quant à Jacques Derrida, lui aussi grand homme de la déconstruction, il publie un *Jacques Derrida* (1991) par lui-même[1] saturé de photos – dans une voiture à pédales, avec sa mère et son frère, devant son ordinateur, avec son cousin, avec

1. Livre écrit en parallèle avec Geoffrey Bennington et dont la contribution de Derrida sera publiée sous le titre *Circonfession.*

sa nièce, avec sa sœur, avec ses parents et arrière-grands-parents, avec ses copains de football, sur une photo de classe, avec ses parents devant leur voiture –, ce qui lui permet de créer un concept, *envoiturer*, signe distinctif du grand et vrai philosophe selon Deleuze. Rien de grave à ce narcissisme décomplexé, mais pourquoi aucun texte, chez cet homme qui a tant publié, y compris de brefs textes, pour proposer une autocritique sur ses errances doctrinales qui sont hélas devenues entre-temps les fondations de la *cancel culture* et du wokisme ?

Depuis l'humiliation de la défaite de juin 1940, la France intellectuelle cherche à se vendre : elle a été prise, elle s'offre en croyant ainsi laver l'offense. Sauf rares exceptions, elle hésitait entre fascisme et bolchevisme avant guerre, dans les années 1930, elle s'est offerte à Pétain, en 1940, elle s'est offerte à l'occupant nazi, dans les années qui ont suivi, après la fin du pacte germano-soviétique en 1941 et la victoire de Stalingrad en 1943, elle s'est offerte aux communistes de la Russie bolchevique, elle s'est offerte enfin durablement aux États-Unis en adoptant l'*american way of life* après le 6 juin 1944, en oubliant que, si les États-Unis arrivent sur les plages normandes, c'est que, question de temps, la guerre est gagnée depuis Stalingrad…

Après le jazz, le roman noir, l'art new-yorkais, les cigarettes blondes, le chewing-gum, le cinéma hollywoodien, les *pin-up*, le consumérisme avec ses « arts (*sic*) ménagers » : télévision, frigidaire, machines à laver, et tout ce que critique Boris Vian dans *La Complainte du progrès* (1955) : « Mon armoire à cuillères, mon évier en fer, et mon poêle à mazout, mon cire-godasses, mon repasse-limaces, mon tabouret à glace, et mon chasse-filou, la tourniquette à faire la vinaigrette, le ratatine-ordures, et le coupe-friture », et qui « confie son sort au frigidaire, à l'efface-poussière, à la cuisinière, au lit qu'est toujours fait, au chauffe-savates, au canon à patates, à l'éventre-tomate, à l'écorche-poulet », après tout ça, donc, la France est devenue la banlieue pauvre de New York, une banlieue pauvre et méprisée.

Le temps que les déconstructionnistes traversent l'Atlantique, deviennent des vedettes pour un microcosme de campus, reviennent en France traduits, relus et corrigés, puis commentés par les universitaires américains aux ordres de leurs étudiants, notations des uns par les autres et, marché oblige, ce qui était déjà marchandise avariée selon leurs prometteurs dès les années 1980, 1990 devient la modernité d'une gauche qui cherchait, après la forfaiture mitterrandienne, une pensée clés en main et qui l'a trouvée chez son souverain – je rappelle une fois encore que l'opération du 6 juin 1944 avait pour nom « *Overlord* » et qu'*overlord* veut dire « vassalisation ».

Le wokisme est en France le bras armé de l'idéologie US, qui vise toujours la même chose : l'impérialisme idéologique et politique, la transformation de la planète en immense supermarché.

Après les peintures pariétales, les pyramides, l'agora, le forum, les cathédrales, les hypermarchés flanqués de leurs parcs de loisir et de leurs cinémas. Ce projet suppose la fin des nations, des peuples et des pays souverains qui constituent l'Europe. Car les États-Unis n'estiment plus que le modèle soit européen. Ils croient que le Mont-Saint-Michel dispose de contre-modèles nettement préférables : Disneyland et Las Vegas.

Quand on est de gauche et qu'on veut le rester, il faut combattre ce modèle-là : la patrie de Rabelais, Montaigne, Voltaire, Hugo ne saurait se satisfaire d'un Grand Remplacement intellectuel et culturel avec Picsou, Mickey et Winnie. Le wokisme travaille à ce Grand Remplacement de l'esprit. Qui peut croire que les compagnons de route de ce combat soient vraiment de gauche ?

2

L'ANARCHIE POSITIVE

Au XIXe siècle, le socialisme français a été laminé par deux brutes de gauche : Adolphe Thiers et Karl Marx. Le premier au nom de la bourgeoisie républicaine qui craignait la résolution de la question sociale par les communards ; le second qui aspirait au monopole de cette résolution par la mise en place de sa doctrine qui préconisait la dictature du prolétariat – sur qui, demandait fort judicieusement Bakounine, si ce n'est sur le peuple ?

Deux gauches se sont ici entendues pour en détruire une troisième qui mériterait pourtant d'être pensée à nouveaux frais : les versaillais incarnent aujourd'hui la gauche maastrichienne – Mitterrand et Rocard jadis, Jospin et Fabius hier, Hollande et Macron aujourd'hui ; les marxistes disposent également de leur descendance – Parti communiste français et Nouveau Parti anticapitaliste, France insoumise et Lutte ouvrière.

Où sont aujourd'hui les descendants de Louise Michel et de Jules Vallès, de Rossel et de Varlin ? Nulle part... J'ai pour ma part l'audace d'en faire mes grandes figures de gauche avec Pierre Joseph Proudhon.

Aujourd'hui, on est de droite ou de gauche et si l'on est de gauche, il faut être dans une case : socialiste ? communiste ? trotskiste ? Si l'on ne se reconnaît ni dans EELV, ni dans le PS, ni dans le PCF, ni dans LFI, ni dans le NPA, ni dans LO, c'est qu'on n'est pas de gauche, donc on est de droite, et si l'on est de droite, c'est qu'on est d'extrême droite ! L'affaire est ainsi vite jugée sur les principes réactivés de la loi des suspects et du Tribunal révolutionnaire !

Peut-on imaginer que Louise Michel souscrirait à l'« homme déconstruit » de l'éco-féminisme, à l'achat de gamètes et de spermatozoïdes, à la location d'utérus des femmes les plus pauvres, à la vente d'enfants pour les couples les plus riches, au racialisme qui essentialise les Noirs et les Blancs pour sanctifier les premiers et criminaliser les seconds, au changement de sexe d'une petite fille qui le demande dès l'âge de quatre ans, au wokisme islamo-gauchiste des bourgeois bohèmes bien logés dans les beaux quartiers et aux délires déconstructionnistes de toute cette gauche-là qui fait de Victor Schœlcher, auquel on doit l'abolition de l'esclavage, l'ennemi des esclaves ? J'ai la faiblesse de croire que non.

J'ai publié un *Éloge de la Commune* et ne voudrais pas me répéter. Qu'on me permette de le proposer à la lecture une nouvelle fois. Le voici :

« La Révolution française a généré une glose sans pareille ; pas la Commune. On ne compte plus les livres sur “1789” ; ceux sur “1871” se montrent plus rares. La guillotine a eu de nombreux partisans, encore aujourd'hui elle stimule la testostérone de quelques terroristes en puissance ; la Commune l'a quant à elle brûlée au pied de la statue de Voltaire. Le gouvernement par la terreur a eu des thuriféraires, il en a encore aujourd'hui, les mêmes qui se montrent confits en dévotion devant le rasoir national ; la Commune n'a pas gouverné avec pour méthode de faire couler le sang ou menacé de le répandre. La Révolution française fut le fait d'intellectuels, de théoriciens, d'avocats, d'écrivains ratés, de journalistes, et parfois un mélange de tout cela; la Commune fut le fait d'ouvriers, d'artisans, de manœuvres, de maçons, de terrassiers, de crieurs de journaux, de charpentiers, de tacherons, de femmes et d'enfants aussi. La première a de grands noms – Mirabeau & Danton, Robespierre & Marat, Desmoulins & Brissot; la seconde, de grands caractères, de grands tempéraments – Louise Michel & Delescluze, Rossel & Élisabeth Dmitriev, Varlin & Vallès, Courbet aussi. L'une a des assoiffés de sang – Marat, Robespierre, Fouquier-Tinville, Carrier parmi tant d'autres; l'autre pas. Marx n'a pas aimé la Commune pour la bonne et simple raison qu'elle ne fut pas marxiste, il a ensuite bricolé quelques pages[1] afin de laisser croire que tel ne fut pas le cas; Proudhon qui était mort depuis six années l'eût aimée, mais ne faisons pas parler les morts[2]...

«En 2012, dans *L'Ordre libertaire* où je faisais l'éloge du socialisme libertaire de Camus, je posais cette question : Que fut que la Commune? j'y répondais ainsi : "Une brève insurrection populaire qui dura deux mois, entre le 18 mars et le 28 mai 1871. Pendant ces dix semaines, les

1. Dans *La Guerre civile en France*, une «brochure polémique à laquelle le fanatisme religieux de ses adorateurs prête, bien à tort, la valeur irréfutable d'un livre d'histoire, Marx prend avant tout parti *contre* les versaillais, auxquels il consacre plus de la moitié de son texte» que *pour* les communards! William Serman, *La Commune*, Paris, Fayard, 1986 et 2003, p. 554.

2. Bernard Noël, *Dictionnaire de la Commune*, Paris, Mémoire du livre, p. 531.

communards réalisent un nombre incroyable de gestes révolutionnaires : remise des loyers non payés ; suppression des ventes du Mont-de-Piété ; abandon des poursuites pour loyers non payés ; allongement des délais pour le paiement des dettes ; attribution de pensions pour les blessés, les veuves, les orphelins, les familles des gardes nationaux tués au combat ; réquisition des logements inhabités ; création d'orphelinats ; ventes publiques d'aliments au prix coûtant ; distribution de repas ; instauration du mandat impératif ; affirmation du droit sacré à l'insurrection ; proclamation de la République universelle pour réaliser dans les faits l'abolition de l'esclavage votée en 1848 ; incendie de la guillotine place Voltaire, suppression de la peine de mort ; attribution des ateliers abandonnés aux coopératives ouvrières après indemnités aux propriétaires ; réduction du temps de travail à dix heures par jour ; encadrement ouvrier dans les usines et les ateliers ; interdiction du travail de nuit pour les enfants ; égalité des salaires entre hommes et femmes ; création d'un salaire minimum ; reconnaissance de l'union libre ; mariages par consentement mutuel ; gratuité des actes notariaux ; séparation de l'Église et de l'État ; rupture avec le Concordat ; suppression du budget des cultes ; sécularisation des biens du clergé ; école gratuite et laïque ; laïcisation des hôpitaux ; liberté de la presse ; reconnaissance de droit des enfants illégitimes ; instauration d'une inspection des prisons ; création d'écoles professionnelles… »

« Où l'on voit qu'elle ne fut pas marxiste, mais également qu'elle n'eut rien à voir avec la social-démocratie. Disons-le autrement : ni le Parti communiste français, ni La France Insoumise, tous les deux partis néomarxistes, ni le Parti socialiste, parti social-démocrate s'il en est un, ne sauraient s'en réclamer sans forcer la main des communards ni franchement trahir leur mémoire !

« La Commune ne fut pas marxiste parce que, depuis le *Manifeste du Parti communiste* (1848), le marxisme c'est, clairement, la dictature du prolétariat[1] puis, avec sa version léniniste, la dictature du parti sur le prolétariat – ce qu'avait très bien prédit Bakounine dès *L'Empire knouto-germanique et la révolution sociale* (1871). Le marxisme, c'est également le primat donné à l'État pour conduire violemment la révolution sans le peuple, malgré le peuple, parfois contre lui.

« Qu'on lise ou relise *La Révolution inconnue* (1947) de Voline, un penseur anarchiste qui explique comment la Révolution russe fut un coup d'État fait par une minorité léniniste qui s'est prétendue majorité (c'est l'étymologique de bolchevique), et non une grande vague portée par le peuple dans

1. Marx, *Le Manifeste du Parti communiste*, dans *Œuvres économiques* (*sic*), Paris, Gallimard, coll. « Bibliothèque de la Pléiade », t. I, p. 181. Dans *Critique du programme du Parti ouvrier allemand*, en 1875, Marx invite à « la dictature révolutionnaire du prolétariat », *ibid.*, p. 1429.

sa totalité, et qui montre ensuite qu'elle a dévoré ses enfants[1].

«Marx lui-même fut d'abord hostile à la Commune. J'ai l'habitude, en affirmant pareille chose, de m'entendre répondre que je dis n'importe quoi... Il est vrai que l'historiographie sur le sujet est souvent marxiste et qu'ici, comme souvent ailleurs, elle a force de loi en faisant primer le catéchisme sur les faits.

«Je renvoie donc aux analyses de William Serman, *La Commune*: "La position de Karl Marx face à la Commune est inconfortable. En effet, il n'a jamais préconisé ni approuvé le soulèvement des ouvriers parisiens, qui lui paraissait prématuré

1. Ainsi les marins de Cronstadt, qui ont manifesté pour l'application du programme des Soviets (autrement dit les Conseils autogestionnaires promis), ont-ils été impitoyablement exécutés par l'Armée rouge, une création de Trotski, le héros d'Edwy Plenel, sur ordre de Lénine, le héros de Mélenchon et Corbière. Où l'on voit que le peuple est vraiment le cadet des soucis des marxistes, des léninistes, des trotskistes...

Pour information, cet assassinat des marins de Cronstadt qui fit plus de deux mille morts date de *mars 1921* : ce centenaire-là n'a évidemment pas été fêté cette année par les habituels porteurs de valises marxistes-léninistes... Dans *La Révolution inconnue*, Voline parle des « *mouvements révolutionnaires* qui combattirent le pouvoir bolchevique au nom de la *vraie liberté* et des *vrais principes* de la Révolution sociale, bafoués et piétinés par les bolcheviques » – il s'agit du pouvoir des Soviets, autrement dit des Conseils, c'est donc le principe autogestionnaire que défendaient les marins de Cronstadt tués par les tenants du pouvoir d'État dictatorial. Voline de poursuivre : « Notons, d'abord, que la politique générale néfaste, l'étatisme et le centralisme étouffants, le bureaucratisme effarant, l'impuissance flagrante, la "trahison" et la violence éhontée des bolcheviques provoquèrent des mouvements d'opposition et de révolte *dans les rangs même du gouvernement et du Parti.* » Voline, qui n'est pas de droite, parle d'« imposture bolchevique ».

et voué d'avance à l'échec, vu le rapport des forces en présence. Ses préférences vont à une stratégie axée sur le développement du monde ouvrier et de ses moyens d'action dans le cadre des institutions républicaines. En décembre 1870, dans la seconde adresse du conseil général de l'Internationale sur la guerre franco-allemande, il affirmait déjà : 'Toute tentative de renverser le nouveau gouvernement, quand l'ennemi frappe presque aux portes de Paris, serait une *folie désespérée.* Les ouvriers français doivent remplir leurs devoirs de citoyens [...]. Que calmement et résolument, ils profitent de la *liberté républicaine* pour procéder *méthodiquement* à leur propre *organisation de classe.* [...] De leur énergie et de leur sagesse dépend le sort de *la République.*' Dix ans plus tard, dans une lettre du 22 février 1881 au Hollandais Nieuwenhuis, il estime que la Commune de Paris 'fut simplement le soulèvement d'une ville dans des circonstances exceptionnelles [et que] la majorité de la Commune de Paris n'était nullement socialiste'. Réprouvant sa fatale intransigeance, il ajoute : 'Avec un tout petit peu de bon sens, elle eût pu, cependant, obtenir de Versailles un *compromis favorable* à toute la masse du peuple – ce qui était la seule chose possible d'ailleurs. Mais pendant et après la guerre civile, Marx ne peut pas tenir publiquement un tel discours, qui le rapprocherait des conciliateurs radicaux et des réformistes, comme Tolain ou L. Blanc, tous partisans de la collaboration de classe qu'il condamne[1].'" On m'excusera de citer longuement, mais le jeu en vaut la chandelle.

« Où l'on constate donc que Marx analyse la Commune après qu'elle est devenue la Commune ! Dès lors, il lui est facile de prévoir ce qui a eu lieu une fois qu'elle a eu lieu ! Si on l'en croit, la Commune a échoué, non pas à cause de la terrible répression militaire menée par... les sociaux-démocrates républicains de l'époque, les Adolphe Thiers, Jules Ferry et autres, mais parce qu'elle ne s'était pas organisée de façon marxiste ! Cette façon de dédouaner les versaillais finirait par passer pour un mépris des communards ! Mais un mépris marxiste, un mépris de *socialiste scientifique* ! Un bon mépris donc...

« Par ailleurs, le même Marx estime que les communards auraient dû rester dans le cadre des institutions républicaines ! Autrement dit : discuter, composer et négocier avec les sociaux-démocrates du moment. En 1881, soit *dix ans après la Commune*, il donne donc une leçon aux communards en estimant qu'ils auraient dû chercher le compromis avec Thiers et les siens ! On croit rêver...

« La Commune ne fut pas non plus sociale-démocrate... C'est le moins qu'on puisse dire. Car, on l'oublie trop souvent en ces temps de religion de la république qui empêche qu'on en fasse véritablement l'histoire, *c'est la République qui massacre*

1. William Serman, *La Commune*, *op. cit.*, p. 553.

les communards. Quand l'empereur Napoléon III capitule à Sedan le 2 septembre 1870, la République est proclamée deux jours plus tard ; elle est formée d'un gouvernement composé des "trois Jules" : Jules Ferry, Jules Favre et Jules Simon. Qui sont-ils ?

« Avocat sans le sou, journaliste, Jules Ferry, qui fut l'un des chefs de l'opposition républicaine sous le Second Empire, était maire de Paris quand la ville fut assiégée par les Prussiens en 1870. Chargé du ravitaillement, il échoue et en profite pour faire fortune sur le dos des assiégés qui l'ont pour ce faire surnommé "Ferry Famine". Pendant que les Parisiens mangeaient du chat, du chien et du rat, ce républicain s'enrichissait. C'est lui qui réprima les insurrections du 31 octobre 1870 et du 22 janvier 1871 – les manifestants voulaient des armes pour combattre l'envahisseur allemand. *Jules Ferry était républicain.*

« Jules Favre est un avocat républicain, membre de l'Académie française. Il est ministre des Affaires étrangères dans le gouvernement républicain qui suit la capitulation de Napoléon III. Il l'est également sous le gouvernement de Thiers. C'est comme tel qu'il négocie l'armistice. Politicien véreux ayant trempé dans un trafic de plusieurs documents de l'état civil afin de dissimuler sa vie adultérine, il dit de la Commune : "Il n'y a pas à pactiser avec l'émeute. Il faut la dompter, il faut châtier Paris." Il affirme également : "La France ne tombera pas sous le niveau sanglant des misérables qui oppriment la capitale". Il fustige "cette poignée de scélérats mettant au-dessus de l'assemblée je ne sais quel idéal sanglant et rapace". *Jules Favre était républicain.*

«Jules Simon est un professeur agrégé de philosophie républicain qui supplée Victor Cousin à la Sorbonne. Il est député républicain à la Constituante en 1848. Lors de la guerre de 1870, il est ministre de l'Instruction publique, des cultes et des beaux-arts du gouvernement provisoire au lendemain du 4 septembre 1870. Vallès, le grand Jules Vallès, le décrivait ainsi : "Patouillard, félin, avec des gestes de prêtre, les roulements d'yeux d'une sainte Thérèse hystérique, de l'huile sur la langue et sur la peau." Il est ministre pendant la répression de la Commune. *Jules Simon était républicain.*

«Et qui était Adolphe Thiers, le boucher de la Commune ? Un journaliste ambitieux et vaniteux qui court après la fortune. Il commence monarchiste orléaniste avant de devenir républicain. Monarchiste, il travaille tout de même à la chute du roi, ce qui advient avec la révolution de 1848 qui chasse Louis-Philippe du pouvoir au profit d'une République à laquelle il se rallie et dont il devient ministre ! Le 18 mars 1871, il quitte Paris, se rend à Versailles, déclenche la guerre civile et massacre 20 000 communards. Les insurgés ont incendié son hôtel particulier ; après avoir maté la Commune, il se le fit rembourser par l'Assemblée Nationale. *Adolphe Thiers était républicain.*

«Et Gaston de Galliffet surnommé le "Marquis au talon rouge" à cause du sang des communards dans lequel il marchait? Il fut le maître d'œuvre de la Semaine sanglante pour laquelle il s'est rendu coupable de crimes de guerre : cet homme regardait passer les colonnes de communards désarmés, badine à la main, il désignait des personnes aux cheveux gris, les sortait du rang, les alignait contre un mur et les faisait fusiller : il estimait que ceux-là avaient connu la révolution de 1848 et qu'ils étaient de ce fait plus coupables que les autres! Il aurait lui-même fait exécuter 3000 personnes. Il sera promu commandeur de la Légion d'honneur en 1873, grand officier en 1880, puis grand-croix en 1887. Léon Gambetta, encore un républicain, le nommera gouverneur de Paris. Lors de l'affaire Dreyfus, il est ministre de la Guerre dans le gouvernement de défense Républicaine (*sic*) où il siégeait au côté du socialiste Alexandre Millerand. *Gaston de Galliffet était républicain.*

«Et l'on pourrait continuer ainsi… Par exemple avec Léon Gambetta, républicain qui fit de la Commune une insurrection criminelle contre laquelle il vanta l'excellence des Conseils de guerre. *Léon Gambetta était républicain.*

«Ou de Georges Clemenceau qui, maire du XVIIIe arrondissement de Paris, député à l'Assemblée nationale, a d'abord prêché la conciliation afin de faire rentrer Paris dans la légalité. Aux délégués du Comité central, il dit : "L'insurrection a un motif illégal. Bientôt le Comité deviendra ridicule et ses motifs méprisables. De plus, Paris n'a pas le droit de s'insurger contre la France et doit accepter formellement l'autorité de l'Assemblée." Déjà les deux gauches irréconciliables... *Georges Clemenceau était républicain.*

« Il est trop facile de parler des « versaillais » comme s'il s'agissait de la droite afin de s'en débarrasser vite fait bien fait. D'un côté les bons communards de gauche, de l'autre les mauvais versaillais de droite – voire d'extrême droite ? Ce catéchisme ne convient qu'aux incultes.

« Ni marxiste ni sociale-démocrate, la Commune a d'abord été populaire. C'est-à-dire ouvrière.

« La Révolution française n'a pas été faite par le peuple, pour le peuple, mais par des bourgeois qui ont aboli la monarchie afin de créer une République des propriétaires. La confiscation des biens du clergé, leur nationalisation puis leur vente ont uniquement concerné ceux qui pouvaient les acheter : ce ne furent évidemment pas les gens du peuple. Certes, 1789 se fit pour des principes – Liberté, Égalité, Fraternité –, mais aussi et surtout pour des propriétaires qui n'avaient pas grand-chose à faire de ces mêmes principes ! Quand, en 1793, en compagnie des Enragés, Jacques Roux en tête, le peuple demande du pain, du lait et du savon pour manger, nourrir ses enfants et se laver, on l'envoie à la guillotine. Et ce "on", c'est... Robespierre et sa bande ! Robespierre faisait la révolution pour réaliser les prophéties de Rousseau sur le territoire national, sûrement pas pour remplir l'assiette des pauvres. Méfions-nous de qui s'en réclame. Il fut l'ami du peuple selon Rousseau, un peuple transcendantal, mais n'avait que mépris du peuple réel et concret, de sa misère et de sa pauvreté, de sa servitude et de ses souffrances. La guillotine a tranché le cou de plus d'une personne du peuple suspecte… d'être suspectée !

« *La Commune, c'est le retour de ce refoulé-là.* Les pauvres n'ont rien gagné à passer du statut de sujet du roi à celui de citoyen de la république. Leur vie ne s'est pas trouvée changée du fait que le monarque Louis XVI a laissé sa place au républicain Adolphe Thiers ! Sa misère ne peut plus être imputée à un mauvais régime, celui de la monarchie, mais à la république, le régime des bourgeois.

« On ne s'étonnera donc pas que l'Allemagne et la France, ennemies en 1870, se soient retrouvées amies pendant la Commune contre le peuple français. On dit peu, en effet, que ce régime républicain a collaboré avec la Prusse de Bismarck afin d'écraser les communards. Ainsi, quand Thiers s'enfuit à Versailles, son gouvernement ne dispose plus que de 12 000 hommes abattus par leur échec contre les soldats prussiens. Or, seulement douze jours après un pareil état des lieux, le républicain Thiers crie victoire : il annonce une armée reconstituée. Par quel coup de baguette magique ? Thiers a tout simplement demandé à Bismarck le renvoi des prisonniers français : ce qui a été fait. Ces hommes, désireux de se venger de la canaille, nourrissent l'armée qui va saigner la Commune.

« Si la Commune n'a pas abouti, ça n'est pas, comme Marx le croyait bêtement, parce que les insurgés ne se sont pas organisés selon ses principes, avec dictature du prolétariat à la clé, mais parce que le républicain français Thiers a collaboré avec Bismarck, le prince chancelier de l'Empire, pour reconstituer une armée à même de ravager la Commune. Il n'est pas impossible que Bismarck ait envoyé du matériel à cette soldatesque destiné à assassiner la Commune, on a parlé d'un canon Krupp et de quatre mitrailleuses livrés aux républicains versaillais par les Allemands : quand il s'agit de détruire un soulèvement populaire, hier comme aujourd'hui, en 1793 comme en 2018-2019, les républicains ne reculent devant rien… Dans un télégramme daté du 20 mai 1871, Bismarck écrit à Thiers : "Ce n'est pas un parti contre lequel vous luttez, c'est un ramas de brigands, violant les lois sur lesquelles reposent toutes les civilisations. Pouvons-nous assister les bras croisés au renversement des monuments publics, à la destruction des propriétés privées, peut-être au meurtre de l'archevêque ? Notre abstention ne se comprendrait pas[1]." Le lendemain commence la Semaine sanglante : Bismarck donne à Thiers des autorisations d'utiliser des zones neutres qui permettent aux versaillais de surprendre les fédérés au nord et à

1. Bernard Noël, *Dictionnaire de la Commune*, *op. cit.*, p. 142.

l'est de Paris. Les Allemands stationnent là où les communards pourraient s'échapper : la collaboration franco-allemande écrit le premier chapitre de son histoire. On sait qu'il y en aura d'autres, de la rue Lauriston au traité de Maastricht. Les communards sont exterminés. Non pas parce qu'ils n'avaient pas lu Marx et son *Manifeste du Parti communiste*, mais parce que la bourgeoisie impériale allemande et la bourgeoisie républicaine française se sont associées pour tuer le mouvement ouvrier parisien.

« Chacun comprendra que les marxistes, les communistes, les républicains, les sociaux-démocrates sont mal placés, sauf violations de sépultures, pour s'approprier la Commune et verser des larmes au mur des Fédérés. De même avec les mouvements libertaires qui ne sauraient faire de Bakounine une référence en la matière. L'auteur de *Dieu et l'État*, qu'on présente comme sautant de barricade en barricade tout au long de son existence partout en Europe, fut en effet un spectateur lointain de la Commune dans la Suisse qu'il habitait alors.

« Les proudhoniens seuls – mais où sont-ils aujourd'hui ? – seraient les plus légitimes à revendiquer l'héritage car l'opposition à l'étatisme au profit du contractualisme, la volonté d'un gouvernement direct, responsable et révocable, la gestion communautaire, le communalisme, la fédération, le désir d'élire les hauts-fonctionnaires, l'égalité des salaires ouvriers et des traitements de la fonction publique, les ateliers coopératifs, les associations ouvrières de production, les ancêtres de l'autogestion, la séparation de l'Église et de l'État, le respect de la propriété privée et le refus d'instaurer le communisme, la gestion concrète et non pas idéologique de la misère, le souci pratique des femmes et des enfants, des orphelins et des indigents, les magasins municipaux, voilà qui était proudhonien. La Commune « fut essentiellement proudhonienne » écrit Bernard Noël dans son excellent *Dictionnaire de la Commune*[1].

« À défaut de proudhoniens visibles, ce qui s'apparente le plus à la Commune qui, je le rappelle, a duré *dix semaines*, c'est le mouvement des Gilets jaunes avant que les Thiers, les Gambetta, les Ferry, les Simon, les Favre et autres "républicains" d'aujourd'hui, que tout le monde aura reconnus dans le personnel politique de la prétendue gauche française, ne s'inspirent des versaillais alliés à Bismarck pour écraser leur mouvement non pas dans le sang, mais dans les larmes. Certes, il n'y eut pas de cadavres en quantité, de déportations, d'exils, d'exécutions sommaires, de fosses communes, de tribunaux militaires, autre temps, autres mœurs, mais, sous ce feu éteint par les versaillais du jour, il reste des braises.

« Les communards nommaient Adolphe Thiers "Foutriquet". Chacun sait qui mérite ce nom-là aujourd'hui. Ce Foutriquet II a même porté la

1. Bernard Noël, *Dictionnaire de la Commune*, *op. cit.*, p. 531.

plaisanterie à son point culminant en 2016 en publiant un livre ayant pour titre *Révolution.* L'année suivante, il devenait président de la République française – la République de Thiers, pas la République sociale.

«J'exagère ? Qu'on sache alors que, dans un documentaire diffusé sur France 3, une chaîne du service public lui-même très au service du pouvoir, le 7 mai 2018 et intitulé *Macron président, la fin de l'innocence*, l'émule de Foutriquet a dit, concernant la Commune : "Versailles c'est là où la République s'était retranchée quand elle était menacée." On ne le lui fera pas dire… »

Repenser la gauche avec le peuple, par le peuple, pour le peuple passe par une lecture des socialistes français du XIXe siècle. Ni les sociaux-démocrates versaillais ni les néo-marxistes avec leurs régimes autoritaires ne constituent des solutions. Les premiers gouvernent la France depuis 1983, les seconds ont gouverné en URSS, en RDA, dans le bloc de l'Est, ils gouvernent encore en Chine et à Cuba. Ni l'une ni l'autre de ces gauches-là. Elles ont montré de quoi elles étaient capables, le sang est toujours leur allié.

L'auteur de *Qu'est-ce que la propriété ?* est un penseur pragmatique : Proudhon pense le réel de son temps et son époque fut mouvementée. Il naît en 1809 et meurt en 1865. C'est-à-dire qu'il voit le jour sous le Premier Empire, enfant il est contemporain des Cent-Jours, il connaît la Restauration et les règnes de Louis XVIII et Charles X, puis la monarchie de Juillet avec Louis-Philippe, la révolution de 1848 et sa IIe République, le coup d'État de Louis Napoléon Bonaparte, futur Napoléon III, il meurt sous le Second Empire. Il ne connaîtra donc pas la Commune qui, pourtant, s'inspire si souvent de lui.

Son œuvre complète évolue, mais elle s'affine, se précise, plus qu'elle ne se contredit. Il n'y a pas un Proudhon qu'on pourrait jouer contre un autre. Il y a en revanche un Proudhon graphomane, un Proudhon polémiste, un Proudhon journaliste, un Proudhon pamphlétaire, un théologien, un grammairien, un historien, un économiste, tous ont leur intérêt.

Le mien est celui qui développe « une anarchie positive », l'expression se trouve chez lui, autrement dit, non pas un négateur ou un nihiliste, un déconstructeur ou un démolisseur, mais un homme de proposition qui, au-delà de son siècle, fournit une théorie, autrement dit un modèle, un schéma inspirateur à même de conduire l'action ici et maintenant.

Proudhon refuse et récuse : la *hiérarchie*, qui est étymologiquement le pouvoir d'un sacré qui tombe du ciel ou procède de la puissance de groupes sociologiques encalminés ; le *centralisme* jacobin, qui s'avère une transposition sur Terre du pouvoir de Dieu dans le ciel avec incarnation du pouvoir dans un homme ou une poignée d'entre eux ; l'*autoritarisme*, qui suppose l'obéissance à une autorité venue d'en haut, sur le principe théocratique, ou d'ailleurs, sur le principe représentatif démocratique ; la *délégation* de pouvoir consubstantielle à la démocratie directe ou à la démocratie indirecte avec lesquelles le peuple se démet de son pouvoir et crée une caste de politiciens professionnels qui joue contre lui ; l'*étatisme*, qui suppose la puissance d'un Moloch dont on attend tout et qui ne donne rien ; le *capitalisme* appuyé sur l'aubaine, qui est confiscation de la force de travail jamais rétribuée alors qu'elle seule rend possible la production en grand ; la *révolution* marxiste, qui est, prévoit-il, promesse de dictature sur le prolétariat ; le *communisme*, qui abolit la liberté et la petite propriété privée qu'il défend.

En revanche, Proudhon croit à l'*autogestion*, qui est l'organisation du pouvoir par ceux-là mêmes sur lesquels il s'exerce ; à l'*initiative individuelle*, qui est manifestation de la liberté dans le travail et la production, l'atelier ou le champ ; au *contrat synallagmatique*, qui est liaison volontaire et révocable de deux volontés en vue de l'action ; à la *coopération* des producteurs et des consommateurs, qui évince la tyrannie des parasites entres les uns et les autres ; à la *mutualisation* de ces coopérations, ce qui suppose de façon plus vaste la *fédération* de régions dans la nation ; à l'*anarchie*, qui est l'ordre obtenu sans pouvoir par le contrat d'hommes qui s'autogèrent; enfin, et c'est majeur dans son dispositif, à la *démopédie*, c'est son mot, qui est éducation du peuple à l'existence et aux possibilités de l'anarchie positive.

Proudhon ne croit pas à l'homme providentiel mais au peuple providentiel – moi aussi. Mais ce pari exige d'avoir l'âme chevillée au corps[1] !

1. Il n'y a pas plus proudhonien comme projet contemporain que celui de John Holloway que j'ai rencontré au Mexique où je donnais des conférences. On lui doit *Changer le monde sans prendre le pouvoir. Le sens de la révolution aujourd'hui* (Syllepses-Lux, 2008) et *Crack Capitalism. 33 thèses contre le capital* (Libertalia, 2012). Sa thèse : « La révolution ne consiste pas à détruire le capitalisme, mais à refuser de le fabriquer. » C'est une variation sur le thème de La Boétie : « Soyez résolus de ne plus servir et vous voilà libres. »

7

SE DÉSINTOXIQUER DES MÉDIAS

1

GÉNÉALOGIE DU JOURNALISME CONTEMPORAIN
Hébert leur père à (presque) tous

In memoriam Dominique Baudis

Quand je regarde les caricatures publiées dans la presse révolutionnaire pendant la Révolution française, je ne peux m'empêcher de penser que des journalistes tuent. Pas tous, bien sûr, mais quelques-uns qui en font clairement profession en désignant à la vindicte la cible sur laquelle ajuster le tir. Certes, le meurtre est propre, il est perpétré au silencieux, à distance. Le tueur n'a pas de sang sur les mains, on ne trouve pas non plus de cervelle sur la table où il écrit ou dessine ses invitations au crime, ses incitations au meurtre, ses excitations à l'assassinat. Juste un peu d'encre sur les doigts.

Je crois par exemple que ce gros et gras Louis XVI (qui, en vérité, mesurait 1,93 m...) buvant au goulot d'un litre de vin avec bonnet phrygien et cocarde sur la tête, que la famille du roi caricaturée en cochons traînés dans une charrette, que ce sans-culotte qui conduit au fouet un roi dindon, une reine louve et ses enfants louveteaux, que ce gros évêque mené *manu militari* sous un pressoir, que ce roi crucifié à la bouche de qui Robespierre à cheval sur une chimère nommée Constitution porte l'éponge de vinaigre, que ce curé pendu au battant de sa cloche, que ce roi présenté en Gargantua se goinfrant et en « oracle de la dive bouteille » – autrement dit en ivrogne –, que cette hydre aux têtes d'aristocrates qui ne méritent que d'être tranchées, que cet évêque à qui l'on impose un clystère, que cet homme qui se torche avec la bulle du pape, que ce monarque représenté en enfant dans une voiture poussée par la reine, ou juché sur un cerf à la large ramure pour signifier qu'il est cocu, ou caché dans un tonneau avec des oreilles d'âne, ou monstre chimérique avec son épouse – lui avec des cornes de mari trompé, elle avec des serpents sur la tête comme l'Hydre de Lerne –, ou en buste fracassé par une femme portant une massue, ou occupé au berceau de son fils pendant que, dans la pièce d'à côté, la mère de l'enfant se fait prendre par un homme et fait avec les doigts de la main le signe du cornu dans sa direction, que ce prêtre à qui l'on fait souffrir le supplice de l'eau et qu'on traite de porc, que ce moine à queue de serpent et à oreilles de diable, que ce garde royal qui défèque sur la tête des aristocrates – je crois que toutes ces images préparent, accompagnent, légitiment, justifient les décapitations de la famille royale, des membres du clergé et de la noblesse…

Le roi cocu, ivrogne, goinfre, porc, la reine dinde, louve, hyène, autruche, pour l'homophonie avec Autriche, leurs enfants porcelets : avec cette bestialisation des humains, cette animalisation d'une famille, rien n'empêche plus qu'on l'égorge comme dans l'abattoir du boucher ou l'arrière-boutique du charcutier.

De façon très magique, ce que l'on dessine dans les journaux révolutionnaires, c'est ce que l'on désire voire advenir. Ne dit-on pas des peintures préhistoriques, déjà, qu'elles servent à produire des images susceptibles de faire advenir la volonté des chasseurs, à savoir faciliter la mort des bêtes dessinées ?

Ces caricaturistes à l'origine de gravures abondamment dupliquées avaient pour complices des journalistes dont le plus célèbre fut Hébert et son *Père Duchesne*, un journal qui fut un véritable appel au crime et au meurtre pendant 391 numéros entre septembre 1790 et le 24 mars 1794, date à laquelle, Robespierre en décide, la guillotine arrête sa fureur…

À son apogée, l'été 1793, *Le Père Duchesne* s'écoule à 50000 exemplaires, voire 80000, et ce trois fois par semaine – quatre quand la semaine laisse place au décadi. Il est vrai que l'armée est abonnée – une pratique durable qui permet aujourd'hui à des médias de gauche disposant d'abonnements de syndicats ou de partis d'annoncer un succès

Potemkine, pour d'autres ce sont des abonnements de médiathèques ou de groupes scolaires sous prétexte de quotidiens de référence !

Le sommaire du journal est crié par des « aboyeurs » publics qui annoncent : « Il est bougrement en colère aujourd'hui le Père Duchesne ! » Les vendeurs aboient dans les rues, les clubs, les assemblées. Parfois, les feuilles sont collées sur les murs. Le texte d'Hébert propose souvent des saynètes de façon rhétorique : elles sont jouées en plein air, sur des places ou dans des carrefours, par des sans-culottes.

Tout le monde s'arrache ces huit feuillets qui, avec force grossièretés, vulgarités, grivoiseries, scatologie, obscénités, quantité de mensonges aussi, célèbrent « les vertus de la sainte guillotine » à laquelle, numéro après numéro, Hébert fournit de la chair avec ses perpétuelles dénonciations.

En 1793, il estime que « le rasoir national » est trop doux, il souhaite le recours à la torture : « Les traîtres se foutent de la guillotine. Si on les faisait expirer sur la roue, ou au milieu des flammes, ils redouteraient du moins l'horreur du supplice et ils ne joueraient pas aussi facilement leur vie à pair ou à non. Je ne suis pas sanguinaire, foutre, mais je voudrais qu'on rétablît les gibets et la question pour des monstres, qui, de sang-froid, ont fait égorger des milliers d'hommes. C'est une duperie que d'être humains avec des scélérats qui veulent perdre leur patrie » (n° 293). Heureusement que le journaliste prend la peine de préciser qu'il n'est pas sanguinaire, on se demande ce qu'il en aurait été sinon !

Pendant le procès de la reine, Hébert s'est montré d'une incroyable vilenie.

Petit garçon, le Dauphin s'était blessé avec un bâton à un testicule ; un chirurgien fut appelé qui lui fit aussitôt un bandage herniaire. Des années plus tard, quand Louis XVII se retrouve enfermé à la Conciergerie, ses gardiens le surprennent en train de se masturber. Simon, le gardien, veut faire avouer à cet enfant de huit ans et demi que sa mère et sa tante l'ont initié au plaisir solitaire. Puis, bien vite, il est dit que le Dauphin était associé à des jeux sexuels avec sa mère et sa tante dans le même lit. Aussitôt dit aussitôt fait : Marie-Antoinette entretenait des relations incestueuses avec son fils ! Présentée dans la presse depuis des années comme une catin, une traînée, une prostituée, une femme lubrique, une goulue sexuelle qui consommait indistinctement femmes et hommes à longueur de temps, elle ne pouvait qu'être la complice lubrique de coucheries avec son fils.

Sur le procès-verbal on peut lire à propos de cet enfant « qu'une fois sa mère le fit approcher d'elle, qu'il en résulta une copulation et qu'il en résulta un gonflement à un des testicules pour lequel il porte un bandage et que sa mère lui a recommandé de n'en jamais parler, que cet acte a été répété plusieurs fois depuis ». Hébert, qui assistait à l'interrogatoire du tribunal, fit ses choux gras de cette machination qui instrumentalisait

« l'avorton du temple » pour parler comme lui dans *La Grande Colère du Père Duchesne* (n° 284) afin d'obtenir la mort de « la louve autrichienne » (n° 293).

Il consacre une *Grande Colère* (n° 296) au fait « de voir que l'on cherche midi à 14 heures pour juger la tigresse d'Autriche, et que l'on demande des pièces pour la condamner, tandis que, si on lui rendait justice, elle devrait être hachée comme chair à pâté pour tout le sang qu'elle a fait répandre ». Autrement dit : à quoi bon instruire un dossier pour plaider sa cause dans un procès puisqu'elle ne mérite que la torture d'un démembrement à des fins de hachis pour une faute, du sang répandu, qu'elle n'a pas commise !

Dans sa *Grande Joie*, car Hébert varie les plaisirs (n° 298), il ne connaît pas que la colère, il la rend coupable « d'avoir ruiné la France, et d'avoir voulu faire égorger le peuple, pour le remercier de tout le bien qu'il lui avait fait » – ce qui s'avère une singulière façon d'écrire l'histoire… Il charge pendant tout son article : elle a juré la perte de la France ; elle a transféré l'argent du pays à l'étranger ; elle est un monstre altéré du sang des Français ; elle a donné « l'ordre d'égorger, sur l'autel de la patrie, des vieillards, des femmes et des enfants sans armes », ce qui est faux, pour générer une nouvelle Saint-Barthélemy à Paris le 10 août 1792, jour de la prise des Tuileries. Rhéteur et sophiste, il ajoute : « Je suppose, foutre, qu'elle ne fut pas coupable de tous ces crimes, n'a-t-elle pas été reine ? ce crime-là suffit pour la faire raccourcir, car, foutre, qu'est-ce qu'un roi ou une reine? N'est-ce pas ce qu'il y a dans le monde de plus impur et de plus scélérat? Régner, n'est-ce pas être le plus mortel ennemi de l'humanité?» Que n'a-t-il besoin de rédiger ses mensonges, de répandre ses calomnies, de diffuser ses *fake news* dans son journal! Au moins Robespierre et Saint-Just n'ont rien inventé pour la salir, ils ont juste affirmé qu'être roi ou reine suffisait pour mériter la guillotine – on les a tués non pour ce qu'ils ont *fait* mais pour ce qu'ils *étaient*. Il ajoute : «Une autorité qui est assez puissante pour détrôner le roi commet un crime contre l'humanité [*sic*], si elle ne profite pas du moment pour l'exterminer, lui et sa bougre de race.» Et puis ceci : «Que dirait-on d'un benêt qui, en labourant son champ, viendrait à découvrir une nichée de serpents, s'il se contentait d'écraser la tête du père et qu'il fût assez poule mouillée pour avoir compassion du reste; s'il disait, en lui-même, c'est dommage de tuer une pauvre mère au milieu de ses enfants, tout ce qui est petit est si gentil, emportons ce joli nid à la maison, pour divertir mes petits marmots?»

Il publie ce texte le jour du procès. Il revient sur cette infamie de la relation incestueuse de Marie-Antoinette avec son fils. Elle est, ajoute-t-il: «Une vieille putain, qui n'a ni foi ni loi, qui a fait périr plus d'un million [*sic*] d'hommes» – il revient comme avec un mantra sur ce chiffre inventé... Il appelle à sa décapitation qu'il veut le jour dit entendre accompagnée d'un « Vive la république ». Hébert est entendu. La reine meurt, digne, le 16 octobre 1793.

Indigne, lui, il écrit le lendemain, sous la rubrique « La plus grande de toutes les joies du Père Duchesne » (n° 299) : « Après avoir vu de ses propres yeux, la tête de veto femelle séparée de son foutu col de grue. Grand détail sur l'interrogatoire et le jugement de la louve autrichienne, et sa grande colère contre les deux avocats du diable, qui ont osé [*sic*] plaider la cause de cette guenon. » La reine est morte, mais il recouvre encore son cadavre acéphale de mensonges : « Depuis qu'elle a régné, elle n'a rêvé que meurtre et carnage. Plus d'un million d'hommes ont été ses victimes, et les crimes qu'elle a commis ne sont encore que de l'eau de rose en comparaison de ceux qu'elle méditait » – on dirait BHL parlant de Kadhafi... Hébert achève sa page d'écriture en s'étonnant que la reine ait trouvé deux avocats qu'il conchie à son habituelle façon. Quelques lignes avant la fin, jamais rassasié, il charge encore la reine et la traite de « guenon », de « salope », d'« architigresse », de « garce », de « grue », et le roi de « gros cocu ».

Jamais en retard d'un mensonge, Hébert dit de Marie-Antoinette que ses « jambes lui ont manqué au moment de faire la bascule », ce que contredit un témoin oculaire, Rouy, qui raconte dans *Le Magicien républicain* : « La charrette s'étant arrêtée devant l'échafaud, elle est descendue avec légèreté et promptitude, sans avoir besoin d'être soutenue, quoique ses mains fussent toujours liées ; elle est de même montée à la bravade, avec un air plus calme et plus tranquille encore qu'en sortant de sa prison. Sans parler au peuple ni aux exécuteurs, elle s'est prêtée aux apprêts de son supplice, ayant fait elle-même tomber sa bonnette de sa tête » – la chose se trouve consignée dans les *Actes du tribunal révolutionnaire.*

Vint le tour d'Hébert de grimper les marches de l'échafaud. Robespierre en avait assez de se faire déborder sur sa gauche. Il y a plus que les jambes qui ont manqué à cet « ignoble chien », pour parler comme Michelet ! Ou plutôt, et je préfère : à ce « sac à ordures du journalisme », pour citer Taine.

Sous la fenêtre de la cellule de Manon Roland, un sans-culotte avait vociféré un article du *Père Duchesne* : « Les Français ne se battent point pour un crâne pelé comme celui de ton vieux cocu et pour une salope édentée de ton espèce. » Puis ceci : « Pleure tes crimes, vieille guenon, en attendant que tu les expies sur l'échafaud, foutre ! »

Sous la fenêtre de la cellule d'Hébert, on entend ses cris, ses gémissements, ses larmes, ses supplications : ce pourvoyeur de guillotine ne veut pas mourir… Il demande grâce, lui qui a invité à décapiter à tour de bras depuis des années.

L'homme qui, dans *Le Père Duchesne,* écrit « foutre » à toute les lignes, beugle « bougre » toutes les minutes, traite Louis XVI de « gros cocu », Mme Roland de « salope édentée », M. Roland de « vieux cornard », les prêtres de « cafards », les ministres de « maquereaux », les cardinaux d'« ânes rouges », l'homme qui invite à « branler le cul » des déserteurs et à « faire caca » sur le trône des rois, pour l'heure, fait sous lui… Courageux mais pas téméraire le journaliste ! Il invente aussi cette façon de faire chez les journalistes : tueurs sur le papier, loin de leur victime, et couards face à face, je parle d'expérience – disons plutôt : d'expériences…

On doit à Marina Grey un ouvrage intitulé *Hébert. Le « Père Duchesne » agent royaliste* – oui, car il y a ça aussi chez cet homme… – publié chez Perrin. Elle raconte avoir fait une enquête sur les lieux d'Hébert, notamment à Alençon, sa ville natale dans l'Orne. Elle écrit : « Deux pâtissiers fabriquaient des gâteaux à base de pâte d'amandes, de pommes et de fruits confits, vendus dans des cartons spéciaux à l'effigie et au nom du "Père Duchêne" ; il me fut précisé, dit-elle, que "seuls les gens de gauche" les appréciaient vraiment… »

Je ne suis pas vraiment étonné.

2

TOUT JOURNALISME EST PROPAGANDE

Le neveu de Sigmund Freud, Edward Bernays, quitte l'Autriche où il est né en 1892 pour les États-Unis où il épouse le cynisme naïf, la brutalité sommaire et l'amoralité confondante de son pays d'adoption. Il avait un an quand ses parents ont abandonné Vienne pour lui préférer le Massachusetts où il vivra cent trois ans. Il n'a donc pas eu à se défaire de la subtilité de la Mitteleuropa d'un Karl Kraus, car il a baigné très tôt dans « les eaux glacées du calcul égoïste », pour parler comme Marx.

Dans une lettre à Ferenczi, l'auteur de *Malaise dans la civilisation* entretient du « pays des barbares à dollars » (19.IX.1926) qu'il n'aime pas beaucoup. « L'Amérique est une erreur », dit-il selon son premier biographe Ernst Jones – je souscris à ces remarques de Freud, une fois n'est pas coutume... Edward Bernays pense comme un Américain, autrement dit en pragmatique pour lequel la fin justifie les moyens, le tout en proclamant qu'il en va là, bien sûr, de morale et de vertu.

Avec *Propaganda* (1928), Bernays publie un manuel de cynisme politique sur l'art de conduire les foules et de créer en elles un désir dont on leur laisse croire ensuite qu'elles l'ont librement choisi. Bernays vend de la politique comme des chaussures ou des cigarettes, des polices d'assurance ou des costumes en velours, des longueurs de jupe et des petits déjeuners au bacon – on lui doit en effet cette signature de l'*American Way of Life* en même temps que la propagation du tabac Lucky Strike chez les femmes. Le journalisme tient bien sûr un rôle important dans ce dispositif d'asservissement des masses et de contournement du peuple, un coup de bonneteau qu'il nomme… « démocratie » !

Bienvenue dans notre modernité !

1
Théorie

Longtemps, les États-Unis refusent d'entrer dans la Première Guerre mondiale ; ils ne s'y décident que tardivement, le 6 avril 1917, parce que les sous-marins allemands qui croisent dans les eaux américaines torpillent des navires commerciaux et empêchent l'Oncle Sam de commercer avec le Mexique – une illustration parmi tant d'autres des motivations et des méthodes de ces barbares à dollars…

Comment expliquer au peuple américain le passage de cette neutralité au bellicisme confirmé par l'entrée en guerre de ses jeunes soldats ? Bernays s'y colle en fournissant les éléments de langage partout répandus dans le pays avec l'aide d'influenceurs, de prescripteurs, de journalistes bien sûr, en fabriquant des slogans, en les répétant *ad nauseam* sur tous les supports, partout où il savait qu'ils seraient repris. Il écrit : « Parallèlement, les manipulateurs de l'esprit patriotique utilisaient les clichés mentaux et les ressorts classiques de l'émotion pour provoquer des réactions collectives contre les atrocités alléguées, dresser les masses contre la terreur et la tyrannie de l'ennemi. »

Cette propagande a bien fonctionné pour convaincre le peuple américain de livrer des soldats sur le front allié contre les Allemands en 1917. Bernays a vendu au peuple américain du soldat à envoyer sur le front. Dès lors, cette propagande ne demandait qu'à servir à nouveau en temps de paix. Il propose donc une *théorie de la propagande* en l'estimant morale et vertueuse, mais également fondatrice de la démocratie américaine !

Parlant de *Propaganda*, Edward Bernays écrit : « Ce livre se propose d'expliquer la structure du mécanisme de contrôle de l'opinion publique, de montrer comment elle est manipulée par ceux qui cherchent à susciter l'approbation générale pour une idée ou un produit particulier. » C'est donc, sur la propagande, le livre du maître de la propagande. On aura du mal à prétendre que c'est un faux !

Les désinformateurs qui voient du complotisme partout et diffusent de l'intoxication dans leurs rubriques dites « de désintoxication », sommet de subtilité en régime de postvérité, ont du fil à retordre avec les thèses de Bernays, car il dit tout haut ce que ces gens-là ne veulent pas même entendre tout bas : « La manipulation consciente, intelligente, des opinions et des habitudes organisées des masses joue un rôle important dans une société démocratique. Ceux qui manipulent ce mécanisme social imperceptible forment un gouvernement invisible qui dirige véritablement le pays. » Puis ceci : « Nous sommes pour une large part gouvernés par des hommes dont nous ignorons tout, qui modèlent nos esprits, forgent nos goûts, nous soufflent nos idées. » Et encore : « Nous sommes dominés par ce nombre relativement restreint de gens [...]. Ce sont eux qui tirent les ficelles : ils contrôlent l'opinion publique, exploitent les vieilles forces sociales existantes, inventent d'autres façons de relier le monde et de le guider. »

Bernays explique que la Révolution française abolit la royauté qu'elle remplace par la république qui sacralise le gouvernement du peuple, par le peuple, pour le peuple. Ensuite, le suffrage universel et l'instruction généralisée donnent au peuple un pouvoir que le propagandiste estime indu. Pas question de laisser au peuple la main sur son destin.

Lisons : « Aujourd'hui, pourtant, une réaction s'est amorcée. La minorité a découvert qu'elle pouvait influencer la majorité dans le sens de ses intérêts. Il est désormais possible de modeler l'opinion des masses pour les convaincre d'engager leur force nouvellement acquise dans la direction voulue. »

Un petit nombre de décideurs doit donc influencer, conditionner, suggérer, endoctriner, inspirer le peuple dans sa totalité afin de lui mettre dans la tête des idées dont il croit qu'elles sont les siennes parce qu'il les aurait librement choisies : « La propagande est l'organe exécutif du gouvernement invisible. » Qu'est-ce que la propagande ? « Le mécanisme qui permet la diffusion à grande échelle des idées [...] : soit, au sens large, tout effort organisé pour propager une croyance ou une doctrine particulière. »

Bernays estime que la propagande souffre, à tort, d'une mauvaise réputation. La vieille Europe est idéaliste, elle trouve, par exemple, dans le sillage de Kant, que le mensonge est mauvais *en soi* et qu'il ne saurait y avoir de bonnes raisons de mentir. En revanche, la jeune Amérique s'affiche conséquentialiste : elle estime que le mensonge est mauvais s'il sert une mauvaise cause et bon s'il est au service d'une bonne cause. Annoncer à un cancéreux qu'il lui reste un mois à vivre, c'est dire vrai, mais le faire souffrir ; lui dire qu'il a des chances de s'en sortir alors qu'il n'en a pas, c'est mentir, mais lui épargner d'infinies souffrances. La propagande n'est donc pas à refuser en soi, mais relativement à ses fins. Elle doit être activée pour de bonnes raisons – qui peuvent parfois en être de mauvaises...

Ainsi, Bernays méprise le peuple et souhaite en faire l'économie en matière de politique : voilà ce qu'il estime moral, bien, bon, vertueux. On peut penser autrement ! Dès lors, il faut mettre en branle une propagande terrible pour faire croire au peuple que ce qu'il désirera, il l'aura librement désiré, alors qu'il aura été conditionné. C'est le principe de la fabrique de l'opinion.

Bernays, qui revendique une position éthique, écrit : « Notre démocratie ayant pour vocation de tracer la voie, elle doit être pilotée par la minorité intelligente qui sait enrégimenter les masses pour mieux les guider. » Voilà donc le programme clairement exposé. Veut-on un exemple ?

En voici un, au hasard : « Et si, selon la formule consacrée, tel candidat à la présidentielle a été “désigné” pour répondre à “une immense attente populaire”, nul n'ignore qu'en réalité son nom a été choisi par une dizaine de messieurs réunis en petit comité. » Et ceci : « Oui, des dirigeants invisibles contrôlent les destinées de millions d'êtres humains. Généralement, on ne réalise pas à quel point les déclarations et les actions de ceux qui occupent le devant de la scène leur sont dictées par d'habiles personnages agissant en coulisse. »

Edward Bernays développe cette thèse en enfonçant le clou : il y est question de « pouvoir des hommes de l'ombre », de « dirigeants invisibles », de « dictateurs redoutables », de « gouvernement invisible », pour signifier le pouvoir de cette aristocratie de l'ombre qui a pour objectif de « modeler et façonner la voix du peuple ». Ces jugements, ces mots, ces expressions, ces idées ne viennent pas d'un complotiste qui affabule, mais de l'un d'entre eux qui, de l'intérieur, effectue la théorie de ce projet.

Qui sont les acteurs de cette propagande qui, « sans que nous en ayons conscience, nous soufflent nos idées, nous disent qui admirer et qui mépriser, ou ce qu'il faut penser de [...] l'immigration » ? Edward Bernays répond clairement : « Si l'on entreprenait de dresser la liste des hommes et des femmes qui, de par leur position, sont ce qu'il faut bien appeler des "faiseurs d'opinion", on se retrouverait vite devant la longue kyrielle des noms recensés dans le *Who's Who.* » Suit un inventaire à la Prévert : le président de la République, ses ministres, les sénateurs, les députés, les élus, les présidents de chambres de commerce, les PDG de conseils d'administration des cent plus grosses entreprises, les responsables des syndicats et des partis politiques, les auteurs à succès, une poignée de producteurs de théâtre et de cinéma, les patrons de la mode, les responsables des grandes religions, les présidents d'universités, les gens de la finance, les sportifs connus, et, bien sûr, les patrons de presse – toute la clique qui constitue le pouvoir. Bernays : « Une telle liste comprendrait des milliers de gens. Chacun sait, toutefois, que nombre de ces dirigeants sont eux-mêmes dirigés, et par des individus parfaitement inconnus, pour certains, en dehors de leurs petits cercles. »

Comment agissent-ils ? Bernays convoque Freud qui n'en peut mais… Il s'appuie sur *La Psychologie des foules* de Gustave Le Bon, un auteur français qui a aussi inspiré l'auteur de *Psychologie des foules et analyse du moi.* L'Américain retient que les lois qui régissent l'individu diffèrent de celles qui conduisent les foules, les masses, les groupes. Seuls, les hommes sont accessibles à la raison, à la conscience, au raisonnement; en groupe, ils ne connaissent que le déraisonnable, les passions, l'émotion, les affections, les pulsions, les impulsions, l'instinct et l'habitude.

La propagande s'adresse donc à la psyché des hommes plus qu'à leur raison, à leur cerveau reptilien plus qu'à leur cortex, à la bête plutôt qu'à l'humain en eux. Sur le principe du chien de Pavlov qui salive au coup de sifflet parce qu'on a longtemps et longuement, régulièrement et assidûment associé le signal sonore à l'arrivée d'une pâtée, les hommes doivent être conditionnés : dès qu'ils entendent un signal, le nom d'un homme politique, celui d'un intellectuel, telle ou telle idée, il leur faut libérer leurs sucs festifs ou agressifs. Il faut créer des stimuli, les dupliquer à des millions d'exemplaires afin d'obtenir un assentiment. La presse joue donc un rôle majeur dans la fabrication de l'opinion.

Le propagandiste active de vieux clichés, il en crée de nouveaux, il coefficiente positivement ou négativement certains mots. Il s'agit de « susciter des courants émotionnels et psychologiques qui travaillent pour eux », il faut « canaliser les courants émotionnels ».

2
Pratique

Le monde est tellement complexe, chaotique, incompréhensible pour le commun des mortels, écrit Bernays, qu'il faut l'organiser et laisser cette élite « désigner les questions dites d'intérêt général ». Autrement dit : se faire dicter ce qu'il faut dire, croire et penser par ce « gouvernement invisible qui dirige véritablement le pays ».

Prenons un exemple qui nous permettra de rendre visible le pouvoir de ce « gouvernement invisible ».

Le voici.

François Mitterrand se fait élire le 10 mai 1981 sur un programme de gauche. Les communistes, qui prennent leurs ordres à Moscou alors soviétique, les radicaux de gauche, qui poursuivent la tradition anticléricale et maçonnique de la gauche des banquets de la IIIe République, arrivent donc au pouvoir sous la houlette de ce socialiste d'un genre particulier : il vient avant guerre de l'extrême droite ; il a été compagnon de route de la Cagoule ; pendant la guerre, il a été vichyste, pétainiste, maréchaliste, décoré de la francisque en 1943, il a été giraudiste ; puis, pendant la guerre d'Algérie, il a été ministre de la Justice et de l'Intérieur et n'a jamais transmis un dossier de demande de grâce d'un condamné à mort.

Plus lecteur de Rebatet et de Chardonne que d'Adam Smith ou de Ricardo, ce dont témoigne sa bibliothèque vendue à l'encan, Mitterrand devenu président de la République met économiquement la France à genoux. Il vide les caisses, distribue à tour de bras, remercie « le peuple de gauche » avec ses largesses, ses dépenses et ne crée aucune richesse. Pire : il fait fuir investisseurs, propriétaires, industriels et capitalistes. Le pays est au bord de la faillite.

Le 21 mars 1983, devant ce fiasco personnel, il renonce à la gauche, annonce un « tournant de la rigueur », parle d'une parenthèse jamais refermée depuis chez les socialistes – qui n'ont pas besoin d'aller chercher loin pour expliquer leur état comateux ces temps-ci, leur candidat, Macron, est au pouvoir… Les privatisations laissent place aux nationalisations, les marchés financiers sont dérégulés, le social est mis en berne. Mitterrand renonce à la question sociale et à la gauche, il tourne le dos à la France et a désormais pour projet de diluer le pays dans l'Europe, sa nouvelle marotte politique. La gauche socialiste devient giscardienne, elle l'est restée…

Le PCF, qui a vendu son âme pour quelques strapontins ministériels, quitte le gouvernement en 1984, mais le mal est fait. En trois années, il a définitivement perdu son crédit révolutionnaire. Le 9 novembre 1989, le mur de Berlin tombe. Voici venu le début de la fin de l'Empire soviétique. La politique de Gorbatchev déroute ce PCF prosoviétique, y compris sous sa formule stalinienne, depuis sa création en 1920.

Renégate avec les socialistes, errante aux côtés des communistes, invisible en compagnie des radicaux de gauche, la gauche de 1983 déçoit. Pour effacer son incompétence, son impéritie, son fiasco, son ratage, Mitterrand fait de sa trahison une adaptation, une modernisation, un effet de plasticité politique.

En février 1984, le journal *Libération* publie un numéro spécial intitulé *Vive la crise!* dans lequel le mitterrandisme apparaît dans sa superbe. France 2, chaîne du service public, est enrégimentée dans cette propagande d'État : le sous-titre de *Libé*? « La grande mutation [*sic*] des années 1980, racontée par Yves Montand », qui fut dans les chantiers de jeunesse avant de devenir compagnon de route d'un PCF stalinien. Le voilà devenu chantre du libéralisme qui se fait payer 8 millions de francs une intervention de propagande chez Anne Sinclair, une amie du pouvoir socialiste.

Serge July, propagandiste en chef, signe l'éditorial de ce numéro : le reniement de Mitterrand n'a pas eu lieu, c'est juste un effet de changement de civilisation, le négatif de la *trahison* devient donc le positif d'une *mutation* : « Nous sommes en train de vivre l'une de ces époques charnières de l'Histoire de l'Humanité où une civilisation succède à une autre, où des manières de vivre, de voir le monde et de le comprendre, de travailler, d'aimer et de mourir, de désirer et de déprimer [!] sont mises en pièces par un bouleversement général de tous les ordonnancements. » Bigre ! Mitterrand ne sait pas gouverner, mais c'est un basculement de l'Histoire de l'Humanité qu'il faut invoquer, sinon incriminer ! La gauche est arrivée au pouvoir avec une invitation rimbaldienne, « Changer la vie » ; July annonce qu'il faut changer de slogan publicitaire et lui préférer « Changer de vie » ! Pour cela, on doit « rendre la crise positive, il faut transformer les sujets passifs en sujets actifs, faire des citoyens assistés des citoyens entreprenants ».

… Le néolangage de cette néogauche, c'est à s'y méprendre, s'avère celui de Raymond Barre, Premier ministre de Giscard, qui, au salon de la IVe semaine du travail au Grand Palais, exalte « le goût de la création et de la volonté d'entreprendre ». Alors qu'il est interrompu par des communistes, Barre ajoute : « Les chômeurs pourraient essayer de créer leur entreprise au lieu de se borner à toucher les allocations de chômage » – *Le Monde* rapporte ces propos dans son édition du 4 mars 1980. Ancien maoïste qui citait Saint-Just avec émotion en Mai 68, voilà le Serge vantant les idées de Raymond Barre sous couvert de mitterrandisme ! Et traitant de fasciste quiconque raconte sa forfaiture – celle de Mitterrand en même temps que la sienne.

Quelle différence en effet y a-t-il entre les propos de Barre, une variation sur le thème du « salauds de pauvres ! », et l'attaque faite par July de « l'État-Providence » qu'il conchie ? Il attaque en effet « la sécurité sociale, les allocations familiales, l'assurance chômage, l'assurance retraite. Les peuples occidentaux ont vécu dans la ouate sociale depuis vingt ans ». Il poursuit : « Et c'est parce que cette ouate devient un peu humide, se déchire par endroits que progresse enfin comme une traînée de poudre la conscience ambiguë de la crise » – laissons de côté la « ouate humide qui se déchire comme une traînée de poudre », une image qui témoigne du talent littéraire de July, et retenons la substantifique moelle de sa propagande : il faut oublier la question sociale, cesser de croire à la gauche, se convertir au libéralisme, se faire nomade et accepter ce qui deviendra le mantra de la gauche sociétale : changer de culture. On aura compris que la gauche est morte bien qu'elle se prétende toujours vivante.

Mais l'électeur a bien vu que cette gauche qui renonce et fait passer son virage à droite pour un effet de plasticité politique de gauche enfume à plein. Cette propagande de *Libération*, de July, et, déjà, de Laurent Joffrin (son « L'État était monté sabre au clair à l'assaut de la crise et s'était pris les pieds dans le tapis » vaut la « ouate qui se déchire comme une traînée de poudre » de son mentor...), tout le monde ne l'a pas gobée.

De fait : les élections législatives du 16 mars 1986 sont perdues par Mitterrand, contraint de ce fait à un régime de cohabitation avec Jacques Chirac nommé Premier ministre. Pour casser la droite en deux, le président de la République instille une dose de proportionnelle qui permet au Front national de friser les 10 % et d'envoyer trente-cinq députés à l'Assemblée nationale. À peu de chose près, le FN fait jeu égal avec le PCF, ils ont le même nombre de députés. La droite parlementaire

(UDF+RPR) totalise 44,84 % des voix, le Parti socialiste et ses alliés 31,02 %, le FN 9,65 %.

Quand Mitterrand est élu en mai 1981, Jean-Marie Le Pen, qui n'a pas ses 500 signatures, ne peut se présenter. Avec l'effondrement de la gauche, le FN entame une progression électorale ininterrompue. Le 13 février 1984, François Mitterrand, sollicité par Jean-Marie Le Pen, qui estimait ne pas être assez présent sur le service public, écrit à son ministre de la Communication, Georges Fillioud, pour que le patron du Front national soit invité à *L'Heure de vérité*. Il s'exécute. Aux élections suivantes, les européennes, le 17 juin de la même année, le FN recueille 10,95 %. Deux millions d'électeurs permettent d'envoyer dix élus au Parlement européen. Le 16 octobre 1985, nouvelle *Heure de vérité* pour Le Pen. Succès, on l'a vu, aux législatives de mars 1986.

Comme François Mitterrand le veut, Le Pen s'installe durablement dans le paysage politique français. L'ancien socialiste devenu dévot des idées libérales et européistes de Giscard d'Estaing se trouve désormais moins fort de sa propre force que de la faiblesse de ses adversaires de droite. Aux présidentielles de 1988, Le Pen est à 14,38 % au premier tour. Mitterrand tire assez de force de la faiblesse de cette droite brisée par le parti lepéniste pour être réélu à un second septennat.

Il n'a désormais plus besoin du FN, il sait qu'il ne pourra faire un troisième mandat. Pour nazifier Jean-Marie Le Pen, un horrible fait divers va être exploité par le pouvoir socialiste : c'est l'affaire de Carpentras.

Dans la nuit du 8 au 9 mai 1990, trente-quatre sépultures sont vandalisées. Une tombe est éventrée : celle de Félix Germon, mort quinze jours plus tôt à l'âge de quatre-vingt-un ans. Son corps dénudé est posé face contre terre sur une tombe voisine. Un mât de parasol qui sert à baliser les tombes à venir lui a été glissé sous le ventre. Aucune inscription antisémite n'accompagne l'outrage. Rien qui permette une revendication politique, partisane, partidaire.

Qu'est-ce qui peut permettre à Hubert Védrine, homme de culture, humaniste à l'autorité incontestée, ancien ministre socialiste des Affaires étrangères du président François Mitterrand, de dire *un quart de siècle plus tard* au micro de France Culture, le 9 janvier 2015 : « Carpentras, c'était une manipulation, largement » ? La vérité, rien que la vérité, toute la vérité.

La vérité c'est que Laurent Fabius, alors président *socialiste* de l'Assemblée nationale, intervient au journal télévisé de 20 heures sur TF1 pour affirmer, la voix tremblante, que quarante tombes, et non pas trente-quatre comme c'est le cas, ont été profanées. Il précise que le corps de M. Germon a été empalé avec « un manche de pelle enfoncé dans l'anus ». Or, c'est faux : l'analyse du médecin de l'institut médico-légal de Nîmes l'atteste. Sur le plateau de télévision, Patrick Poivre d'Arvor dit : « Un certain nombre de regards se tournent vers

Jean-Marie Le Pen qui s'est exprimé hier soir.» Dans la foulée, Gérard Carreyrou, ancien du PSU, stigmatise «ceux qui jouent avec des allumettes». Le ministre de l'Intérieur *socialiste*, Pierre Joxe, associe cette profanation à des «abominations racistes». Les journaux, la télévision et les radios reprennent ces éléments de langage sans vérification : sans enquête et sans aucun esprit critique, les journalistes reprennent tels quels les propos du ministre de la place Beauvau. Sur place, Joxe dit : «Cette fois-ci ils ont fait fort. Les coupables sont connus.» Qui «ils»? Personne ne sait mais lui, si, il sait! Au docteur Freddy Haddad, président du consistoire israélite de Carpentras, qui lui demande de ne pas ébruiter l'affaire, Pierre Joxe répond : «Vous n'allez tout de même pas m'apprendre mon métier!» Son métier, c'est en effet la propagande. Le ministre de la Culture *socialiste* Jack Lang, présent au festival de Cannes, prend un hélicoptère et arrive. Elie Wiesel, alors ami de Mitterrand, Harlem Désir, président *socialiste* de SOS Racisme, Ivan Levaï, journaliste *mitterrandien* sur France Inter, accourent. Les politiciens se déplacent. Georges Marchais en est. Un héliport permet les rotations de tout ce monde-là. Le président *socialiste* François Mitterrand se rend au domicile du grand rabbin Joseph Sitruk pour exprimer la sympathie de l'État et de la Nation. Chirac participe à la prière d'entrée au shabbat avec le grand rabbin. Accompagné, Michel Rocard,

Premier ministre *socialiste*, suit l'office dans la plus grande synagogue de Paris.

Dans *Carpentras la profanation*, l'historien Claude Mossé raconte combien le FN local est moins antisémite qu'antimusulman. Les esprits s'échauffent. Il écrit : « Il va bientôt être possible d'appuyer sur le bouton rouge de la manipulation. »

Une manifestation imposante rassemble 15 000 personnes à Carpentras. Mitterrand intervient le 12 mai auprès du ministre de l'Intérieur, Pierre Joxe, pour que la manifestation se déroule entre Nation et Bastille, le trajet habituel des cortèges de la gauche et non, comme le souhaitaient les autorités juives, autour de la Grande Synagogue de Paris. En imposant ce trajet, Mitterrand politise l'événement à son profit et l'arrache aux mains de la communauté juive.

Yves Bertrand, directeur des renseignements généraux entre 1992 et 2003, affirme dans *Je ne sais rien… mais je dirai (presque) tout* que François Mitterrand a exploité politiquement la profanation de Carpentras et qu'il a demandé à la police de privilégier la piste du FN. Claude Mossé écrit quant à lui : « François Mitterrand, dont les liens avec la droite maurassienne avant la guerre, la francisque reçue des mains du maréchal Pétain et l'amitié avec René Bousquet commencent à déborder des salons parisiens pour courir dans les salles de rédaction, a bien l'intention d'exploiter à son avantage la levée de boucliers générale contre le Front national. […] Carpentras va lui servir de contrefeu face à l'incendie que propage le Front national dont il a peu ou prou facilité l'ascension. »

Yves Bertrand de préciser que François Mitterrand « tenait là l'occasion qu'il cherchait pour diaboliser le Front national après avoir puissamment contribué à son émergence. La phase A de son plan étant accomplie – un FN à 15 % privant la droite parlementaire de plusieurs millions de voix –, il fallait passer à la phase B : rendre définitivement impossible toute alliance, même locale, entre cette même droite et les lepénistes. Le fait est que le piège a parfaitement fonctionné : après Carpentras et l'imputation de ce crime à Le Pen, les rares élus de droite qui ont osé passer le moindre accord électoral avec son parti ont été frappés du sceau d'infamie ! Plus question, dès lors, pour la droite d'accepter l'équivalent de ce que la gauche a toujours pratiqué avec le PCF et l'extrême gauche : les désistements au second tour ! »

Cette jurisprudence Mitterrand, qui procède d'une manipulation, d'une propagande au sens de Bernays, fait la loi depuis plus de trente ans…

La communauté juive a beau demander aux autorités que cette profanation ne soit pas ébruitée – elle était superbement intégrée depuis la protection des Juifs par le pape à partir du XIIIe siècle, ils sont les fameux « Juifs du Pape » –, parce qu'elle tenait à ne pas jeter d'huile sur le feu avec une communauté musulmane importante à Carpentras, Mitterrand, fidèle à sa jeunesse, n'a pas hésité, une fois de plus, à faire des Juifs une variable d'ajustement de son trajet politique personnel.

On ne sait quand a eu lieu exactement la profanation, ce cimetière est en périphérie de la ville, aux limites des habitations, il s'étend sur trois hectares. Mais le pouvoir décide que c'est au lendemain d'une prestation de Jean-Marie Le Pen afin d'en faire une conséquence de ses propos, un effet induit – c'était en fait la veille. Lors de cette émission, qui a lieu le mercredi 9 mai en seconde partie de soirée, Jean-Marie Colombani, directeur du *Monde*, demande à Jean-Marie Le Pen, sous prétexte de relayer une question posée par la Sofres : « Trouvez-vous que les Juifs ont trop de pouvoir en France aujourd'hui ? » Réponse de l'intéressé : « Ça dépend dans quel domaine ! Que les Juifs aient beaucoup de pouvoir dans la presse, comme les Bretons en ont dans la marine, ou les Corses dans les douanes, cela ne me paraît pas discutable… » Et puis cette précision importante : « Quant à la question, ce n'est pas moi qui la pose, c'est la Sofres qui l'a articulée. » Dans la presse, cela devient : « Le Pen estime qu'il y a trop de Juifs dans la presse. » Le MRAP, la LICRA, Serge Klarsfeld établissent un lien de causalité : s'il y a eu profanation dans ce cimetière de Carpentras, c'est *parce que* Jean-Marie Le Pen entretient le feu antisémite. Ça n'est donc pas la question de Colombani qui est antisémite, mais la réponse de Le Pen. L'émission a lieu le 9 mai, la profanation est antérieure à cette date, mais elle est présentée comme la cause efficiente.

La manifestation parisienne qui a lieu avec Mitterrand en tête, c'est la première fois depuis la Libération qu'un chef d'État participe à une manifestation, rassemble 200 000 personnes : d'anciens déportés montrent leurs tatouages, d'autres arborent une étoile jaune, il y a aussi la petite main de SOS Racisme, « Touche pas à mon pote ». Les évêques et les francs-maçons, les syndicalistes et le patronat, la droite et la gauche, les libéraux et l'extrême gauche, les jeunes et les vieux, les universitaires et les prolétaires, les musulmans et les catholiques avec les Juifs, tout le monde s'est donné rendez-vous. À 20 heures, les cloches de Notre-Dame annoncent une prière œcuménique qui rassemble 5 000 personnes. Toutes les chaînes de télévision, six à l'époque, transmettent la manifestation. Le 15 mai, le thème des *Dossiers de l'écran*, toujours sur le service public, est : « La liberté pour tous ou pas de liberté pour les ennemis de la liberté ? » À la demande du Conseil représentatif des institutions juives, le 19 mai, ces six chaînes se mettent d'accord pour diffuser un seul programme : *Nuit et brouillard* d'Alain Resnais qui, on le sait, montre les images des cadavres des camps nazis poussés au bulldozer dans des fosses communes, des fours crématoires, des survivants déportés squelettiques et hagards dans leurs vêtements rayés. Les droits de diffusion sont versés à la LICRA.

Le 22 mai, sur le service public d'Antenne 2, donc, *La Marche du siècle* a pour titre « De Nuremberg à Carpentras ». Jean-Marie Cavada la présente. On y projette un extrait de *Shoah* de Jacques Lanzmann. André Frossard, BHL, Lanzmann, le rabbin Sitruk sont sur le plateau.

L'Humanité, le journal des communistes qui ont souscrit au pacte germano-soviétique d'alliance entre les nazis et les bolcheviques entre 1939 et 1941 sous prétexte qu'ils avaient les mêmes ennemis – la City, les Anglais, les gaullistes, le capitalisme et… les Juifs[1] ! –, ouvre le bal dans son édition du vendredi 11 mai : il faut « faire chaîne et repousser la bête hideuse » – il s'agit de Jean-Marie Le Pen bien sûr. Au lendemain de la manifestation, le 15 mai, *Le Monde* titre : « L'ampleur de la manifestation antiraciste renforce l'isolement du Front national ». *Libération* décrète que : « L'unanimité de l'ensemble de la société met *ipso facto* Jean-Marie Le Pen en position d'accusé et de fomenteur de racisme » – passons sur « l'unanimité de l'ensemble », July file la métaphore de la « ouate humide qui se déchire comme une traînée de poudre »… Sous la plume de Georges Suffert, *Le Figaro* ajoute sa voix au concert, Florence Aubenas remet le couvert dans *Libération*. Même chose dans *L'Humanité* où le journaliste Jean Santon écrit : « Le cadavre se dresse au-dessus des tombes, empalé sur un

1. Jean-Marc Berlière et Franck Liaigre, *L'Affaire Guy Môquet. Enquête sur une mystification officielle*, Larousse, 2009, p. 50.

parasol. » *Idem* dans *Le Monde* où Claude Sarraute « vomit ce chien de Le Pen ». Jean Daniel consonne dans *Le Nouvel Observateur*. Le sociologue Alain Touraine en appelle à « l'interdiction du Front national ». Quant à Marguerite Duras, l'amie du président Mitterrand qui se trouvait dans le même groupe de « résistance » que lui, après avoir dirigé l'attribution du papier aux éditeurs sous Vichy en même temps qu'elle couchait avec un gestapiste pendant que son mari Robert Antelme était interné à Dachau, elle dit dans *Le Nouvel Observateur* du 24 mai 1990 : « Chaque matin, dans ma tête, je tue Le Pen de toute ma force. Dès que je me réveille, je recommence à le tuer. Je n'ai jamais regardé Le Pen sans voir la mort dans ses yeux » – et après je vais prendre un café au Flore, non ? BHL, justement, qui, en ces temps-là, était encore prescripteur, emboîte le pas dans *La Règle du jeu* de juillet 1990 et décide que les mots « fasciste » et « nazi » conviennent tout à fait pour qualifier Jean-Marie Le Pen et le Front national. Personne n'estime alors que six millions de Juifs morts méritent le respect et que, sacrés, ils ne devraient pas faire l'objet d'une confiscation à des fins de politique politicienne ! Cette autre jurisprudence dure elle aussi depuis des décennies.

Claude Mossé analyse : « En quelques jours, le piège tendu par Mitterrand s'était refermé. Le Pen étant assimilé à un nazi, la droite se voyait imposer une alternative : ou se déshonorer, en comptant, pour gagner, sur les voix d'un émule de Hitler ;

ou sauver son honneur, en acceptant un front républicain autour du gouvernement » – socialiste, faut-il préciser.

Mgr Lustiger invite à une journée de jeûne et de pénitence et il double en se rendant sur le plateau de *7 sur 7* où Anne Sinclair le reçoit, une bible posée sur la table ; Lionel Jospin, alors ministre de l'Éducation nationale, demande aux recteurs d'organiser une journée de réflexion sur le racisme et l'antisémitisme ; Henri Emmanuelli, secrétaire national du PS, rend le Front national responsable de ce crime ; Marchais demande que « les Le Pen et autres arrêtent de parader dans les médias pour y distiller leur poison » ; sur RTL, l'éditorialiste Philippe Alexandre demande la dissolution du FN ; Guy Bedos, Enrico Macias, Patrick Bruel, Claude Lelouch, Gérard Darmon, Michel Boujenah apportent le soutien du *show-biz* ; l'association SOS Racisme, financée par Pierre Bergé, grand mitterrandolâtre, et pilotée par l'Élysée selon Jacques Attali dans *Verbatim*, distribue des autocollants avec ce texte : « Le Pen les mots, Carpentras les actes » ; Bernard Kouchner, le garde des Sceaux Pierre Arpaillange, Édith Cresson portent l'étoile juive ; Danielle Mitterrand accompagne son mari ; *Le Monde* demande si l'on ne doit pas interdire le FN ; *Le Parisien* et *Le Nouvel Observateur* publient des sondages : oui le FN est antisémite ; Jean-François Kahn bidouille une couverture de *L'Événement du jeudi* : il titre « Il faut choisir : l'extrême droite raciste ou la France » et met en une une photo de foule prétendument prise à la Bastille. Problème, c'est un cliché pris à Berlin lors de la chute du mur ! La raison ? Il a « exigé un cliché sans kippa », dit l'un de ses collaborateurs... L'homme qui publie en 1992 une *Esquisse d'une philosophie du mensonge* très esquissée sait donc de quoi il parle.

À cette heure, personne n'écoute Simone Veil qui invite avec sagesse à « ne pas imputer à quiconque, sans preuves, la responsabilité de Carpentras ».

Un intellectuel sauve la mise, le regretté Paul Yonnet qui publie dans *Le Débat* de septembre-octobre 1990 « La machine Carpentras. Histoire et sociologie d'un syndrome d'épuration ». Dans *Le Nouvel Observateur*, Laurent Joffrin en fera un fasciste lors de la parution de son livre suivant *Voyage au centre du malaise français. L'antiracisme et le roman national* (1993). Il titrera « Quand l'*intelligentsia* soutient Le Pen ». À Paris, il n'est jamais bon d'avoir raison trop tôt.

Mardi 30 juillet 1996, six ans plus tard, on connaît enfin la vérité : quatre hommes sont à l'origine de cette profanation dans une opération commando ayant duré plus de deux heures ; ils ne viennent pas du Front national mais de la mouvance de l'extrême droite, la vraie, pas celle qu'invoquent à tout bout de champ les dévots du gauchisme culturel, mais celle qui estime que le FN est trop démocratique, trop à gauche, trop bourgeois et trop légaliste. Le chef de ce commando, un néonazi antisémite, si l'on me permet le pléonasme, avait un casier judiciaire avec deux condamnations, dont une pour agression ayant généré six mois de prison ferme ; il est mort dans un accident de moto à vingt-sept ans, trois ans plus tôt, l'auteur de cet accident de voiture a été retrouvé avec deux balles dans le corps, les pieds lestés avec du ciment, noyé dans le Rhône. L'un des profanateurs a tout avoué aux renseignements généraux d'Avignon. Ils ont été condamnés l'un à deux ans de prison ferme, les deux autres, à vingt mois. L'un d'entre eux bénéficiera d'une libération conditionnelle et sortira à mi-peine. Pour quelles raisons ? Nul ne sait. Ce dont on ne peut douter, c'est qu'aux yeux des acteurs de cette incroyable propagande, cette ordure n'a pas démérité. Le paysage politique français contemporain lui doit en effet beaucoup.

Au procès des quatre coupables, le substitut Fabienne Roze dit, le propos se trouve rapporté par *Libération* du 21 mars 1997 : « Le Pen n'est pas le cinquième homme. » Peu importe, le mal est fait : Mitterrand triomphe *post mortem*, la nazification des Le Pen a fonctionné, jusqu'à Macron qui, entre les deux tours d'une présidentielle gagnée le soir du premier, se rend tout de même à Oradour-sur-Glane puis au musée-mémorial de la Shoah à Paris pour indiquer que sa concurrente déjà battue est la candidate de la Waffen-SS, une amie de la division Das Reich.

De ce fait, les idées libérales, europeïstes, giscardiennes, pour tout dire maastrichiennes de Mitterrand sont toujours au pouvoir. La propagande a bien fonctionné puisqu'elle produit toujours ses effets.

Post-scriptum : la veuve de M. Germon est morte le 7 juin 1999 âgée de quatre-vingt-neuf ans. Il n'y avait pas grand monde à ses obsèques – dix-neuf personnes seulement. Ni Fabius, ni Joxe, ni Danielle Mitterrand, ni Serge July, ni Laurent Joffrin, ni Harlem Désir, ni Chirac, ni Colombani, ni Anne Sinclair, ni Jean-François Kahn, aucun de ceux dont Edward Bernays disait qu'ils sont les propagandistes inscrits au *Who's Who*. Parmi elles, une élue locale du FN, Nadine Ephrem-Bellier. Le 8 mai 1993, Mme Germon avait donné un entretien à *France-soir*. Elle se disait convaincue de l'innocence de Jean-Marie Le Pen. Et puis ceci : dans *National-Hebdo* du 12-18 octobre 1995, elle a dit : « J'aime bien Le Pen. C'est un homme bien, pas raciste. J'aurais aimé qu'il passe à Carpentras, pour nettoyer tout ça ! »

Que fit la presse de cette information ? Rien bien sûr. Il fallait bien que la propagande continue…

8

RÉHABILITER LE PETIT PEUPLE

1

VIE ET MORT DE LA DÉCENCE ORDINAIRE

Dans les *Géorgiques*, Virgile brosse le portrait d'un homme ayant vécu des milliers d'années avant lui et qui meurt deux mille ans après sa description, c'est-à-dire il n'y a pas bien longtemps : il s'agit du *paysan*, étymologiquement *paganus*, c'est-à-dire le « païen ».

Les premiers hommes, vivant séparés puis en horde, subsistent grâce à la cueillette, à la chasse et à la pêche ; ensuite, ils inventent l'agriculture et l'élevage : voilà comment l'on présente habituellement les choses dans l'esprit rousseauiste qui se fait fort d'écarter les faits ! Le nomade qui chasse et pêche se trouverait donc un jour remplacé par le sédentaire qui enclôt le gibier et laboure sa terre. Voilà un schéma qui ravit la pensée rationnelle : des cases, un avant et un après, un semblant de logique qui se présente comme une vérité. Un jour, l'homme primitif cueille des baies, le lendemain, il installe une clôture, le surlendemain, il produit des navets. Le lundi qui n'existe pas, il court après le mammouth avec sa lance, le mardi, il lui donne à manger du foin dans un herbage, le mercredi, il le tue, le jeudi, il le boucane avant de le manger en famille le vendredi et le samedi, puis de se reposer le dimanche d'une semaine si éprouvante.

C'est bucolique mais idéologique. L'évolution n'est pas linéaire mais anarchique, les choses ne se suivent pas sur le principe de la causalité et de la conséquence. L'homme de Cro-Magnon n'a lu ni Descartes ni Condorcet, encore moins Rousseau. Il n'a pas non plus feuilleté Darwin. Il résout les problèmes quand ils se présentent. Il réussit. Il rate. Il oublie. Il mémorise. L'un qui n'a pas trouvé est dépassé par l'autre qui découvre. La horde passe ici à côté de ce que la horde d'en face comprend. Ce fut intellectuellement un bouillon de cultures.

L'Homme n'a pas enclos son champ, un matin, conduit par de bonnes intuitions. Rousseau a bien précisé dans son *Discours sur l'origine et les fondements de l'inégalité parmi les hommes* qu'il s'agissait d'hypothèses avant, quelques pages plus loin, d'en faire d'inébranlables certitudes universelles. Robespierre a pris la chose au sérieux, on connaît la suite…

Il existe une raison bucolique chez tout homme qui, à ses premiers temps qui sont encore ceux des primates, s'avère naturelle et fait fonctionner son intelligence pragmatique et empirique. S'il ne la sollicite pas, il ne risque pas d'écoper d'une mention passable à son oral d'agrégation de philosophie, mais il meurt, sa horde aussi, donc son lignage s'éteint. La raison est à cette époque une machine de guerre pour vivre et survivre en milieu hostile, elle n'a rien à voir avec un jeu d'enfant utile pour sélectionner des esthètes.

Cette raison fonctionne pendant des millions d'années, elle ne peut pas ne pas laisser de traces dans le cerveau qui s'en trouve enrichi. Chaque histoire individuelle reproduisant dans son développement celle de l'humanité, c'est la fameuse ontogénèse qui récapitule la phylogénèse, les cerveaux, telles des batteries vitalistes, se chargent de cette puissance rationnelle.

À l'heure où des humains travaillent à envoyer leurs semblables sur Mars afin d'envisager la vie de l'*Homo sapiens* sur une autre planète, ce savoir plurimillénaire engrammé qui a généré une sagesse s'effondre. Ces temps-ci, l'antique raison déraisonne et elle déraisonne d'autant plus qu'elle se proclame rationnelle.

Cette sagesse empirique donne forme et force à ce que George Orwell nomme la « décence ordinaire », un concept utilisé à plusieurs reprises dans son œuvre mais jamais précisé. On ne lui en voudra pas, c'est un romancier génial et il n'a jamais prétendu faire œuvre philosophique à la façon des professionnels.

Orwell recourt à cette notion, la « décence ordinaire », dès 1936. Elle lui vient à l'esprit à l'occasion de ses contacts avec des gens simples et modestes, des mineurs en l'occurrence, dont il découvre le sens moral inné en vertu duquel ils savent *ce qui se fait* et, surtout, *ce qui ne se fait pas.* Ils possèdent en effet le sens de la dignité.

Je n'utiliserai pas cette notion telle qu'elle apparaît ici ou là dans l'œuvre de l'auteur de *La Ferme des animaux.* Ce genre de travail analytique existe, il a été bien fait[1].

En revanche, je renvoie à ma connaissance personnelle de cette vertu que j'ai connue à l'œuvre chez deux personnes sans lesquelles je n'aurais jamais été ce que je suis. La première est mon père qui fut ouvrier agricole. La seconde fut ma compagne pendant trente-sept années, jusqu'à ce que la mort nous sépare. J'oublie donc Orwell pour ne garder que son concept et son sens : la décence commune nomme la vertu des gens simples qui n'ont rien d'autre à posséder que leur dignité. C'est la richesse des pauvres, la religion du *paganus* abandonné par les dieux.

Je tiens les *Géorgiques* de Virgile pour un ouvrage poétique et philosophique majeur. Au XVIIe siècle, le philosophe anglais Francis Bacon parle des « Géorgiques de l'âme », et je trouve une grande pertinence à cette expression. Car le poète de l'*Énéide* propose en effet une *sagesse pratique* issue

1. Bruce Bégout, *De la décence ordinaire. Court essai sur une idée fondamentale de la pensée politique de George Orwell*, Allia, 2008. Voir aussi : « Orwell et la "Common Decency". Une courte mise au point », *Revue des Deux Mondes*, décembre 2020-janvier 2021, p. 48-54.

d'une *connaissance empirique* elle-même générée par la *seule observation intelligente* de la nature.

Je pose l'hypothèse que des siècles de cette sagesse empirique ont généré la décence commune chez cet homme qui fut pendant des centaines de milliers d'années un paysan au contact de la nature.

Hélas, je crois également à la mort de ce type de relation entre l'homme et son milieu vital. La révolution industrielle a en effet commencé à détruire cette décence ordinaire pour la remplacer un siècle plus tard par une incroyable indécence ordinaire – c'est incontestablement celle de notre époque.

*

Donc, Virgile !

Les *Géorgiques* peuvent passer pour un traité d'agronomie à destination d'un dédicataire, Mécène, dont le patronyme exprime ce qu'il fut pour le poète, afin de sensibiliser cet homme mais également une génération à qui l'auteur confierait le soin de remettre Rome debout tant la Ville dite éternelle se trouve épuisée à cause de l'émigration des agriculteurs vers l'Afrique, la Gaule, ou les guerres. Mais cet immense poème de plus de deux mille hexamètres ne se réduit pas à cette seule trivialité.

C'est bien plutôt une leçon de sagesse, de philosophie, dans l'esprit de *La Naissance des choses* de Lucrèce, que Virgile livre à son lecteur. Le poète n'entretient pas de l'homme à qui il donnerait des leçons de morale mais de la logique de la nature dans laquelle l'homme se trouve.

S'il parle de l'art de regarder la Voie lactée, les constellations, les signes du zodiaque, pour y lire la course des astres et en déduire ce que sera le temps à venir; s'il invite à être attentif à ce que nous disent les couleurs et les taches de la Lune et du Soleil; s'il explique la nature des sols et comment labourer la terre ou la laisser reposer; s'il conseille les brûlis; s'il explique la façon de tailler un arbre, de le marcotter, de le greffer, de l'écussonner; s'il détaille l'art d'accoupler les chevaux et d'en améliorer les races; s'il raconte ce qu'est dresser un animal; s'il parle des soins à apporter aux animaux et de leurs maladies, de l'art de les opérer au couteau; s'il détaille les travaux et les jours selon les quatre saisons; s'il parle des drainages pour éviter les eaux croupies, de l'irrigation pour aménager les canaux; s'il invite à guetter la floraison de l'amandier qui annonce ce que sera la moisson; s'il décrit le laboureur et le semeur nus dans leurs champs; s'il dévoile le temps pour labourer, le temps pour semer, le temps pour récolter; s'il voit la femme chanter, tisser, préparer les liqueurs; s'il propose de prendre des leçons dans la venue et la puissance des vents; s'il célèbre le vin de la vigne, l'huile de l'olivier et le pain du champ de blé; s'il fait s'enfuir un serpent, fleurir les fruitiers, détaler les lézards, chanter un oiseau blanc; s'il n'oublie pas les sacrifices à rendre aux dieux; s'il convoque les peuples qui boivent le lait caillé mélangé au sang des chevaux ; s'il apparie des plantes, des sols et des sous-sols ; s'il versifie sur le chien de berger, les poils du bouc, la laine du mouton, le lait de la chèvre ; s'il entre dans le détail de la ruche pour raconter la vie et la mort des abeilles ; s'il fait de ces butineuses des parcelles de divinité et de l'excellence de leur modèle social ; s'il révèle « les secrets de la nature » – s'il fait tout cela, ce n'est pas pour édifier un ingénieur agronome mais pour construire un sage en l'invitant à trouver sa place dans le cosmos afin d'y connaître le pur plaisir d'exister cher aux disciples d'Épicure dont il est.

Virgile entretient des amandiers et des soins à leur apporter pour qu'ils puissent se trouver au maximum de leur puissance d'exister. À défaut de ces soucis, la vie de la plante s'étiole. Et le poète de conclure qu'il en va de même pour les hommes… *Idem* avec la taille de la vigne, ce qui lui fait écrire :

> Tous les travaux des champs, tel un cycle, reviennent
> Et la marche de l'an sur ses traces repasse
> (II.401-402)[1].

1. Traduction de Jean-Pierre Chausserie-Laprée, Virgile, *Œuvres complètes*, t. II, Éditions de La Différence, 1993.

Mon latin scolaire ne me permet pas d'apprécier la langue à sa juste valeur. Je travaille donc sur des traductions et je compare celles qui sont disponibles en regard du texte latin. Je me suis réjoui d'en voir apparaître une que je ne connaissais pas de Frédéric Boyer chez Gallimard (2019). On doit à ce monsieur une traduction des *Confessions* de saint Augustin qui avait fort déplu à mon vieux maître, Lucien Jerphagnon, qui conduisit

Connaître le cycle éternel des choses et y trouver sa place avec sérénité, voilà la sagesse épicurienne enseignée par Virgile.

Lisons :

Ô bienheureux cent fois s'il savait ses richesses,
L'homme des champs ! Pour lui, loin des armes en lutte,
Du sol la terre juste offre un vivre facile.
Ni haut toit, ni seuil fier où tôt, de toutes salles,
Se déverse à pleins flots un vaste flux d'hommages ;
Nul rêve d'ample écaille au chambranle incrusté,
Ni d'airain de Corinthe et d'étoffe où l'or joue.
Son lin blanc n'est pas teint de pourpre assyrienne ;
Il ne sait de cannelle altérer l'huile pure.
Mais il a paix et calme et des jours sans mensonge,
Jours riches de cent biens : repos des grands espaces,
Grottes, bassins d'eau vive et de fraîches Tempés,

---

l'équipe ayant traduit l'évêque d'Hippone pour « la Pléiade ». *Les Confessions* étaient devenues *La Consolation* (1991). On conviendra que se confesser n'est pas forcément se consoler…

Cette fois-ci, *Georgica* est devenu *Le Souci de la terre* ! Les titres des quatre chapitres et la mention des vers sautent… Mais, plus grave, c'est ne rien comprendre au paysan en général, et au paysan de Virgile en particulier, que de croire qu'un tel homme pourrait « paresser », page 82 : « l'hiver le cultivateur pourra paresser », ou s'abandonner à des « siestes molles » ! Pourquoi pas, alangui, prendre des bains de soleil ?

En effet, Frédéric Boyer traduit ainsi le vers 468 du livre II : « pouvoir paresser devant les grandes étendues », page 142, là où Jeanne Dion, Philippe Heuzé et Alain Michel traduisent pour « la Pléiade » : « ils ont les rêveries dans les grands espaces » ou, pour les Éditions de La Différence, Jean-Pierre Chausserie-Laprée : « le repos des grands espaces » et, en prose, Maurice Rat : « les loisirs en de vastes domaines ». Des « rêveries », du « repos », du « loisir », le paysan le peut ; « paresser », c'est ne rien comprendre à la lettre et à l'esprit des *Géorgiques*.

Mugissements des bœufs et doux sommes sous l'arbre.
Là sont, partout, des bois, les repaires, des bêtes,
Une jeunesse sobre, endurante à l'ouvrage,
Pères sacrés, dieux saints. Délaissant notre terre
La justice chez eux mit ses dernières traces.
(II.458-474)

La paix et le calme des jours sans mensonge, le tout dans la justice réfugiée chez eux après qu'elle eut quitté la terre : n'est-ce pas la définition de la décence ordinaire ?

*

L'homme de Virgile vit donc selon l'ordre de la nature. Il se met à l'heure du ciel, des astres, des constellations, des saisons, des météorologiques pour parler comme Aristote. Il obéit, c'est ainsi qu'il se commande. Épousant les mouvements du cosmos, il trouve le rythme d'un corps, d'un cœur et d'une âme indexé sur les vibrations du cosmos.

Ce rythme se trouve brisé quand la nature s'efface sous l'artifice.

Jadis l'agriculture et la culture étaient liées : la culture désignait le savoir nécessaire à l'agriculture. Quiconque savait qu'il faut regarder le ciel étoilé pour connaître le temps du lendemain, semer à l'équinoxe en fonction du changement d'étoiles, éclaircir les épis pour en augmenter la profusion, tailler les arbres afin qu'ils prennent au sol ce qu'on leur enlève dans l'air, sélectionner les animaux pour en obtenir le meilleur, même chose pour faire passer les fruits sauvages en fruits comestibles, celui-là était cultivé et participait du sacré[1].

Mais, avec le temps, la culture est devenue une affaire de livres et de villes, de bibliothèques et d'amphithéâtres, d'intellectuels et non plus de paysans. Dès lors, la vérité se trouvait moins dans le monde que dans les livres qui disaient le monde. La théologie des Pères de l'Église, la philosophie de la Renaissance, celle des Lumières qui la suit, préparent un monde dans lequel l'antique sagesse paysanne devient un ramassis de superstitions à combattre. Les *Géorgiques* de Virgile laissent place à l'*Encyclopédie* de Diderot et d'Alembert.

Arrivent alors le moteur et l'électricité qui abolissent le monde dans lequel le pas d'un homme ou celui d'un cheval, mais aussi la vie indexée sur les levers et les couchers du soleil faisaient la loi depuis la nuit des temps. C'est, bien sûr, le début de la fin de la décence ordinaire.

Dans l'une de ses *Rêveries du promeneur solitaire*, la septième, Rousseau raconte combien, loin du monde et surtout des hommes, il croit s'être perdu dans la forêt après avoir gravi des rochers, grimpé des montagnes, descendu des vallons, traversé des

1. Henri-Irénée Marrou, *Histoire de l'éducation dans l'Antiquité*, Seuil, 1948, t. II, p. 13. « *Laetus* s'est dit d'abord d'une terre bien fumée, *felix* de la fertilité du sol, *sincerus* d'un miel sans cire, *frugi* du profit, *egregius* d'une bête séparée du troupeau, avant d'en venir à signifier la joie, le bonheur, la vérité, la vertu ou la gloire. »

bois ; il se retrouve dans un épais bois de sapins mêlés à d'incroyables hêtres, le tout au bord d'un précipice ; il entend des oiseaux, avise de magnifiques plantes, se repose, allongé dans l'herbe, avant d'entendre un bruit singulier, un drôle de cliquetis qui se répète ; il se lève, écarte des branches et avise, en contrebas, une manufacture de bas dont les métiers à tisser sont à l'origine de ce bruit. Lui qui se croyait dans un genre d'île déserte qu'il venait de découvrir, au beau milieu du plus profond de la nature, aux antipodes de toute âme humaine qui vive, il se retrouve nez à nez avec la technique ! Autant dire qu'en cette année de publication, 1782, la technique a commencé à détruire le monde virgilien.

Le métier à tisser qui sidère Rousseau date de 1744. Mais, dès 1690, la technique se renverse sur le monde comme une bouteille d'encre : la machine à vapeur de Denis Papin annonce le remplacement de la force animale par la force mécanique ; le navire à vapeur remplace la voile en 1736 ; la première voie ferrée date de 1785 ; la locomotive à vapeur de 1797 ; le premier sous-marin de 1801 ; l'éclairage public au gaz dans les rues de Paris de 1829 ; la moissonneuse batteuse de 1831 ; le télégraphe de 1837 ; le haut-fourneau de 1858 ; le moteur à gaz de 1860, celui à quatre cylindres de 1862 ; le réfrigérateur de 1860, le métro aussi ; le vélo de 1867 ; le dirigeable de 1872 ; le téléphone en 1876, année du premier transport de viande réfrigérée entre Buenos Aires et Rouen ;

la voiture et le tracteur datent de 1881. La terre, l'air, la mer, la nuit, la distance sont vaincus par la machine. Le capitalisme tourne à plein régime.

Certes, le Paysan virgilien existe encore au fin fond de certaines campagnes, mais qu'est-il devenu quand il laboure et sème avec un tracteur ou qu'il moissonne avec une batteuse mécanique ? Le percheron ou le boulonnais laissent leur place au cheval-vapeur. Le silence du moissonneur accompagné du chant des alouettes se trouve couvert par le vacarme du tracteur qui fume et pollue. Les paysans de Jean-François Millet qui prient lors de l'Angélus laissent place aux prolétaires peints dans les forges ou aux marteaux-pilons par des artistes qui ne laissent pas leurs noms dans l'histoire de l'art, comme c'est bizarre – je songe à Constantin Meunier, Jules Adler, Adolph von Menzel, Renato Guttuso, Maximilien Luce…

La décence ordinaire fut donc le fruit d'une sagesse empirique transmise au travers des siècles par les hommes au contact de la nature. Mais, également, à cette époque de tuilage qui correspond à la Révolution industrielle, à son doublage par une version républicaine qui s'en inspirait : celle des leçons de morale de la IIIe République.

Dans une France majoritairement rurale, les manuels scolaires font l'éloge de la nature, du paysan et du travail des champs. On invite ce Paysan à devenir Père de famille, Travailleur, puis Soldat. Un homme cultive son champ pour nourrir sa famille, sa femme et ses enfants, il travaille et, quand l'État le lui demande, il troque la faux et le marteau pour le casque et le fusil. Bon époux, bon père, bon travailleur, bon soldat, cet individu ne vit que pour son épouse et sa progéniture, son employeur et son officier supérieur.

La trilogie Travail, Famille, Patrie, avant d'être la devise de l'État français de Pétain qui remplace celle de la République française, Liberté, Égalite, Fraternité, énonce l'évidence de l'horizon républicain commun. À cette époque, il n'est pas plus question pour un évêque que pour un franc-maçon, un patron ou son ouvrier, de célébrer l'Oisiveté, le Célibat et l'Anarchie !

Dans l'un des manuels dont je dispose, l'édification se termine par l'éloge de l'Être suprême et de l'idée que s'en faisait… Benjamin Franklin ! Ce déiste, franc-maçon, père fondateur des États-Unis, philosophe et homme de science, connu pour avoir inventé le paratonnerre, est l'homme universel idéal pour les républicains.

La fin de la décence ordinaire coïncide avec l'américanisation de l'Europe puis du monde. La guerre de 1914-1918 a montré ce que devient le champ de bataille dominé lui aussi par la technique : les dirigeables, les avions, les chars, les canons, les autochenilles, les gaz asphyxiants, le barbelé qui date de 1860, les transmissions, les armes automatiques changent considérablement la guerre. Ernst Jünger a écrit sur ce sujet tout ce que l'on peut en penser.

La bombe atomique incarne le paroxysme de la technique capable d'abolir toute vie sur la planète. Après les charniers de la Première Guerre mondiale, un conflit qui ouvre franchement l'ère nihiliste, la Seconde valide l'accélération de cette course à l'abîme avec les camps de la mort et le système concentrationnaire exterminationniste national-socialiste.

À Verdun, qui pouvait encore parler de décence ordinaire ? Si une poignée en fut encore capable, celle-ci n'eût pu qu'entrer dans un mutisme définitif à l'ouverture des camps de la mort, dont celui d'Auschwitz le 27 janvier 1945.

Le 6 juin 1944, sur les plages de Normandie, les États-Unis viennent mener sur le territoire européen une guerre qu'Hitler leur a déclarée le 11 décembre 1941. Ils ne viennent pas, comme le prétend la mythologie, par amour de la Liberté, mais pour régler un problème interne sur une terre qui n'est pas la leur. Ils ne veulent pas d'une guerre sur leur territoire et la menace d'Hitler, dont les ingénieurs travaillent à mettre au point des avions à réaction et une bombe atomique, les conduit à intervenir dans ce conflit dont ils se sont moqués jusqu'à ce qu'Hitler les implique et les concerne.

Leur projet de vassaliser la France – le nom de code du débarquement du 6 juin 1944 est « *Overlord* », ce qui signifie « vassalisation », on ne peut être plus clair qu'en livrant ainsi ses intentions… à ceux qui comprennent l'anglais – est contré par la politique civilisationnelle du général de Gaulle qui refuse l'AMGOT – l'acronyme anglais de Gouvernement militaire allié des territoires occupés [*sic*].

Sortis par la porte, les États-Unis rentrent par la fenêtre avec leur plan Marshall qui, bien sûr, aide à la reconstruction d'un pays, dont la Normandie partiellement détruite sans raisons militaires évidentes, mais leur permet aussi d'obtenir par le dollar ce qui n'a pas été gagné par le fouet. Cet argent américain déversé sur la France paie l'américanisation du pays qui, dans la foulée, succombe à l'*American Way of Life*.

Alors que les nazis récupérés par les États-Unis préparent la conquête spatiale et la marche sur la Lune avec le SS-Sturmbannführer Wernher von Braun, le père des V2, le Français virgilien laisse place à un homme dont l'horizon existentiel et spirituel ressemble à un vide-greniers digne de l'inventaire de *La Complainte du progrès* de Boris Vian, une chanson de 1956.

Qu'on me permette une anecdote pour conclure.

Quand j'étais enfant, mon père ouvrier agricole garait parfois le tracteur de la ferme dans laquelle il travaillait devant notre petite maison. C'était, disait-il, « un Marshall ». Pendant des années j'ai cru que c'était la marque. En fait, c'était un Mac McCormick avec les roues avant jumelées. Mais ce tracteur procédait du fameux plan Marshall. Mon père me racontait qu'il était allé à cheval avec un charretis à la gare d'Argentan, à une douzaine de kilomètres, pour récupérer ce tracteur livré en pièces détachées dans une caisse de bois.

Ce jour-là, le cheval a fait son dernier trajet; il a rapporté ce qui l'a tué : le tracteur américain. C'était Virgile qu'on assassinait, et l'homme virgilien avec lui.

Aujourd'hui, de l'autre côté de l'Atlantique, dans les universités américaines, les étudiants terrorisent leurs enseignants, qui souvent collaborent, avec le wokisme et la *cancel culture.* Les humanités grecques et romaines sont vouées aux gémonies comme cultures blanches ayant généré le racisme, le sexisme, la phallocratie, la misogynie, le colonialisme, le fascisme…

Après avoir tué l'homme virgilien avec leurs tracteurs agricoles, les arrière-petits-enfants de ces vendeurs d'atomixers et de pistolets à gaufres allument des bûchers dans lesquels ils brûlent Virgile, Homère et Hésiode, Platon et Aristote, Euripide et Sophocle, et tous les grands noms de la pensée grecque et romaine.

La décence ordinaire est de ce fait morte et enterrée. Sur les arcs de triomphe de cette nouvelle civilisation californienne règne en majesté l'icône de l'indécence ordinaire.

Désormais, le petit peuple de Louis Guilloux, les simples d'Émile Guillaumin, les gens de peu de Pierre Sansot[1] s'avèrent surnuméraires. Dans le

---

1. Émile Guillaumin, *La Vie d'un simple* (1904), Louis Guilloux, *La Maison du peuple* (1927), Pierre Sansot, *Les Gens de peu* (1991).

projet transhumaniste, ces gens-là qui sont le sel de la terre n'auront pas droit de cité. Déjà, ils n'ont plus voix au chapitre.

2

L'ART DE GUILLOTINER LES PAUVRES

« La patience du peuple est à bout », Jacques Roux.

L'histoire de France n'existe que par ceux qui la font, bien sûr, mais ceux qui la font sont surtout ceux qui l'écrivent beaucoup plus que ceux qui versent leur sang, combattent, subissent les affres des guerres, civiles ou militaires, vivent courbés sous le joug des rois et des présidents, des empereurs et des dictateurs.

Ce ne sont donc pas les masses qui font l'histoire, ni les hommes ni les peuples, mais les historiens, autrement dit : des humains avec leurs faiblesses, leurs goûts et leurs dégoûts, leurs passions et leurs croyances, leurs idéologies et leurs religions, leurs sensibilités politiques et leurs engagements militants. Aucune épistémologie de l'histoire ne la fondra jamais comme science : elle restera une affaire d'écriture, c'est-à-dire une science humaine, à savoir le contraire d'une science.

Ainsi, avec la Révolution française qui procède moins d'historiens intellectuellement immaculés que d'écrivains de droite ou de gauche, de chrétiens ou d'athées, de monarchistes ou de républicains, de socialistes, de communistes ou de radicaux-socialistes, de marxistes-léninistes, de trotskistes, d'anarchistes ou de libéraux, ils aiment Robespierre ou Danton, ils défendent Louis XVI ou Philippe Égalité, les uns en pincent pour Olympe de Gouges les autres pour Charette. Mais aucun n'est neutre et le pire d'entre eux est celui qui prétend l'être.

J'ai entre les mains le *Premier Livre d'histoire de France* publié en 1949 et destiné aux élèves du cours élémentaire et classes de 10e et 9e, autrement dit des enfants du cours élémentaire première et deuxième année qui ont entre sept et huit ans. Les deux auteurs sont : un inspecteur d'académie agrégé d'histoire, J. Fuster, et un instituteur directeur d'école d'application, A. Lebrun. Le tout est préfacé par Albert Bayet, normalien, agrégé, docteur, professeur à la Sorbonne et à l'École pratique des hautes études. Ce radical-socialiste membre de la Ligue des droits de l'homme et de l'Union rationaliste fut officier de la Légion d'honneur. Il défendait la mission civilisatrice de la France dans les colonies. Lors des procès de Moscou, entre 1936 et 1938, on le retrouve compagnon de route du PCF.

Albert Bayet était un homme de gauche emblématique de son temps comme l'est du sien Patrick Boucheron qui a dirigé une *Histoire mondiale de la*

France (2017) autant contaminée par la mode du jour que ce livre pour enfants paru juste après la guerre[1].

Albert Bayet préface cet ouvrage en expliquant son caractère novateur : il rompt avec l'histoire factuelle et anecdotique au profit d'« une histoire de la civilisation française ». Il s'agit de mettre en évidence « la contribution apportée par notre pays au progrès humain ». Ce manuel paraît quatre ans après la fin de la Seconde Guerre mondiale, il est là pour célébrer une France républicaine qui éclaire le monde après une sortie des ténèbres dans lesquelles plongent ses origines : une Gaule heureusement romanisée par l'excellent Jules César ! Autrement dit : grâce à l'occupation imposée par des étrangers civilisés, les Romains, à un

---

1. Patrick Boucheron est en effet normalien, agrégé d'histoire, docteur, professeur à la Sorbonne, maître de conférences à l'ENS, membre de l'Institut universitaire de France, professeur au Collège de France, chroniqueur sur France Culture et sur France Inter, il intervient sur Arte, il est aussi collaborateur du journal *Le Monde*, membre du conseil scientifique et du jury du prix du festival *Les Rendez-vous de l'histoire* à Blois, membre du conseil scientifique du musée des Civilisations de l'Europe et de la Méditerranée. Il a dirigé les Publications de la Sorbonne et siège comme membre du comité de lecture des éditions du Seuil, son éditeur. Il est officier de l'ordre des Arts et Lettres. C'est une veste de maréchal soviétique du politiquement correct.

L'Obs, sous la plume d'Éric Aeschimann, écrit qu'avec la leçon inaugurale de Boucheron « le Collège de France vire à gauche » ! Selon *Le Monde* (9 juin 2017), il a voté Macron au premier tour des présidentielles de 2017. Et cet homme devenu président de la République s'est plusieurs fois référé à cet « historien ». Lors du mouvement des Gilets jaunes, Boucheron a dénoncé la « petite came insurrectionnelle » des intellectuels qui soutenaient le mouvement. C'était sur France Inter.

peuple fruste et autochtone, les Gaulois. L'histoire de France commence donc « cinquante-huit ans avant Jésus-Christ » – ce sont les premiers mots de ce manuel[1]... – avec le désir manifesté par César de conquérir la Gaule ! Le manuel ne dit bien sûr pas que cette guerre des Gaules a occasionné la mort d'un million de Gaulois, soit un sur dix, ce qui est l'étymologie de décimer...

Dans ce manuel, la féodalité est présentée comme une histoire de châteaux forts, de donjons, de châtelains qui s'ennuient dans leur sombre demeure et qui, pour conjurer cette oisiveté, jouent, chassent et bâfrent en compagnie de montreurs d'ours et de troubadours. Pendant ce temps, les paysans mangent des glands comme les cochons, ils dorment dans des huttes sur des feuilles sèches ou de la paille, ils sont *opprimés*, le mot est celui-ci, par le seigneur qui les possède. En bas, le paysan travaille dur la terre des champs pendant qu'en haut, dans son château, le seigneur et sa cour mènent grand train. Parfois, le seigneur descend dans les champs pour chasser et ravage les récoltes de paysans désolés et impuissants. Le paysan, ici nommé Jacques Bonhomme – c'est le premier personnage conceptuel... –, travaille et doit payer des impôts. Il est « corvéable à merci ». La maladie et la famine règnent. « Pendant le Moyen Âge, des

1. On lira l'excellent *Nos ancêtres les Gaulois* de Jean-Louis Brunaux (Seuil, 2008), afin de comprendre que ce n'étaient pas des barbares mais un peuple avec sa civilisation éradiqués par les Romains...

pauvres gens meurent de faim, est-il écrit. Les uns mangent l'herbe des chemins, les autres déterrent les cadavres dans les cimetières ou attaquent les passants pour s'en nourrir [*sic*]. » On a bien lu : sous la féodalité, les pauvres exploités par les seigneurs sont obligés de manger des cadavres sortis de leur tombe ou des voyageurs assassinés pour être dévorés. La féodalité contraint donc les pauvres au cannibalisme ! En Normandie, des pauvres se révoltent : le duc leur fait « couper les pieds et les mains » !

Arrive alors la Révolution française et sa mythologie : prise de la Bastille par le peuple de Paris qui démolit ce symbole de l'arbitraire royal ; serment du Jeu de paume qui débouche sur l'abolition des privilèges par les députés : « dans la nuit du 4 août, ils donnent aux Français l'"égalité" » – le mot est étrangement écrit entre guillemets... *Et tout est dans ces guillemets* ; *La Marseillaise*, « hymne splendide », devient le chant national ; magnifique fête de la Fédération ; excellence de Valmy et l'on passe à Napoléon. La Révolution française, c'est ça et rien d'autre.

Il est bien sûr dit que le 10 août voit la chute de la royauté et l'incarcération de Louis XVI, mais rien sur les massacres de cette journée qui fait 500 morts côté royaliste et 300 côté républicain ; rien sur les massacres de Septembre : 1 300 morts à Paris ; rien sur la Terreur et le gouvernement révolutionnaire : 40 000 morts ; rien sur les guerres de Vendée : 200 000 morts. Le nom de Robespierre n'est même pas cité au contraire de ceux, magnifiés, de Marceau et de Hoche.

Les auteurs embrayent ensuite sur les bienfaits de la colonisation : excellence de « la conquête de l'Algérie », magnifique « occupation du Congo français », coup de chapeau à Jules Ferry parce qu'il « contribue à fonder le vaste empire colonial français », puis à Napoléon III qui « donne à la France un immense empire colonial », célébration du maréchal Lyautey pour « la conquête et la mise en valeur du Maroc ». La gauche a oublié ces belles heures de son histoire qui écrivait alors : « Les Français, dans toutes leurs colonies, multiplient les écoles et les grands travaux (ports, routes, chemins de fer) ; nos médecins protègent les habitants contre les maladies ; nous essayons, en tous points, d'améliorer le sort des indigènes. »

À la fin de cette fresque idyllique, les auteurs proposent les grandes dates à retenir entre Vercingétorix et la libération de Paris en 1944. Voici ce que les enfants du cours élémentaire doivent retenir quant à la Révolution française : « 14 juillet 1789 : prise de la Bastille. 10 août 1792 : chute de la royauté. Septembre 1792 : victoire de Valmy et avènement de la république. » Chacun comprend ce qu'il leur faut apprendre : la nécessité du passage de la terrible féodalité, où Jacques Bonhomme déterre les morts pour les manger à cause de la famine que lui impose le seigneur, à la sublime république qui impose ses belles valeurs universalistes et humanistes aux peuples de la planète partout colonisés.

Le récit historique est en effet ici un *roman* national : un roman est en effet une fiction. Et cette histoire de France enseignée aux enfants est une fiction : quels documents historiques attestent qu'en régime féodal un paysan, il n'a pas même besoin de s'appeler Jacques Bonhomme, ait déterré ses morts pour les manger ? Ou qu'il ait attendu au coin des bois un voyageur pour l'étrangler, le dépecer, le rôtir à la broche et le manger en famille ?

Et puis je voudrais ici interroger ces guillemets utilisés par les auteurs qui n'ignorent évidemment pas leur signification : « dans la nuit du 4 août, [les députés] donnent aux Français l'"égalité" » ! Pourquoi sont-ils utilisés dans cette formule ? Pour éviter cette ambiguïté, car c'en est une, qui recourt au sous-entendu, il suffisait d'écrire : « dans la nuit du 4 août, ils donnent aux Français l'égalité en droit » – c'était vrai alors que cette paire de guillemets cache une vérité historique : lors de cette nuit du 10 août, les députés n'ont pas conféré l'égalité concrète, réelle, pratique, pragmatique, tangible, palpable aux hommes, mais une égalité devant la loi, ce qui, si je puis dire, ne mange pas de pain… Autrement dit, par la grâce de la Révolution française, Jacques Bonhomme est l'« égal » de Robespierre, mais Robespierre est plus égal que lui puisque l'un peut envoyer sous le rasoir national la tête de l'autre.

Car la Révolution française n'a pas été faite pour le petit peuple, mais pour la bourgeoisie, ce qui veut dire, *in fine*: contre le peuple! Quand on sort du *roman national* pour lui préférer le *récit national*, on découvre que la Révolution n'est pas faite par le Peuple au sens élémentaire du mot: les gens simples et modestes, les petits, les sans-grade, les paysans, les ouvriers, les employés, les artisans, les femmes, qui sont majoritairement ceux qu'on envoie à la guillotine – on lira pour s'en convaincre l'origine sociale des condamnés à mort de la Révolution française dans le *Journal d'un bourgeois de Paris sous la révolution* de Nicolas Célestin Guittard. Sous Robespierre, Jacques Bonhomme se fait raccourcir place de la Révolution, au nom du Peuple bien sûr.

Mais ce peuple-là est celui de Rousseau, c'est un *peuple de papier*, une notion, un concept, un gargarisme jacobin au nom duquel on envoie le *peuple réel* à la mort – pour son bien… Le philosophe genevois théorise, il envisage, il rêve, mais il n'aime pas beaucoup le peuple concret qu'il veut tenir à l'écart de la philosophie, de la politique, de la science, de la civilisation.

Dans son *Discours sur les sciences et les arts*, il entretient d'un peuple idéalisé qui mange des glands et boit l'eau de la source, qui travaille de ses mains et se repose dans l'herbe sous la feuillée. C'est le peuple de Marie-Antoinette dans son Hameau de la Reine qui ne s'y est pas trompée, puisqu'elle a réalisé cette ferme d'opérette à partir des fictions rousseauistes. Robespierre fit de même, hélas, avec *Du contrat social*, et son terrain de jeu fut le pays tout entier…

Le peuple qui n'est ni le mangeur des glands de Rousseau, ni le gardien des oies de Marie-Antoinette dans son hameau d'agrément, ni même l'idée platonicienne de Maximilien Robespierre, ce peuple est à la peine au XVIIIe et 1789 ne lui apporte rien qui ressemble à une amélioration de sa vie quotidienne.

La Révolution française qu'on nous présente comme l'occasion historique de passer des ténèbres féodales à la clarté républicaine est une fiction pour idéalistes insoucieux du réel. Car « 1789 » permet seulement le passage du pouvoir des féodaux contre le peuple au pouvoir des républicains contre le peuple. Et si la nuit du 4 août fut bien celle de l'abolition des privilèges, le petit matin du 5 fut celui du retour au travail pour le petit peuple qui a juste changé de maître ! Où l'on retrouve les raisons de la ruse des guillemets du manuel de l'école républicaine…

In fine, cette révolution en fut bien une : autrement dit, elle a été une giration sur place et un retour au même. La prise de la Bastille voit son achèvement dialectique dans le couronnement de Napoléon. Autrement dit, le 14 juillet 1789 s'invagine le 2 décembre 1804. Sous Louis XVI, sous Robespierre et sous Napoléon, le peuple n'a rien vu changer dans sa vie de tous les jours. Sous le roi, il était pauvre et oublié ; sous le Jacobin, pauvre et facilement guillotiné ; sous l'Empereur, pauvre et prestement envoyé sur les champs de bataille européens ; sous la République, il reste pauvre et électeur autorisé à choisir son maître sur le principe du suffrage censitaire…

Jacques Bonhomme n'a pas déterré des cadavres pour les manger sous les rois avant de se lécher les babines avec du sanglier républicain sous les Jacobins comme nous invitent à le croire ces farceurs d'agrégés d'histoire, professeurs à la Sorbonne, inspecteurs de l'Éducation nationale du manuel scolaire, une engeance à toutes les époques emblématique du bourrage de crâne avec l'idéologie du moment.

Il n'est pas étonnant que les histoires de la Révolution française fassent si peu de place aux Enragés qui révèlent ce que l'on veut taire. Dans son Manifeste présenté à la Convention le 25 juin 1793, Jacques Roux, leur figure cardinale, écrit : « Les riches seuls, depuis quatre ans, ont profité des avantages de la Révolution. » Il précise : « La liberté n'est qu'un vain fantôme quand une classe d'hommes peut affamer l'autre impunément. L'égalité n'est qu'un vain fantôme quand le riche, par le monopole, exerce le droit de vie et de mort sur son semblable. La république n'est qu'un vain fantôme quand la contre-révolution s'opère, de jour en jour, par le prix des denrées auquel les trois quarts des citoyens ne peuvent atteindre sans verser de larmes. »

La contre-révolution n'est pas, pour Jacques Roux, celle des aristocrates, des émigrés, des partisans de la noblesse et de la royauté soit, aux frontières, ligués pour une hypothétique guerre, soit, à l'intérieur, engagés dans les guerres de Vendée, non : c'est celle des propriétaires qui fixent le prix des denrées et appauvrissent de ce fait les plus pauvres qui, avec la Révolution, sont devenus misérables.

Bel effet de la prise de la Bastille le 14 juillet 1789 ! De l'abolition des privilèges le 4 août 1789 ! De la Déclaration des droits de l'homme le 26 août 1789 ! De la cessation de la royauté le 21 septembre 1792 ! De la proclamation de la république le lendemain ! En 1793 Louis XVI a été décapité, Marie-Antoinette aussi : et alors ?

Alors, les pauvres, les travailleurs, les ouvriers, les employés manquent de pain pour leurs familles, de lait et de miel pour leurs enfants, de savon pour être propres, de bougies pour s'éclairer. Certes, ils ont la liberté, mais de crever de faim ; l'égalité, mais de se faire exploiter par les nouveaux riches accapareurs et monopolistes qui font bombance ; la fraternité, mais de subir les profiteurs aidés en cela par « les hommes d'État » que sont les acteurs du nouveau régime, Girondins et Jacobins, Montagnards et Feuillants.

Les Enragés se méfient du personnel politique, ils veulent des mandats impératifs, ils ne croient pas dans le régime parlementaire, ils veulent contrôler les élus pour en faire leurs « mandants », ils souhaitent la taxation des produits, la punition des agioteurs, la fixation d'un maximum. Ils n'ont que faire des grands principes, des idées de Voltaire, de Montesquieu ou de Rousseau dont, pour la plupart, ils ignorent jusqu'au nom. Ils veulent travailler, pouvoir nourrir leur famille et, avec le fruit de leur labeur, acheter des produits de première nécessité. Il faut bien en convenir : la Révolution française ne leur a pas offert cette dignité minimale…

La Révolution française ne permet pas aux pauvres d'être représentés par le tiers état – qu'il nourrit pourtant ! Le 21 octobre 1789, l'Assemblée constituante proclame la loi martiale contre les rassemblements de miséreux sur proposition de Mirabeau, puis elle instaure le suffrage censitaire qui distingue les citoyens actifs des citoyens passifs. Seuls ceux qui possèdent peuvent donc prendre part aux affaires de la cité. C'est l'affaire du marc d'argent – pour être éligible il faut être imposable. La Constitution de 1793, plus sociale, est votée. Mais le Comité de salut public, Robespierre donc, empêche son application. Les Enragés attaquent la Convention dans laquelle ne siègent qu'un ancien ouvrier, Noël Pointe, forgeron, et un seul ouvrier actif, Armonville, cardeur.

Les bourgeois vont au restaurant se remplir la panse pendant que le peuple fait la queue devant les boulangeries. L'Enragé Leclerc de Lyon écrit :

« Ne vous éloignez pas du peuple, on ne peut que gagner à le voir de près, et trois heures de temps passées à la porte d'un boulanger formeraient plus un législateur que quatre années de résidence sur les bancs de la Convention. Jadis on disait aux despotes : sire, entrez dans les chaumières et ne fuyez pas le spectacle de l'indigence, elle vous donnera de grandes leçons pour gouverner. » Puis ceci : « Vous ne flattez le peuple que lorsque vous en avez besoin, et vous le dédaignez lorsque vous n'en avez que faire » – dans *L'Ami du peuple*, n° XVII, 30 août 1793, un titre n'ayant rien à voir avec celui de Marat.

Les bourgeois ont pour eux Robespierre qui n'a que faire de ce petit peuple réel, concret, de chair et de sang, obnubilé qu'il est par le Peuple platonicien de Rousseau son idole, son maître, son gourou. Cet emblématique Jacobin à particule et perruque se prétendant maître de la Vertu envoie à la guillotine à tour de bras.

Robespierre veut faire taire les Enragés qui disent la vérité de la Révolution française, son fin mot : à savoir qu'elle n'a pas été faite pour les pauvres et le peuple mais pour ceux qui, ayant de l'argent, ont pu acquérir les biens nationaux issus de la confiscation des propriétés de la noblesse et du clergé. Au nom du peuple, mais à son détriment, les fortunes des aristocrates et des évêques ont changé de mains.

La Révolution française fut bel et bien bourgeoise : elle a permis à M. Homais de devenir le roi du siècle de la Révolution industrielle. Certes, le petit peuple n'a plus été le valet de chambre du marquis ou de l'archevêque, mais il est devenu celui du notaire ou du boutiquier. Un effet de l'« égalité » avec ses guillemets !

L'historiographie de la Révolution française se contente la plupart du temps de décalquer le commentaire de Marx sur les Enragés donné dans *La Sainte Famille* : ils auraient posé les bases d'un édifice construit par Gracchus Babeuf, développé par Buonarroti après la révolution de 1830 et parfait par Marx lui-même : le communisme avec abolition de la propriété privée et collectivisation des biens ! Or, on ne trouve rien de tout cela chez aucun des Enragés ! Mais éteindre cette mémoire authentiquement libertaire, Roux et Varlet sont les seuls révolutionnaires à être cités positivement dans *L'Homme révolté* d'Albert Camus, c'était une autre façon de faire taire le peuple désireux d'économiser les « hommes d'État » de la Révolution française qui sont les politiciens de métier, suivis au XIXe et au XXe siècle par les révolutionnaires professionnels. C'était une fois de plus une façon efficace de faire taire le peuple – au nom de son bien évidemment.

En janvier 1792, des patriotes du faubourg Saint-Antoine montent à la barre de la Convention pour y présenter une pétition dans laquelle ils affirment ceci : « La patience du peuple est à bout. » En guise de réponse, Robespierre envoie à l'échafaud les

Girondins (31.X.1793), les Hébertistes (24.III.1794), les Dantonistes (5. IV.1794).

Robespierre attaque Jacques Roux dans la séance du 28 juin 1793 à la Société des amis de la liberté et de l'égalité. Déjà, l'Incorruptible avait chassé le Prêtre rouge de la Convention parce qu'il le débordait sur sa gauche et le faisait passer pour un modéré. C'est lors de cette séance qu'il prononce cette phrase qu'il faut encore et toujours méditer : « Pour ceux qui observent notre Révolution, il est évident que c'est Paris qui a donné le ton à toute la République » (*Œuvres*, PUF, 1958, t. IX, p. 601) – c'est bien ce que lui reprochent les Girondins que, pour cette raison, Robespierre disqualifie en créant les éléments de langage repris jusqu'à ce jour : bourgeois, propriétaires, monarchistes, fédéralistes, antirépublicains, contre-révolutionnaires, etc.

Voici la diatribe prononcée contre Jacques Roux dont le nom n'est pas prononcé : « Un homme couvert du manteau du patriotisme, mais dont il est permis de suspecter au moins les intentions, insulte à la majesté de la Convention nationale, sous prétexte que la Constitution ne contient point de lois contre les accapareurs; il en fait conclure qu'elle n'est point propre au peuple pour qui elle est faite. Les hommes qui aiment le peuple sans le dire et qui travaillent sans relâche à son bien-être sans s'en targuer [MO : lui, bien sûr...] seront bien étonnés d'entendre dire que leur ouvrage est antipopulaire, et que c'est une aristocratie déguisée. Il n'en serait plus question, si cet intrigant, se contentant du mépris dont il fut abreuvé, fût resté dans le silence de la honte ; mais on assure que cet homme s'est présenté le lendemain aux Cordeliers, ce lieu sacré que les patriotes de fraîche date n'envisagent qu'avec une vénération mêlée d'effroi. Cet homme ose répéter les injures prétendues patriotiques qu'il avait vomies précédemment contre la Constitution. Il n'est pas un de vous, qui siégez dans cette enceinte, qui n'ait été dénoncé comme l'ennemi le plus acharné du peuple, auquel il sacrifie son existence entière » (*id.*, p. 601-602). Et de continuer en stigmatisant les « vociférations délirantes de ce prêtre forcené » (*id.*, p. 602), les propos de ces « scélérats vendus à la horde contre-révolutionnaire », il ne manque pas de criminaliser les « intentions » (*id.*) d'un homme dont il insinue qu'il est vendu aux étrangers, les Autrichiens en l'occurrence.

Tant de haine pour abattre un homme qui demandait juste que la Révolution n'oublie pas les pauvres ? Jacques Roux avait en effet affirmé : « Les lois ont été cruelles à l'égard du pauvre parce qu'elles n'ont été faites que par les riches et pour les riches », voilà qui sentait le cul-de-basse-fosse et l'échafaud !

L'arrestation ne manque pas de suivre. Jacques Roux tente de se suicider en plein procès. Il est remis sur pied et en cellule. Il parvient à s'ôter la vie le 10 février 1794.

Robespierre se trouve emporté lui-même par la machine terroriste emballée par ses soins (27.VII. 1794)… Lui qui aspirait au « despotisme de la liberté », il a réalisé le despotisme mais sans la liberté du petit peuple qui passait pour eux par la possibilité de vivre dignement de leur travail et de manger à leur faim. En revanche, pour la bourgeoisie, Robespierre fut une bonne affaire. Et elle l'est restée.

Rien de neuf sous le soleil…

9

SCULPTER LE PEUPLE

1

MITHRIDATISER LE GÉNÉRAL

À Paul Melun, pour le moment venu.

Le général de Gaulle a fait face à cinq attentats au cours de son existence politique. Le plus célèbre étant celui du Petit-Clamart. Un sixième a eu lieu qui a eu raison du gaullisme, il a été perpétré contre son œuvre, la Constitution de 1958, par des antigaullistes d'autant plus détestables que certains se présentaient comme ses partisans – je songe à Chirac et aux chiraquiens bien sûr…

Ce coup fatal fut porté par le traité de Maastricht (1992), qui fit de l'abandon de la souveraineté nationale l'ultime décision de la souveraineté nationale. C'était en son sens étymologique un suicide tout de même guidé par la main de François Mitterrand qui voyait là l'heure enfin venue d'abattre le général de Gaulle, une obsession qui fut la seule véritable conviction de son existence : en finir avec plus grand que lui afin de croire que son nanisme pourrait ainsi passer pour du gigantisme.

Dans une conversation qu'il eut avec Jean-Pierre Chevènement, alors un homme situé sur l'aile gauche du Parti socialiste aujourd'hui devenu macroniste, c'est-à-dire maastrichien, Mitterrand dit : « Je ne crois pas qu'à notre époque la France, hélas, puisse faire autre chose que passer à travers les gouttes. » C'était en 1974, peu avant le congrès de Metz, or cet homme aspirait alors tout de même à gouverner la France. Il se voulait un destin de parapluie ; il ne l'eut même pas ; il fut juste une ombrelle mitée.

On mesure toute la rouerie d'un homme qui affirme une pareille chose et se présente pourtant aux élections en 1974, les gagne en 1981, se représente sept ans plus tard en 1988, malgré un cancer qui l'affaiblissait considérablement. Il se montrait alors coupable d'un renoncement au socialisme deux ans après son arrivée au pouvoir, en mars 1983, en même temps que d'une instrumentalisation du Front national afin de se maintenir au pouvoir, même si le prix à payer était de casser la France en deux, d'augmenter le racisme, l'antisémitisme et la xénophobie, de monter une moitié du pays contre une autre[1].

Pour mesurer la petitesse de ces manigances d'un homme prêt à tout pour arriver au pouvoir et s'y maintenir, on rappellera que le général

1. L'excellent Paul Yonnet, trop tôt disparu, a le premier démonté ce mécanisme dans *Voyage au centre du malaise français*, Paris, Gallimard, 1993 et dans *François Mitterrand le phénix*, Paris, Éditions de Fallois, 2003.

de Gaulle, en ballotage contre lui en 1965, s'était entendu dire par ses conseillers qu'il pourrait révéler le passé de compagnon de route cagoulard de Mitterrand, son maréchalisme, son vichysme, sa francisque, afin, éléments de langage électoralistes, de réduire le second tour au choix entre l'homme à la croix de Lorraine et celui de la francisque. Et de Gaulle de répondre : « Mitterrand est un fantôme qui revient : le fantôme de l'antigaullisme issu du plus profond de la collaboration. Que Mitterrand soit un arriviste et un impudent, je ne vous ai pas attendu pour le penser. Mitterrand est une arsouille [MO : le mot signifie "voyou" dans son sens premier]. Non ! Je ne ferai pas la politique des boules puantes : il ne faut pas porter atteinte à la fonction, pour le cas où il viendrait à l'occuper[1]. » Nous avons changé de monde… Toujours dans *C'était de Gaulle*, Alain Peyrefitte rapporte cet autre propos : Mitterrand est « le plus roublard, le plus dangereux, prêt à soutenir toutes les thèses, à renier tout le monde et à se renier lui-même pour s'emparer du pouvoir » (II, p. 602). Qui dira que, sur ce sujet comme sur d'autres, il ne voyait pas clair ?

La première moitié du XXe siècle français fut gaulliste ; la seconde, hélas, mitterrandienne. La suite de ce siècle vit sur ce mitterrandisme dégradé, c'est dire l'état des lieux ! D'où l'intérêt à en sortir d'urgence.

1. Alain Peyrefitte, *C'était de Gaulle*, Paris, Fayard, 1997, t. II.

Côté de Gaulle : l'intelligence militaire stratégique avant la Première Guerre mondiale, le courage au feu, la rébellion avec l'appel du 18 Juin, l'organisation de la Résistance contre vents et marées, la France libre donc, la victoire et la Libération, le combat vainqueur contre le projet de vassalisation des Américains en 1944, le Gouvernement provisoire, le projet politique du Centre national de la Résistance, le refus de la politique des partis, la décolonisation d'une quinzaine de pays, la fin de la guerre d'Algérie, les institutions de la Ve République, dont la Constitution de 1958, *chef-d'œuvre français de philosophie politique.*

Côté Mitterrand : un militant d'extrême droite avant guerre, une carrière d'avocat sans étincelles, un vichyste et un maréchaliste, une dilection pour la Milice après avoir été un compagnon de route de la Cagoule, une résistance tardive aux côtés des pétainistes quand ils comprennent d'où vient le vent de l'Histoire après Stalingrad, en 1943, une carrière de « politichien », pour reprendre le mot du Général, qui lui fit être onze fois ministre sous la IVe République, dont celui de l'Intérieur et celui de la Justice pendant la guerre d'Algérie où il active la guillotine pour les militants du FLN, une conversion opportuniste au socialisme qui lui permet d'arriver à l'Élysée en 1981, d'y rester pour un second mandat, le temps de tuer à la fois la France et le socialisme au nom d'un projet postnational européiste, enfin, le traité de Maastricht, chef-d'œuvre européiste de vassalisation aux États-Unis.

D'un côté, de Gaulle le souverainiste :

On le sait, le mot « souverainiste » a été sali par les tenants de l'État maastrichien qui travaillent à la fin de l'État français afin d'en finir avec une France souveraine parce qu'ils lui préfèrent une Europe souveraine. Autrement dit : une Europe qui fait la loi à la France. Utiliser le mot, c'est se retrouver au ban médiatique avec l'infamie constamment entretenue contre celui qui brise le tabou. Or, c'est l'un ou l'autre : si l'Europe est souveraine, la France ne l'est plus; si l'Europe l'est, la France ne l'est pas; or l'Europe est souveraine, donc la France ne l'est plus. Quiconque, à droite, refuse de faire du général de Gaulle un souverainiste est bel et bien de droite, mais sûrement pas gaulliste. Il peut être pompidolien, giscardien, chiraquien, sarkozyste, c'est-à-dire tout sauf se réclamer du Général. Dans tous les cas de figure, il est maastrichien.

Quand, avant la guerre 1914-1918, de Gaulle élabore sa théorie des chars appuyés par l'aviation, c'est pour que la France reste souveraine contre la menace militaire allemande qui pèse depuis 1870; quand il appelle à la résistance contre l'occupant nazi en juin 1940, c'est pour que le pays recouvre sa souveraineté perdue sous le joug nazi; quand, après le 6 juin 1944, à Bayeux, il refuse le projet d'administration américain, l'AMGOT[1], qui vise à vassaliser la France (rappelons à toutes fins utiles qu'« *Overlord* », le nom de code du Débarquement, signifie « vassalisation »), c'est encore et toujours pour que la France à peine libérée redevienne souveraine et sûrement pas pour qu'elle passe sous un nouveau joug, celui des États-Unis ; quand il refuse de s'aligner sur le marxisme-léninisme de Moscou ou sur le capitalisme libéral de Washington, c'est pour éviter que la France ne soit russifiée ou américanisée et reste française, donc souveraine ; quand il décolonise les pays africains, c'est pour offrir à ces nations soumises une souveraineté qu'il respecte dans chaque pays afin d'en finir avec la vassalisation de ces peuples colonisés ; quand il arrête la guerre d'Algérie avec les accords d'Évian en 1962, c'est en vertu d'une même logique souverainiste ; quand l'OAS lutte contre de Gaulle, elle lui reproche de faire du souverainisme une théorie politique applicable aux ex-colonies, dont l'Algérie ; quand, en 1960, il met sur pied la bombe atomique afin de disposer d'une dissuasion nucléaire, c'est toujours pour jouer jeu égal avec les autres puissances atomiques afin de se faire respecter d'elles dans l'objectif d'assurer militairement la souveraineté

1. Voici la définition de Wikipédia : « Le gouvernement militaire allié des territoires occupés (en anglais : *Allied Military Government of Occupied Territories*, ou AMGOT) est un gouvernement militaire d'occupation constitué par des officiers américano-britanniques chargés d'administrer les territoires libérés à la fin de la Seconde Guerre mondiale. » Même Wikipédia parle d'un « gouvernement militaire d'occupation » !

nationale ; quand, en 1966, il quitte le commandement intégré de l'OTAN, « il s'agit, dit-il, de rétablir une situation normale de souveraineté [*sic*], dans laquelle ce qui est français, en fait de sol, de ciel, de mer et de forces, et tout élément étranger qui se trouverait en France ne relèveront plus que des seules autorités françaises » ; quand, en 1967, du balcon de l'hôtel de ville de Montréal, il appelle au « Québec libre », qui dira que ça n'est pas pour exporter le souverainisme partout sur la planète, notamment contre l'impérialisme américain ? ; *idem* avec le discours de Phnom Penh quelques mois plus tôt dans lequel le Général parle du « droit des peuples à disposer d'eux-mêmes », principe souverainiste s'il en est un ; quand il salue la Russie éternelle sous l'URSS ponctuelle en estimant que le marxisme-léninisme passera, mais pas la Russie qui boira le communisme comme le buvard l'encre ; quand il entreprend de visiter Franco et Mao après avoir quitté le pouvoir, c'est pour saluer deux nationalistes qui ont travaillé au souverainisme dans leur pays respectif afin d'éviter leurs vassalisations – soviétique pour Madrid, japonaise pour Pékin. Le souverainisme est le fil rouge du gaullisme : il en est sa condition de possibilité, son identité, sa nature, sa puissance.

De l'autre côté, Mitterrand l'européiste :

Sortant tout juste du giraudisme, qui est l'autre nom de la résistance tardive des pétainistes, il participe au congrès de La Haye dès 1948, le congrès dit « de l'Europe », qui propose, déjà : le libre-échange des marchandises, des monnaies convertibles, une main-d'œuvre mobile, une assemblée européenne, un droit européen, une Cour suprême européenne – qui dira que Maastricht ne s'enracine pas dans ce projet qui appelle à faire son deuil de la souveraineté nationale au profit d'une Europe construite sur la mort des nations qu'elle ingère, digère et excrète ? Cette Europe d'après-guerre, par anticommunisme, intègre nombre d'idées venues d'Uriage, l'école des cadres de Vichy, et de la Révolution nationale. Il n'est pas sans raison que Walter Hallstein, le premier président de la Commission de la Communauté économique européenne entre 1958 et 1967, pendant presque dix années donc, ait été nazi pendant la Seconde Guerre mondiale. Le IIIe Reich et Vichy manifestaient un net tropisme européiste anticommunisme, c'est-à-dire « populicide ».

On comprend que ces *tueurs de peuples*, pour renvoyer à l'étymologie du mot créé par Gracchus Babeuf afin de caractériser le génocide des vendéens par les républicains jacobins conduits par Robespierre, aient contre-attaqué avec le mot « populiste » accolé à tout opposant au traité de Maastricht qui avalise la mort de la France et la totale et permanente mainmise d'un gouvernement libéral européiste sur la nation française malgré ce que le peuple en pense. Car il faut choisir, on est *soit populicide*, exterminateur politique du peuple, *soit populiste*, défenseur du fameux peuple dont il est question dans la définition de la démocratie : gouvernement du peuple, par le peuple, pour le peuple. Il n'y a pas d'autre solution. Je suis populiste.

Le chef-d'œuvre politique diabolique de Mitterrand, ce fut donc le traité de Maastricht qui s'avère la machine de guerre lancée contre la Constitution de 1958. C'était en même temps le cheval de Troie du libéralisme paradoxalement imposé avec tous les moyens d'un État, pire : d'un État qui vise à l'Empire en se répandant.

Ce qu'il advient à cette heure entre les États-Unis et la Russie qui s'affrontent sur le terrain ukrainien témoigne désormais que l'Europe… c'est la guerre ! Contrairement à la jurisprudence mitterrandienne selon laquelle « le nationalisme, c'est la guerre », on peut désormais affirmer « le nationalisme, c'est la paix » et ce par sa résistance aux impérialismes.

À cet effet, il est singulier de voir les contempteurs des nations, BHL, Minc et Attali en tête, et tous les adhérents du parti unique maastrichien, célébrer d'une seule voix la nation ukrainienne, le drapeau ukrainien, l'hymne ukrainien, le patriotisme ukrainien, l'armée ukrainienne, la nation ukrainienne, le territoire ukrainien, l'arsenal militaire ukrainien, en un mot : le souverainisme ukrainien contre l'impérialisme russe qui s'oppose à l'impérialisme maastrichien. Je n'aime aucun impérialisme qui se définit par l'extension du domaine vital d'une nation, ce qui n'est pas le cas du nationalisme qui est affirmation de la souveraineté d'un peuple dans son pays.

Les raisons de l'actuelle déliquescence politique française résident dans l'abandon de la souveraineté nationale. Cet abandon a été acté par le traité de Maastricht en 1992 auquel il faut ajouter le traité de Lisbonne en 2008. Quiconque reste dans cette configuration politique maastrichienne – à savoir tous les candidats de tête des présidentielles, Le Pen, Zemmour et Mélenchon compris – abuse ses électeurs en leur promettant monts et merveilles. Quand on a abandonné son *pouvoir de pouvoir* – c'est la définition du souverainisme –, on ne saurait attirer un électeur en lui disant qu'on pourra – c'est mentir de le dire.

La Constitution de 1958 est actuellement un bateau de Thésée. Rappelons l'histoire telle qu'on peut la lire dans les *Vies des hommes illustres* de Plutarque : Thésée, vainqueur du Minotaure, revient à Athènes avec un bateau conservé comme une relique. Pour faire face au vieillissement de l'embarcation, les Athéniens remplacent régulièrement des planches abîmées par de nouvelles. Une, puis deux, puis dix, puis cent. À partir de quel moment ce bateau n'est plus le bateau de Thésée ? Dès la première planche ? Quand la moitié plus une se trouvent substituées ? Lorsqu'on ôte la dernière ?

L'énigme est plus facile à trancher avec la Constitution de 1958 : elle meurt quand on lui enlève son cerveau. Et cette lobotomie a eu lieu avec le traité de Maastricht qui supprime la souveraineté nationale, le cerveau de la nation. Devenue acéphale, la France se trouve pilotée par la Commission européenne, comme un ver nématode qui pénètre l'encéphale d'un insecte et le commande, le dirige, le conduit, en lui laissant l'illusion qu'il choisit de faire ce pour quoi il est programmé par le parasite[1].

La constitution de 1958 est une machine de guerre souverainiste que le traité de Maastricht a mise par terre en 1992 par la volonté d'un homme, Mitterrand, qui n'a reculé devant aucune propagande d'État, relayée par les médias du système et ce qui deviendra le parti unique maastrichien, pour parvenir à ses fins. Le chef-d'œuvre gaulliste et gaullien gisait ainsi à même le sol, égorgé par l'auteur du *Coup d'État permanent* qui fut aussi, dans le même esprit, l'auteur de son propre attentat dit « de l'Observatoire[2] » ...

Or le gaullisme, c'est aussi, outre le souverainisme, *une résolution des tensions françaises* – et non leur exacerbation. Autrement dit : entre la monarchie et la république, entre le sacre des rois et la fête de la Fédération pour emprunter sa formule à Marc Bloch. Depuis un demi-millénaire, la

1. Sur ce processus de parasitage d'un insecte par le nématode, voir le chapitre intitulé : « La force de la force », *in* Michel Onfray, *Cosmos*, Flammarion, 2015.

2. Une fois de plus, complice d'un homme d'extrême droite, Mitterrand avait fomenté un faux attentat contre lui afin de redorer un blason politique recouvert de sanies...

France est un pays de guerres civiles dans lequel s'opposent les catholiques et les protestants, les royalistes et les républicains, les jacobins et les girondins, les communards et les versaillais, les dreyfusards et les antidreyfusards, les pacifistes et les bellicistes, autrement dit Jaurès et Déroulède, les pétainistes et les gaullistes, les collaborateurs et les résistants, les partisans du FLN et ceux de l'OAS, aujourd'hui les tenants du bloc élitaire et ceux du bloc populaire.

La Constitution a été pensée comme une résolution dialectique des tensions entre monarchie et république ai-je écrit. Comment ? En donnant des gages aux uns et aux autres.

Aux monarchistes : un pouvoir fort, incarné par un seul, disposant de l'autorité pour maintenir l'ordre social et la paix civile, dépositaire du souverain, au sens premier du terme, décideur de ce que Carl Schmitt nomme le couple « Ami & Ennemi » constitutif de l'identité nationale, chef de la diplomatie et de la guerre donc. Un homme qui peut commander parce qu'il est au service. Une figure qui a des droits parce qu'elle est conduite par ses devoirs.

Aux républicains : des limites claires données à ce premier pouvoir par la possibilité de démettre le souverain lors de consultations électorales *via* des élections intermédiaires et des consultations référendaires. Cette machine qu'est la Constitution permet donc au peuple de se choisir un roi par le suffrage universel direct et, en même temps, elle lui permet aussi de décapiter ce même monarque par les élections législatives, qui, pour ce faire, doivent être intermédiaires, et par les référendums aux résultats desquels le chef de l'État se soumet en remettant son pouvoir en jeu afin de restaurer un nouveau contrat social par le vote.

Du général de Gaulle, André Malraux dit à Roger Stéphane : « Il avait une idée que ce qui fait l'Homme de l'Histoire, c'était de se mettre en jeu, toujours, sur ce qui concerne le pays. » Puis ceci, qu'il met dans la bouche du Général : « Du moment que je consulte la nation, il faut qu'elle me suive ou que je m'en aille. » Le 28 septembre 1958, il la consulte, elle le suit, il reste ; le 27 avril 1969, il la consulte, elle ne le suit pas, il s'en va. On sait que Mitterrand et Chirac sont restés.

La destruction de la Constitution de 1958 est pensée par Giscard qui envisage que, perdant les législatives de 1978 après quatre années à l'Élysée, il pourrait bien rester au pouvoir en inaugurant ce qui serait devenu la première cohabitation. Il les gagne, il n'a donc pas à réaliser ce qu'il avait prévu : se retirer… à Versailles et nommer Premier ministre François Mitterrand patron du parti possiblement vainqueur. C'est Mitterrand qui inaugure, on le sait, une première cohabitation entre 1986 et 1988, puis une deuxième entre 1993 et 1995. Chirac lui emboîte le pas avec une troisième entre 1997 et 2002. On ne peut mieux dire que Giscard, Mitterrand et Chirac n'avaient que faire de l'esprit de la Constitution de 1958 dont le général de Gaulle dit, dans sa conférence de presse du 31 janvier 1964, qu'elle ne laisse aucune place à la cohabitation : « On ne saurait accepter qu'une dyarchie existât au sommet. » C'est clair. Il imaginait si peu la cohabitation qu'il n'a pas songé une seule seconde à en interdire l'existence dans la Constitution – comme s'il eût fallu préciser qu'en cas d'échec à une élection on ne se maintient pas au pouvoir, ce qui semble tomber sous le sens... Dans l'esprit de la Constitution gaullienne, se maintenir au pouvoir après une législative perdue, c'est un coup d'État[1]. C'est de toute façon un attentat contre la Constitution de 1958.

De la même manière, tenir pour nul et non avenu le résultat d'un référendum, c'est également attenter à l'esprit de la Constitution. Le Général n'envisage pas la possibilité de la cohabitation. Dès lors, il ne le stipule pas explicitement dans le texte, tant cela lui semble une évidence que, quand on perd, on part, ce qu'il fait comme chacun sait en 1969, il ne dit pas qu'en cas de référendum perdu, on démissionne...

1. Il n'est pas étonnant qu'à cette heure, Mélenchon, qui a perdu les élections présidentielles *pour la troisième fois* (de si peu disent les médias du système alors qu'il n'est pas même qualifié au second tour...) et qui avait déclaré qu'il se retirerait en cas d'échec, annonce tout de même qu'il veut que le peuple l'élise (!) Premier ministre, et ce pour une quatrième cohabitation ! Sa VIe République s'avèrerait un retour à la IVe et à l'esprit des partis contre lesquels le Général a construit sa Constitution. Mélenchon n'est qu'un homme de parti. Un « politichien » aurait dit de Gaulle. Un homme qui n'aime pas les Français mais le pouvoir qu'il pourrait avoir sur eux.

En 2005, Chirac, qui s'est éhontément réclamé sa vie durant du général de Gaulle, tout en salissant sa mémoire par le mépris qu'il eut de l'esprit et de la lettre gaulliste, perd la consultation référendaire ayant trait à l'adoption du Traité constitutionnel européen. Il eût dû, en toute bonne logique démocratique et républicaine, obéir au peuple qui était son maître et reculer sur l'Europe maastrichienne pour construire une Europe des nations. Que nenni !

C'est son successeur, Nicolas Sarkozy, simili-gaulliste, qui convoque l'Assemblée nationale et le Sénat et qui, en 2008, joue la démocratie représentative des « politichiens » contre la démocratie directe du peuple : le Congrès a donc voté contre le peuple, *ce fut un coup d'État populicide*, un camouflet au visage des électeurs, un franc et massif mépris des électeurs. C'est incontestablement la date inaugurale de la fin de la démocratie française.

Précisons que Sarkozy avait un double politique en la personne de François Hollande, qui engagea les « socialistes » dans cette aventure populicide – à laquelle Les Verts ont bien sûr donné la main.

Ceux qui se demandent aujourd'hui pourquoi le Parti socialiste mange la poussière gagneraient à faire un droit d'inventaire : du tournant de la rigueur en 1983 à ce traité de Lisbonne en 2008, sans oublier la feuille de route socialiste préwokiste du *think tank* strauss-kahnien en 2011 qui invitait le PS à oublier le peuple que j'avais alors nommé « *old school* » au profit des minorités raciales, ethniques, sexuelles, religieuses, en passant par la transformation de Bernard Tapie en héros de la gauche maastrichienne en 1984 dans *Libération* qui titrait alors « Vive la crise ! » en tapant sur l'État providence socialiste cause de tous nos maux, ils comprendraient pourquoi le parti de Jaurès pèse désormais autant que le Parti animaliste défenseur des poissons rouges…

Dans la mise à mort de la Ve République, après la *cohabitation*, premier clou sur le cercueil, le *mépris du résultat d'un référendum*, deuxième clou, il y eut également, troisième clou, le *quinquennat* comme déconstruction de la Constitution.

Sur le passage à cinq ans de la durée du mandat présidentiel, de Gaulle avait prévenu dès le 30 avril 1963 qu'il s'y opposait : « Ça rendrait le mandat présidentiel plus précaire. Le risque, si on fait coïncider l'élection présidentielle et l'élection législative, c'est que le Président devienne prisonnier de l'Assemblée, c'est-à-dire des partis. Les deux consultations, dans la foulée, résulteraient de combinaisons électorales[1]. »

En 2000, Chirac, gaulliste en peau de lapin lui aussi, instaure le quinquennat par référendum – après y avoir été hostile, bien sûr, un an plus tôt… Giscard a tout fait pour, Jospin a appuyé. Les trois avaient en commun un même tropisme maastrichien.

1. Alain Peyrefitte, *C'était de Gaulle*, *op. cit.*, t. II, p. 143.

Le quatrième et dernier clou sur le cercueil, on le sait, fut le *traité de Maastricht*. Je n'y reviens pas.

De Gaulle a construit la Ve République pour éviter le populicide et le populisme. Il a donné sa juste place au peuple : au centre. Il dit à Peyrefitte : « Notre Constitution est fondée sur cette idée que c'est le peuple qui a le pouvoir. C'est le peuple qui le délègue au Président, sous le contrôle de l'Assemblée. La censure suppose qu'il y ait une majorité pour renverser le gouvernement et que cette nouvelle majorité accepte de se soumettre aussitôt au verdict du peuple. Le Président fera la nation juge du litige par la dissolution, ou par un référendum, ou en démissionnant pour se représenter – ce qu'il a bien le droit de faire. » Puis ceci : « Le peuple a le premier mot, puisqu'il élit les deux pouvoirs, et le dernier mot, puisqu'il tranche leur conflit » (II, p. 148).

Revenir aux fondamentaux de la Ve République, plus d'une vingtaine de fois défigurée depuis sa date de naissance, voilà qui remettrait le peuple au centre du pouvoir souverain national. Restaurée, la Constitution de 1958 serait une machine de guerre contre la tyrannie maastrichienne qui dévore les peuples comme Saturne ses enfants.

Le Conseil constitutionnel qui passe pour garant du respect de la Constitution est composé de jean-foutre qui en assurent le viol permanent. Ces foutriquets taillent dans le vif de la Constitution avec le scalpel qui a servi à Pompidou[1], Giscard, Chirac, Sarkozy et autres maastrichiens soucieux d'effacer le gaullisme véritable, donc souverainiste, du paysage politique français.

La véritable révolution consisterait en ceci : retour à la lettre souverainiste et populaire de la Constitution des origines, avant tout charcutage européiste. Cette radicalité ne se trouve pas dans une hypothétique VIe République qui redonnerait le pouvoir aux « politichiens », mais dans cette V^e qui donnait, jadis, le pouvoir au peuple.

La Constitution du général de Gaulle était une formidable machine à sculpter le peuple.

2

DÉMOCRATIE ILLIBÉRALE
Mode d'emploi

Le Parti socialiste, qui fut au pouvoir au cours de deux septennats avec Mitterrand, un presque quinquennat avec Jospin, un autre quinquennat avec Hollande, c'est-à-dire qui, depuis 1981, a dirigé la France pendant au moins une vingtaine d'années, a recueilli 1,8 % des votes lors des dernières

1. Lire l'excellent petit livre d'un gaulliste de gauche, Louis Vallon, consacré à Pompidou : *L'Anti de Gaulle*, Paris, Éditions du Seuil, 1969.

élections présidentielles. Ce qui veut dire que le Parti animaliste pourrait un jour bien lui passer devant le groin…

Malgré tout ça, personne ne parle de « droit d'inventaire », ce qui pourrait pourtant permettre de comprendre pourquoi les socialistes en sont arrivés là.

Quand, en 1995, Lionel Jospin emploie cette expression pour trier le bon grain de l'ivraie mitterrandienne, il est copieusement hué par les mitterrandiens historiques qui préfèrent tuer la gauche plutôt que de brosser le portrait d'un homme qui a commencé sa carrière en compagnon de route de la Cagoule dans les années 1930 avant de la terminer en double président qui confiait à Jean d'Ormesson, lors de son dernier déjeuner à l'Élysée, le 17 mai 1995, que les révélations sur son passé vichyste, maréchaliste, pétainiste qui avaient marqué la fin de son règne témoignaient de « l'influence puissante et nocive du lobby juif en France ». C'était aussi convenir qu'il fallait mettre sous le tapis de la gauche le Mitterrand ministre de la Justice et de l'Intérieur dans une Algérie qu'il voulait française ou celui du fleurissement de la tombe du maréchal Pétain quand il était président de la République. Je ne parle même pas de son abandon du socialisme en 1983 et de l'abolition de la souveraineté française en 1992 avec le traité de Maastricht. Ou des affaires, de l'argent, des délits d'initiés, des valises de liquide, des suicides dans son entourage, de l'usage privé des finances publiques, de Tapie transformé en héros de la gauche post-1983…

Cet effondrement socialiste du jour procède du retour du refoulé mitterrandien doublé du cambriolage de son personnel politique par Emmanuel Macron, qui a agrégé à sa personne tous les carriéristes attirés par la perspective d'une bombance quinquennale à l'Élysée : Le Drian, Ferrand, Castaner, Véran, Attal, Schiappa, Beaune, Parly, Touraine en viennent, tout comme… Macron.

On sait que la partition droite-gauche est elle-même travaillée dans son milieu par une autre partition : européistes contre souverainistes, autrement dit : partisans de la dilution de la France dans une Europe libérale postnationale contre partisans de la suite de l'aventure française dans le cadre d'une Europe des nations. Dit autrement : les maastrichiens de droite et de gauche contre les anti-maastrichiens de droite et de gauche.

Les maastrichiens de droite et de gauche font semblant de s'opposer mais, sur le fond, ces farceurs défendent le même monde européiste, mondialiste, cosmopolite, postnational – et, surtout, populicide… Ils jouent sur le devant de la scène la pièce bien rodée des frères ennemis mais, dans les coulisses, *tout est fait pour que le système en place dure* : Mitterrand renonce au socialisme en mars 1983 pour adopter le giscardisme comme politique de substitution ; Chirac fait semblant de s'y opposer au nom d'un néo-gaullisme alors qu'il est pompidolien et que cette droite des affaires, dont celle de Giscard, a tout fait pour évincer le Général en 1969; devenu président de la République, Chirac, qui fut un bref temps le souverainiste de l'« appel de Cochin », ne change rien, plus tard il prononce un discours lors de la mort de Mitterrand qui dévoile la véritable nature de leurs relations : ce sont deux requins politiques soucieux de leur seule vie de nabab rendue possible par la carrière politique et insoucieux de la vie des Français; dans l'opposition, Sarkozy traite Chirac de roi fainéant, il promet le Kärcher et, une fois aux affaires, devenu fainéant comme son mentor, il laisse le compresseur dans la cave où Pécresse promet de l'aller chercher bientôt; Hollande prétend s'opposer à Sarkozy en se disant « normal », c'est son seul programme, un reportage photo de *Paris Match* les révèle tels qu'ils sont tous les deux : copains comme cochons sur l'essentiel (la preuve : l'un et l'autre conviennent de mettre aux ordures le résultat du référendum de 2005 qui a permis aux Français de dire qu'ils ne voulaient pas de cette Europe-là, forte avec les faibles et faible avec les forts, puis l'un et l'autre conviennent de mobiliser leurs députés godillots au Congrès pour imposer au peuple ce qu'il a refusé en 2005 – c'est le traité de Lisbonne). Hollande ne peut pas se représenter, doublé par l'un de ses ministres devenu président de la République à sa place, Emmanuel Macron, qui ne touche pas lui non plus au château construit par

Mitterrand en 1983. Tout est pour le mieux dans le meilleur des mondes maastrichiens.

Une série de *dispositifs illibéraux* permet de maintenir ce château debout. Quels sont ces dispositifs ?

*

Dispositif 1
Instrumentaliser les Le Pen

Premièrement : *instrumentaliser la famille Le Pen.* Ainsi, pendant des années, Marine Le Pen est assez démocratique et républicaine pour être invitée sur tous les plateaux de télévision, sur toutes les radios, dans tous les médias, assez fréquentable pour que son parti obtienne des élus qui se sont présentés démocratiquement à des élections démocratiques, dans les communes, les départements, les régions, le pays, l'Europe, suffisamment convenable pour débattre à égalité avec les candidats aux présidentielles du premier tour avant, à quelques encablures des élections, entre les deux tours, d'être présentée comme antisémite, néonazie, antidémocratique, antirépublicaine, fasciste, pétainiste, etc. Démocrate, républicaine, fréquentable, convenable tant qu'elle monte dans les sondages pour être présente au second tour, mais, je viens de le dire, antisémite, néonazie, antidémocratique, antirépublicaine, fasciste, pétainiste quand il faut obtenir que le président de la République maastrichien soit élu le soir du premier tour – ce qui nécessite d'avoir le diable en face de lui pour paraître divin – jupitérien si l'on veut…

Dispositif 2
Intoxiquer à la moraline

Deuxièmement : *intoxiquer le bon peuple à la moraline.* Dans ce dispositif, les médias jouent évidemment un rôle majeur en travaillant à moraliser les choses de façon manichéenne. Il ne s'agit pas de proposer une généalogie du réel qui permette de répondre à la question : « Pourquoi les choses sont-elles ainsi et pas autrement ? », mais de demander sur le ton de l'imprécateur : « Est-ce bien ou mal ? » Exemple : le généalogiste demande « pour quelles raisons y a-t-il un conflit entre Russie, Ukraine et États-Unis ? » Alors que l'inquisiteur tonne que Poutine est méchant et l'Ukraine gentille, voire, quand il s'agit de BHL, qu'il faut d'urgence déclencher la guerre contre les Russes. (On va finir par croire que cet homme a des actions dans le complexe militaro-industriel américain !)

Qui travaille à cette vaccination massive et forcée des peuples à la moraline ? Le monde autoproclamé des Bienveillants : journalistes, éditorialistes, éditeurs, universitaires, chercheurs, acteurs, comédiens, écrivains, philosophes, sociologues, psychologues et psychanalystes de cour, sportifs, cinéastes, et tous ceux à qui, pour ce faire, on a refilé un jour la Légion d'honneur…

Voilà qui ressemble à ce que l'on pourrait nommer une *épuration éthique* : le camp du Bien extermine ce qu'il désigne comme le clan du Mal qu'il interdit de parole, insulte, décrédibilise en lui faisait dire ce qu'il n'a pas dit, qu'il embrène dans des *fake news* répandues et relayées par des activistes dont c'est la profession et qu'il paie pour ce faire – les fameuses usines à clics.

Dispositif 3
Criminaliser le peuple

Troisièmement : *criminaliser le peuple* systématiquement présenté comme le grand responsable de l'arrivée d'Hitler au pouvoir, ce qui témoignerait de la dangerosité de le laisser s'exprimer car trop stupide pour bien voter ! « Le peuple peut errer », écrit doctement BHL, un chaud partisan du point Godwin.

Lors de la récente commémoration de l'anniversaire de la libération des camps nazis, à Auschwitz même, le Premier ministre Jean Castex réactive la fable : « Hitler est arrivé au pouvoir après des élections démocratiques » – ce sont ses mots, BHL aurait pu écrire le discours… Il oublie qu'en 1933 ce sont les tractations des partis politiques dans l'impasse qui conduisent Hindenburg à nommer Hitler à la Chancellerie du IIIe Reich. Cet homme funeste n'a donc pas été élu au suffrage universel direct par le peuple allemand !

Son succès découle directement de bricolages électoraux et politicards des partis et des gens de partis. Castex devrait donc être prudent quand, travestissant l'Histoire, il affirme : « C'est pour cela qu'il faut se méfier beaucoup des extrémistes politiques, à gauche ou à droite, avant d'aller voter. Il faut bien réfléchir à cela parce que la propagande politique à la veille des élections est très dangereuse. » On ne le lui fait pas dire…

Il faudrait rouvrir le dossier de presse des élections lors du traité de Maastricht en 1992 : on y verrait le camp du Bien, ceux que je nomme les « maastrichiens », droite et gauche confondues, expliquer que les partisans de cette *braderie de la souveraineté de la France à une Europe supranationale* – c'était en effet le véritable enjeu – votaient pour le bien, le vrai, le juste, le bon, le beau, le sens de l'Histoire, l'intelligence, la paix, la prospérité, la fin du racisme, de l'antisémitisme, de la xénophobie, du chômage. Ces soi-disant éclairés, déjà, étaient urbains, diplômés, cultivés, pendant que ceux qui votaient pour la souveraineté nationale, seule possibilité de mener une politique voulue et décidée par le peuple français, voulaient, quant à eux, le mal, le faux, l'injuste, le laid, le retour au Moyen Âge, la bêtise, la guerre, la disette, le racisme, l'antisémitisme, la xénophobie, le chômage et vivaient dans les campagnes reculées, incultes, illettrés.

À cette époque, cette engeance proposait un horizon inexistant, c'était l'idéal européiste. Quarante ans plus tard, leur programme a été appliqué sans aucune opposition : y a-t-il matière à s'en réjouir ? Chacun peut aujourd'hui juger…

Philipe Val, alors directeur de *Charlie Hebdo*, consacrait des éditoriaux à ces cannibales reclus dans les provinces sans électricité et sans salles de bains qui votaient « non » en disant d'eux qu'ils étaient « nationaux & socialistes ».

Si, être nazi, c'est voter non à Maastricht, alors le nazisme, c'était peu de choses aurait-on pu répondre à ce monsieur qui contribuait ainsi à minorer la Shoah en apportant sa grosse pierre à l'édifice négationniste.

Aujourd'hui, un certain Jean-Michel Aphatie, qui délivre depuis des années ses oracles sur RTL, Canal +, Europe 1, France 3, France Info, LCI, France 5, mais aussi dans *Politis*, oui, jadis, *Libération*, *Le Journal du Dimanche*, *Le Parisien*, *L'Express*, *Le Monde*, criminalise lui aussi le peuple autant qu'il peut, c'est-à-dire tout le temps. C'est ainsi que, récemment, il a affirmé que les gens intéressés par Éric Zemmour étaient « des Français de chez les Français qui puent un peu des pieds ». Chacun appréciera la qualité et la hauteur des analyses de cet homme aux orteils parfumés.

Dispositif 4
Activer des populicides

Quatrièmement : *activer des populicides*. Ce petit monde hait la démocratie directe, le suffrage universel direct, la consultation référendaire. C'est lui qui décide qu'il faut tenir pour nul et non avenu le vote de 2005, expression de la démocratie directe, pour lui préférer un dispositif populicide avec l'aide de prétendus élus du peuple se réclamant de la démocratie indirecte.

Or la Déclaration des droits de l'homme et du citoyen précise dans son article 6 que l'exercice de la souveraineté du peuple s'effectue *soit* par la démocratie directe *soit* par la démocratie indirecte, mais sûrement pas par la démocratie indirecte qui corrige la démocratie directe quand le peuple a mal voté selon les élus devenus des politiciens professionnels. En 2008, le traité de Lisbonne a activé ce coup d'État des élus contre leurs mandants. C'est un édifiant exemple de putsch des politicards contre le peuple qui les a élus.

Cette haine rabique se manifeste également dans le mépris que ces illibéraux opposent à la volonté du peuple : en 1978, Giscard, qui craignait de perdre les législatives, avait prévu de se replier à Versailles (!) et de mettre en place une cohabitation – il a gagné les élections, mais son projet était radicalement antigaulliste, de Gaulle aurait bien sûr quant à lui démissionné en cas d'échec, il n'aurait sûrement pas cohabité ; Mitterrand est désavoué en 1986, il reste au pouvoir et cohabite avec Chirac ; le même Mitterrand est désavoué en 1993, il reste au pouvoir et cohabite avec Balladur ; Chirac ayant pris la place de Mitterrand, il est à son tour désavoué en 1997, il reste au pouvoir et cohabite avec Jospin ; Chirac perd le référendum de 2005, il reste au pouvoir et son suivant, Sarkozy, jette aux tinettes ce référendum en 2008 ; Emmanuel Macron perd toutes les élections depuis qu'il est président de la République : municipales, départementales, régionales, européennes, mais il reste au pouvoir, il ne change pas de politique, il méprise…

Depuis 1974, c'est-à-dire depuis presque un demi-siècle, la classe politique fait la sourde oreille à ce que lui demande le peuple qui, rappelons-le, est le souverain depuis la fin de la monarchie.

Dispositif 5
Élire le vassal en chef

Cinquièmement : *faire élire le vassal en chef*, autrement dit le chef d'État qui sera le moins national possible et le plus postnational pensable. Il faut que la volonté du peuple, qui est le fin mot de l'affaire en démocratie, puisque c'est le peuple qui est souverain, se trouve évincée au profit d'un candidat sélectionné par le système. Un maastrichien se trouvera ainsi reconduit ou conduit à la tête de l'État français.

Un candidat non-maastrichien élu par le plus grand des hasards ne mettrait pas longtemps à rejoindre le rang malgré ses rodomontades de campagne – qu'on se souvienne de la jurisprudence Tsípras. Tout est fait pour qu'un vassal de l'Europe maastrichienne parvienne à la tête de ce qui reste de l'État français pour y appliquer les directives venues du gouvernement technocratique non élu de la Commission européenne.

Dispositif 6

Interdire le financement.

Sixièmement : *interdire le financement des candidats gênants pour le système.* Ainsi, Marine Le Pen, qui s'est déjà retrouvée par le passé au second tour et qui passe depuis lors dans les sondages pour la principale challenger du Président, Marine Le Pen qui dispose de millions d'électeurs, a-t-elle peiné à trouver ses cinq cents signatures.

Mais il existe une autre façon d'entraver sa course : aucune banque européenne n'accepte de lui prêter l'argent de sa campagne, qui sera de toute façon, quoiqu'il arrive, au-dessus de 5 % : elle sera donc remboursée de ses frais…

Pas une seule banque française ne veut, en vertu du premier dispositif, l'instrumentalisation de son nom, prêter de l'argent à une candidate présentée comme responsable des exactions de la division de Das Reich et des millions de morts de la Shoah. On imagine le nombre de victimes de cette propagande susceptibles de fermer leurs comptes et de faire tomber les banques qui auraient rendu possible l'exercice du jeu démocratique.

De sorte qu'il lui faut aller chercher ailleurs qu'en France, en Russie en l'occurrence, ce qui permet ensuite aux journalistes – en vertu du dispositif 2 – de lui reprocher de faire financer sa campagne par des banques de pays étrangers. Cette clique habituellement cosmopolite estime qu'une banque étrangère pose problème et qu'il faudrait un établissement bien français, bien national, et que recourir à une banque russe, même et surtout quand on y a été contraint, est bien la preuve d'un soutien au régime de Poutine. CQFD.

*

Désormais, notre démocratie peut être dite « illibérale ». Dans *Théorie de la dictature*, en proposant une lecture contemporaine du *1984* d'Orwell, j'ai raconté où, quand, comment, de quelle manière.

La France est « une démocratie défaillante », affirme une étude du magazine britannique *The Economist*. Avec Emmanuel Macron à sa tête, le pays se trouve à la 24e place sur 167 pays. Elle est au 34e rang mondial dans le classement de Reporters sans frontières sur la liberté de la presse : le pays a reculé de deux places…

En esquissant ici un mode d'emploi de cet illibéralisme, je conclus que les élections sont depuis des années des pièges à cons. Qui jouerait à un jeu en sachant qu'il est pipé puisque le gagnant est déjà connu ? Nous sommes dans la configuration des matchs de foot truqués, des étapes du Tour de France pipotées, des listes annuelles des Français préférés par les Français proposés au choix en amont.

Instrumentaliser les Le Pen pour plier l'élection au soir du premier tour; intoxiquer la population à la moraline avec les médias et les réseaux sociaux; criminaliser le peuple dans tous ses choix, ses faits et gestes – des Gilets jaunes aux Convois pour la liberté en passant par le mépris des référendums; activer les populicides en dédaignant les résultats d'élections perdues; élire un vassal en chef et non un chef de l'État français; trier les candidats *via* les parrainages[1] pour n'obtenir que les gens utiles à ce jeu de bonneteau électoral; *in fine* empêcher le financement des campagnes : voilà à quoi ressemble le tas de fumier sur lequel le coq français se trouve perché, aphone – et en colère…

1. Le maire fonctionne en jacobin dans son village, il est le roi du hameau. Il ne devrait pas, lui seul, donner sa signature, mais le conseil municipal, par vote secret, devrait décider collectivement d'un parrainage qui serait celui du village.

TABLE DES MATIÈRES

Bouquins essai

François Bazin, *L'ai-je bien descendu ? Les politiques dans le viseur des écrivains*
Léon Blum, *Du mariage*
Sébastien Bohler, *Human psycho*
Collectif Les 40, *Manifeste pour une échelle humaine*
Jean-Louis Debré, *Quand les politiques nous faisaient rire*
Maroun Eddé, *La Mémoire coupable*
Jonathan Hayoun et Judith Cohen Solal, *Zemmour et nous*
Nelly Garnier, *La Démocratie du like*
Blanche Leridon, *Odyssées ordinaires. Le matin mode d'emploi*
Nicolas Leron, *Souveraineté, l'obsession des nations*
Edgar Morin, *Histoire(s) de vie. Entretiens avec Laure Adler*
Michel Onfray, *La Conversion. Vivre selon Lucrèce*
Michel Onfray, *La Nef des fous I et II*
Michel Onfray, *L'Art d'être français*
Michel Onfray, Éric Naulleau, *La Gauche réfractaire*
Pascal Ory, *De la haine du Juif*
Emmanuel Pierrat, *Les Nouveaux Justiciers. Réflexions sur la cancel culture*
Céline Pina, *Ces biens essentiels*
Frédéric Potier, *Pierre Mendès France. La foi démocratique*
Jean-Marie Rouart, *Ce pays des hommes sans Dieu*
Laurent-David Samama, *Ils se croient tous présidentiables*
Gabrielle Siry-Houari, *La République des hommes*
Sylvie Taussig, *Le Système du complotisme*
Benjamin Vendrand-Maillet, *Y croire encore*

La photocomposition de cet ouvrage
a été réalisée par
GRAPHIC HAINAUT
76, rue de Nancy
59100 Roubaix

MIXTE
Papier
FSC FSC® C003309

L'éditeur de cet ouvrage s'engage dans une démarche de certification FSC® qui contribue à la préservation des forêts pour les générations futures.

Pour en savoir plus :
www.editis.com/engagement-rse/

Imprimé en France par CPI
en août 2022

N° d'édition : 64254/01 – N° d'impression : 3048408